XIANGDUI PINKUN SHIJIAO XIA SANXIA KUQU PUHUI JINRONG DUI
DUOWEI PINKUN DE JIANHUAN XIAOYING YANJIU

# 相对贫困视角下
# 三峡库区普惠金融对
# 多维贫困的减缓效应研究

▶ 王 伟 著

重庆大学出版社

# 内容提要

普惠金融是决胜脱贫攻坚、解决多维贫困和 2020 年后相对贫困问题的重要突破口。2019 年 4 月,习近平总书记到三峡库区腹地开展扶贫调研,本书以该地区为研究对象,发现普惠金融对多维贫困有直接减缓效应,且具有门槛特征;与此同时,三峡库区普惠金融通过经济增长、收入分配和平滑消费三大间接渠道减缓多维贫困。本书最后提出相对贫困视域下加快三峡库区普惠金融供给侧改革的政策建议。

**图书在版编目(CIP)数据**

相对贫困视角下三峡库区普惠金融对多维贫困减缓
效应研究 / 王伟著. -- 重庆:重庆大学出版社,
2020.12
(重庆智能金融实验与实践中心案例库)
ISBN 978-7-5689-2494-8

Ⅰ. ①相… Ⅱ. ①王… Ⅲ. ①三峡水利工程—金融支
持—扶贫—研究—重庆 Ⅳ. ①F127.719

中国版本图书馆 CIP 数据核字(2020)第 233681 号

相对贫困视角下三峡库区普惠金融对多维贫困减缓效应研究
王 伟 著
特邀编辑:陶冲萍
责任编辑:尚东亮 版式设计:尚东亮
责任校对:王 倩 责任印制:张 策
*
重庆大学出版社出版发行
出版人:饶帮华
社址:重庆市沙坪坝区大学城西路 21 号
邮编:401331
电话:(023) 88617190 88617185(中小学)
传真:(023) 88617186 88617166
网址:http://www.cqup.com.cn
邮箱:fxk@ cqup.com.cn(营销中心)
全国新华书店经销
重庆市国丰印务有限责任公司印刷
*
开本:787mm×1092mm 1/16 印张:9.75 字数:228 千
2020 年 12 月第 1 版 2020 年 12 月第 1 次印刷
ISBN 978-7-5689-2494-8 定价:45.00 元

2015 年 12 月，国务院印发《推进普惠金融发展规划（2016—2020 年）》，2016 年 3 月，国家"十三五"规划首次将普惠金融列入，这是近年来中央在治理金融乱象、去杠杆、严监管形势下，推动的为数不多的重点鼓励和支持的金融发展领域。此后，普惠金融不断被赋予支农支小支微、扶贫扶绿的重要使命。2020 年 4 月，中国人民银行、银保监会召开的"全国金融精准扶贫工作电视电话会议"再次提出，认真总结金融精准扶贫典型经验，梳理研究金融扶贫政策的延续与优化，完善 2020 年后针对相对贫困地区的支持政策，发展普惠金融，做好与乡村振兴金融服务的接续。可见，无论是政策导向还是实际需要，普惠金融已成为决战决胜脱贫攻坚、解决多维贫困和 2020 年后相对贫困问题的重要突破口。

三峡库区因三峡工程这一当今世界最大的水利枢纽工程而得名，其涉及范围之广、地理位置之重要、移民人口之众，均乃世界之罕见，关系我国生态安全和经济社会发展全局，所谓国运所系。但三峡库区也是秦巴山区、武陵山区两大集中连片贫困区的交叠带，集大农村、大山区、大库区于一体，缺乏对经济发展有利的自然地理条件。在中央和地方多年努力下，库区面临着难得的发展机遇，脱贫攻坚成绩突出，2019 年 4 月习近平总书记亲临库区腹地——石柱县实地调研。然而，库区也存在着贫困脆弱性高、多维贫困突出等问题，伴随着普惠金融的推进，如何将普惠金融发展与决战决胜脱贫攻坚统一起来，发挥普惠金融对多维贫困的减缓作用，对于三峡库区有着重要的现实意义。

在梳理国内外相关文献、界定核心概念、结合相关理论的基础上，本书认为普惠金融与多维贫困减缓有着理论上的统一性。它们之间既存在密切的理论渊源，又有着紧密的现实关联，普惠金融促进多维贫困减缓有着内在逻辑。普惠金融对多维贫困的减缓存在直接机制和间接机制，前者体现在向贫困群体提供普惠金融服务，直接减缓其经济贫困、教育贫困和医疗贫困；后者则表现在普惠金融通过经济增长的"涓滴效应"、收入分配的"调剂效应"以及平滑消费的"缓冲效应"，间接促进多维贫困减缓。近年来，库区金融减贫历经信贷减贫和金融精准减贫两个重要阶段，形成了政府引导机构参与、下沉重心强化体系、创新产品优化服务等基本经验，但也存在着短期性、粗放式、后继乏力等三方面问题。

基于固定效应模型、动态面板模型和分位数模型，本书进一步对前述理论机制和发展现状进行实证检验。研究发现，不论是整体上还是不同维度，三峡库区普惠金融均对多维贫困有一定的直接减缓作用，但减缓效应有待提升；与此同时，普惠金融对低度和中度贫困组的多维贫困减缓作用较大。由于"财富门槛"的存在,当地区经济水平的对数大于10.0551时,库区普惠金融减缓多维贫困的直接效应显著。此外,库区普惠金融对经济、医疗维度贫困的影响分别存在人均收入水平单一门槛和双重门槛,对教育贫困的影响存在地区经济水平单一门槛;普惠金融的渗透性、可得性和效用性对多维贫困的影响,以及对经济、教育和医疗维度的贫困也存在人均收入水平和地区经济水平门槛。

对于三峡库区普惠金融减缓多维贫困的间接机制,本书运用中介效应模型进行检验。研究发现,整体上经济增长、收入分配和平滑消费对普惠金融减贫的间接效应依次递减,占总效应比例为10.437%。但不同维度的结论略有不同,普惠金融渗透性、可得性和效用性均对经济贫困、教育贫困有较大且相近的间接效应,但它们对医疗贫困的间接效应均较小。基于以上发现,本书认为提升库区普惠金融减贫效应的核心在于加快普惠金融供给侧改革。一是完善普惠金融机构体系,提供组织保障;二是加快普惠金融基础设施建设,打通"最后一公里";三是创新普惠金融产品和服务,推进载体建设;四是配套普惠金融政策体系,强化环境支撑;五是健全普惠金融减贫长效机制,提升长期效应。

不得不指出的是,随着2020年减贫目标的实现,三峡库区需全面统筹城乡贫困治理,推动绝对贫困向相对贫困、收入贫困向多维贫困、单纯农村贫困向统筹城乡贫困的转变。本书仅从普惠金融这一视角对库区减缓多维贫困问题进行探索,限于作者的学术积累,书中定存在诸多局限甚至谬误之处,敬请专家学者批评指正。

本书的写作得到了我的两位恩师——重庆工商大学校长孙芳城教授和北京大学汇丰商学院巴曙松教授的悉心指导,他们付出了大量心血,在此深表谢意!本书还得到了重庆工商大学财政金融学院央地共建项目的资助,以及重庆大学出版社的大力支持,在此一并致谢!

王 伟

2020 年 5 月

# 目录
## CONTENTS

# 第1章 绪 论

## 1.1 研究背景与意义

### 1.1.1 研究背景

#### 1）普惠金融减贫的背景

金融作为经济资源配置的核心,不仅成为众多发展中国家崛起的先导力量和重要推动因素,而且已被证明为减缓贫困行之有效的途径之一,并逐步取代财政扶贫手段成为现代反贫困的主要方式。尤其是孟加拉国格莱珉乡村银行的成功,让各国对金融减贫寄予了极大热情和美好预期。《中国农村扶贫开发纲要(2011—2020年)》指出,积极推动贫困地区金融产品和服务方式创新,努力满足扶贫对象发展生产的资金需求。2015年11月中央扶贫工作会议召开,习近平总书记指出"要做好金融扶贫这篇文章",李克强总理也要求"走出一条有中国特色的金融扶贫之路"。2019年7月,中国人民银行召开的深度贫困地区金融精准扶贫工作推进会强调"提升金融精准扶贫的可持续性"。可见,金融扶贫已成为我国精准扶贫的重要举措,其成效综合、精准持久,具有全局和战略的多重意义[1]。

与此同时,普惠金融被列入国家战略规划。2015年底,国务院发布了《推进普惠金融发展规划(2016—2020年)》,这是近年来国家在治理金融乱象、去杠杆、严监管的形势下,推动的为数不多的重点鼓励和支持的金融发展领域,这充分展现了国家的战略意图。各大金融机构也纷纷响应党中央、国务院的号召,从组织架构和业务模式等各个层面推进普惠金融的实施。可以说,普惠金融标志着中国金融步入了一个新的发展阶段,代表着新时代大国金融的风度和格局[2]。党的十九大报告和2017年以来连续3年的《政府工作报告》均把普惠金融列为重要工作。2019年1月,李克强总理在考察国有三大行普惠金融事业部时指出,"普惠金融是利国利民的大事业,前景无限","要通过发展壮大普惠金融,更大力度支持民营企业和小微企业,进一步激发市场活力、扩大就业,实现包容性发展"。

值得注意的是,2015年底,中国人民银行副行长潘功胜在全国金融助推脱贫攻坚电视电话会议上指出,"新时期金融扶贫的工作重点就是大力发展普惠金融"。2016年3月,中国人民银行等七部委印发的《关于金融助推脱贫攻坚的实施意见》明确提出,金融扶贫要"以发展普惠金融为根基"。习近平总书记在党的十九大报告和2017年全国金融工作会议上提出,"要建设普惠金融体系,加强对小微企业、'三农'和偏远地区的金融服务,推进金融精准扶贫"。世界银行在《全球普惠金融发展报告》中写道,"普惠金融在减少极端贫困方面的重要性正在不断地被承认"[3]。2020 年 4 月,中国人民银行、银保监会召开的全国金融精准扶贫工作电视电话会议,也再次对普惠金融支持 2020 年及之后的相对贫困工作作出具体部署。由此可见,无论是在政策导向上,还是从实践经验来看,普惠金融已成为我国决战决胜脱贫攻坚、解决多维贫困和 2020 年后相对贫困问题的重要突破口。

**2)三峡库区的特殊背景**

三峡库区地处秦巴山区、武陵山区两大集中连片贫困区的交叠带,有着安稳致富库区和深度贫困山区的多维贫困特性,2019 年 4 月习近平总书记还实地调研了库区石柱县的扶贫情况。在中央和地方的多年努力下,库区面临着难得的发展机遇,尤其是脱贫攻坚战取得了突出成绩。截至 2018 年底,库区 19 个区县中仅 2 个为国家级贫困县,贫困人口减少至12.01 万人,贫困发生率为 1.89%,已降至历史最低水平。然而,库区内部的多维贫困程度差异仍然较大,库首地区的贫困发生率仍高达 5.79%,个别区县的贫困发生率超过 15%,7个区县的返贫率在 1% 以上①。而且,库区的教育贫困、医疗贫困等多维贫困问题也十分突出,2018 年人均教育经费仅 1794.70 元,每万人卫生技术人员数仅 56.33 个,分别为全国平均水平的 76.71% 和 33.98%②。

与此同时,三峡库区又是较早实施小额信贷的试点地区,有着较好的普惠金融扶贫基础条件和实践成效。一方面,库区普惠金融总量和均等化水平稳步提升,2018 年人均金融机构存、贷款额分别为 8.5 万元和 6.96 万元,虽低于全国平均水平 12.77 万元、10.20 万元,但库区每万平方公里和每万人银行网点数分别达到了 478.72 个、1.77 个,高于全国平均水平的236.25 个和 1.64 个③,这充分显示了库区在普惠金融覆盖率方面具有相对优势。另一方面,库区金融扶贫力度大、效果好。2017 年,精准扶贫贷款余额达 900 亿元,同比增长超过30%,涉农贷款余额突破 5000 亿元,带动帮扶贫困户近 10 万户。此外,库区还启动实施了"金融进村扶贫服务""万户百村行长扶贫""政策性金融脱贫攻坚"等金融扶贫工程。

由此可见,三峡库区虽是集中连片贫困区,但脱贫攻坚力度大,普惠金融发展基础较好,金融扶贫经验较丰富,有着一般深度贫困地区所不具备的特性,是较理想的研究样本,因而有着较高的研究价值。而且,三峡库区金融扶贫已取得诸多实际成效,2019 年 4 月,习近平总书记实地听取了以资产收益扶贫见长的"石柱金融扶贫模式"主要做法;此外,国家扶贫办、中国人民银行、银保监会等还多次报道了库区"五类'金融扶贫+'模式""奉节小额贷款模式""'四跟四走'扶贫支小模式"等。近年来,渝鄂两省市也密集出台了《关于深化金融精准扶贫支持深度贫困地区脱贫攻坚的实施意见》《推进普惠金融发展工作方案》等多项政策,这为库区普惠金融减贫营造了良好的外部环境。由此,新时期如何将普惠金融发展和决战决胜脱贫攻坚战统一起来,发挥普惠金融对多维贫困的减缓作用,对于三峡库区解决多维

---

① 库首所包含的区县是根据《三峡库区近、中期农业和农村经济发展总体规划》的标准划分而来,具体包括湖北巴东、秭归、兴山和夷陵。贫困人口规模和贫困发生率数据由重庆市扶贫办、宜昌市和恩施州扶贫办提供并通过计算而得。

② 根据国家统计局、《重庆市统计年鉴》、《宜昌市统计年鉴》和《恩施州统计年鉴》计算而得。

③ 存贷款数据根据国家统计局、《重庆市统计年鉴》、《宜昌市统计年鉴》和《恩施州统计年鉴》计算而得,网点数据通过查询中国银保监局网站"金融许可证"统计而得。

贫困和2020年后相对贫困问题有着重要的现实意义。

### 1.1.2 研究意义

**1）进一步拓展金融减贫理论**

已有的金融减贫理论大多内蕴于金融深化与金融发展对贫困（主要是经济贫困）的减缓研究中，而对于更加强调金融广度的普惠金融，以及包含经济贫困在内的多维贫困的关系探讨仍比较缺乏。普惠金融与多维贫困的关系没有建立相对独立的理论分析框架，普惠金融减贫效应也大多局限于以往金融深化与金融发展减贫效应的分析逻辑，缺乏体现金融广度的适切性剖析。本书一方面通过理论渊源、现实关联与内在逻辑的梳理，构建普惠金融与多维贫困之间的关系框架；另一方面，以金融广度为主要论述视角，较全面地阐释普惠金融减缓多维贫困的直接机制和间接机制，从而打开普惠金融减贫的"黑箱"，拓展现有金融减贫理论。

**2）为三峡库区多维贫困和2020年后相对贫困提供普惠金融解决方案**

无论是扶贫攻坚还是普惠金融建设，集中连片贫困区是重中之重，也是难中之难。由于能在尊重市场逻辑的同时，体现普惠性和关爱特殊群体的情怀，普惠金融成为集中连片贫困区多维贫困减缓的重要举措。尽管实践中已有探索，但系统的研究还极为缺乏，这显然不利于普惠金融减贫效应的充分发挥。本书以三峡库区为典型样本，立足库区、突出库情，将减贫事业与普惠金融发展"两大主题"统一起来，从更高的视角论证、检验两者关系，遵照严谨的经济学研究范式提出政策启示，这将为库区解决多维贫困和2020年后相对贫困问题提供普惠金融方案，也为其他深度贫困地区提供借鉴。

**3）利于丰富现有的普惠金融减贫研究成果**

以往的研究在样本选择、指标择取、实证方法使用等方面存在拓展空间。本书以三峡库区为典型样本，构建经济、教育和医疗三个维度的多维贫困指数，以及涵盖渗透性、可得性和效用性三个维度的普惠金融指数，采用"改进的 Critic 法"赋权和测算。基于2003—2018年的县域数据，采用多种实证分析方法，估计了普惠金融减缓多维贫困的直接效应及其门槛特征，检验了普惠金融减缓多维贫困的三大间接效应。这无疑丰富了现有的相关研究。

## 1.2 国内外研究现状

当前，普惠金融对贫困的影响已引发国内外学界的关注。早期的文献主要集中在金融发展与贫困关系、金融减贫机制与效应上，近年来，随着普惠金融的较快发展和脱贫攻坚问题的持续关注，人们把目光转向普惠金融减贫的研究上。

### 1.2.1 金融发展与贫困关系研究

金融发展与贫困的关系大致存在三种观点：

第一种观点认为金融发展有助于贫困减缓。这源于一些学者应用计量方法测量的结果,Dollar & Kraay(2001)、Jalilian & Kirkpatrick(2005)的研究显示,金融发展有助于减缓贫困,当金融发展每提高 1%,贫困群体的收入将增加 4% 左右[4][5]。Imai et al.(2012)、Rashid & Intartaglia(2017)对发展中国家的进一步检验发现,金融发展在减少绝对贫困方面发挥着重要作用[6];微型金融贷款总量与 FGT 贫困指数显著负相关,它对贫困广度、贫困深度及贫困强度均有显著的减缓作用[7]。但 Cepparulo et al.(2016)也指出,金融虽然能发挥减贫效应,但也会随着制度质量的提升而有所降低[8]。崔艳娟和孙刚(2012)、傅鹏等(2018)以中国的省际面板数据得出,金融发展有效地促进了农村反贫困进程[9][10]。

第二种观点认为金融发展并不能明显改善贫困状况。Arestis & Caner(2004)的研究显示,贫困群体受制于多种条件的约束,不易享有各类金融服务,因而不利于其贫困减缓[11]。杨俊等(2008)对中国的实证研究发现,农村金融长期会抑制农村贫困减少[12],农村金融效率甚至成为减贫的阻力(吕勇斌和赵培培,2014)[13]。尤其是低收入国家,金融发展对减贫并没有积极影响(Dhrifi,2015)[14],对绝对贫困的作用也不明显(Rashid & Intartaglia,2017)[6]82-84。其原因在于,一方面这些国家和地区金融体制机制缺陷,制约了金融资源与生产要素的深层结合,抑制了减贫效果(刘芳和刘明,2017)[15];另一方面金融不稳定也会加剧这种负向影响(Kiendrebeogo & Minea,2016;Kaidi et al.,2019)[16][17]。

第三种观点认为金融发展与贫困减缓呈非线性关系。这一观点将金融发展与贫困减缓之间的关系界定为倒"U"形的非线性关系(Greenwood & Jovanovic,1990)[18],即当经济水平较低时,金融发展虽能助推经济增长,但也会扩大人们的收入差距,并不利于减贫;只有当经济水平处于较高时,金融服务才能惠及更多的人群,进而降低收入差距,减缓贫困。何雄浪和杨盈盈(2017)、Zahonogo(2017)运用经验数据进行实证,也发现金融发展对贫困减缓的确存在先恶化后改善的效应(即 G-J 效应)[19][20]。

进一步地,有学者发现金融与贫困的非线性关系表现出显著的门槛特征。师荣蓉等(2013)的结论显示,当人均收入处于较低水平时,金融发展对贫困减缓有隐性的累积效应;当人均收入跳越"贫困陷阱"时,金融发展对贫困减缓有显性的加速效应;当人均收入处于较高水平时,金融发展对贫困减缓有隐性的减速效应[21]。苏静等(2013)计算出,农村非正规金融对贫困广度、贫困深度和贫困强度的门槛转换的位置水平分别为 0.309、0.312 和 0.575,当跨越门槛值之后,农村非正规金融发展对贫困广度和贫困深度的影响由促进转变为抑制,对贫困强度的影响始终表现为抑制[22]。王汉杰等(2018)进一步证实,农村金融发展对减缓贫困具有门槛特征[23]。

### 1.2.2 金融减贫机制与效应研究

已有文献主要关注了金融减贫的直接机制与效应,以及金融减贫的间接机制与效应两个方面:

#### 1)金融减贫的直接机制与效应

金融减贫的直接机制主要体现在金融服务直接作用于贫困人口。穷人对一些基本金融需求(如储蓄)可能比富人更迫切,而金融发展在一定程度上增加了穷人的金融服务可及性,为他们量身定做的金融产品有利于资本快速积累,扩大生产规模,缓解收入波动,从而提高其可持续发展能力,避免贫困发生(Beck et al.,2007)[24]。丁志国等(2011)进一步把金融减贫的直接途径总结为两个方面:一是金融机构通过储蓄、支付等基础性服务,加速贫困群体资金积累,满足其再消费、再投资的需要;二是通过生产性和经营性贷款等拓展性服务,缓解融资约束,满足再生产需要,增加贫困群体预期性收入,降低陷入贫困的概率[25]。

一些代表性的实证研究证实了这一点。Robinson(2001)指出,过去几十年中,扶贫小额贷款已帮助众多贫困群体获得可观的回报率[26]。Burgess & Pande(2005)基于1977—1990年印度的数据得出,农村地区金融机构网点数每增加1%,贫困发生率将降低0.34%[27]。张立军和湛泳(2006)对中国统计分析亦显示,小额信贷增加了贫困地区农户经营性收入,降低了贫困程度[28]。同时,富有弹性的储蓄工具,能够平滑贫困群体的消费,增强其抵抗未来风险的能力(陈银娥和师文明,2010)[29]。此外,"金融机构信贷+龙头企业+农户"和"金融机构+专业合作社+农户"的链式融资也具有显著的益贫效果(申云和彭小兵,2016)[30],金融扶贫不仅具有显著的减贫效应,还能抑制财政扶贫的副效应(吴本健 等,2019)[31]。

**2)金融减贫的间接机制与效应**

金融发展对贫困的间接影响主要体现在经济增长上(Jalilian & Kirkpatrick,2002)[32]。涓流效应理论认为,经济增长带来的财富增量会"涓滴"惠及贫困群体,从而实现减贫;亲贫困增长理论则认为,穷人在分享经济增长成果时,可获得比富人更大比例的经济增长收益,因而达到减贫目标(Dollar & Kraay,2004)[33]。Levine et al.(2007)基于"金融发展—经济增长—收入分配—贫困减缓"的路径,认为金融发展主要通过"经济增长—收入分配"的间接机制来发挥减贫作用[34]。经济增长带来的就业增长,减贫效应更为明显(Khan & Ahmad,2012;Fowowe & Abidoye,2013)[35][36]。Sehrawat & Giri(2018)对印度的实证分析显示,金融发展、经济增长和收入不平与贫困之间存在显著的长期关系,金融发展和经济增长有助于印度的减贫,而收入不平等加剧了贫困[37]。

中国的经验研究中,苏基溶和廖进中(2009)基于省际面板数据的GMM模型估计显示,金融发展能有效增加贫困家庭的年收入,其收入增长的31%来源于金融发展的收入分配效应,而剩下的69%来源于金融发展的增长效应[38]。崔艳娟和孙刚(2012)进一步证实,金融发展对贫困减缓的效应中,有约30%归因于经济增长效应,11%归因于收入分配的作用[9,121]。陈银娥和张德伟(2018)对湖南省51个贫困县的实证得出,县域金融既能直接减缓多维贫困,又能间接作用于多维贫困,且前者效应大于后者,经济增长的间接作用强于收入分配,县域金融减缓消费贫困的效应大于医疗贫困和教育贫困[39]。赵洁(2018)还证实了非正规金融在收入不平等与农户多维贫困的关系中,存在调节效应与中介效应[40]。

## 1.2.3 普惠金融减贫机制与效应研究

有学者认为,传统金融减贫效应乏力,金融排斥严重,难以商业可持续(马九杰 等,2013;星焱,2016)[41][42],而普惠金融对贫困群体有比较优势(World Bank,2013)[43]。近年来,普惠金融对贫困减缓的影响文献逐渐增多,他们的研究主要集中在以下两个方面。

**1)普惠金融减贫的直接机制与效应研究**

理论界对普惠金融是否具有减贫的直接效应尚有争议。权利贫困理论认为,致贫的重要原因之一是贫困群体的金融服务权利缺失,通过信贷干预可以起到减贫作用(Gaiha et al.,2007)[44]。信息不对称理论认为,金融机构获取贫困群体的信息有限,信贷投放不易瞄准,因而难以有效提高其信贷可得性(Banerjee et al.,2009)[45]。而且,贫困地区信贷市场信息不完全程度高,更易产生逆向选择问题,以致金融机构人为抬高门槛,贫困群体因未享受到金融服务而陷入"贫困陷阱"(王宁 等,2014)[46]。但信贷约束理论认为,普惠金融可将传统金融未能有效服务到的贫困农民纳入有效服务对象中来,缓解其信贷约束,带来财富增长从而达到脱贫目标(星焱,2016;何雪松和孔荣,2017)[42]24-25,[47]。杨艳琳和付晨玉(2019)认为普惠金融通过缓解金融排斥,直接或间接帮助农村贫困劳动年龄人口提高多方面的脱贫致富能力,从而改善多维贫困状况[48]。

实证研究方面,大部分学者证实了普惠金融有助于直接减贫。Manji(2010)的研究发现,金融服务的可得性和使用频率与贫困率负相关[49];Park & Mercado(2018)进一步对177个经济体的实证表明,金融包容性程度与较低的贫困水平显著相关[50]。中国的经验研究则显示,普惠金融减贫的直接效应具有明显的门槛特征,当人均收入水平提高时,这种效应也将不断增强(罗斯丹 等,2016)[51];与银行网点密度、银行从业人员密度相比,贷款密度的减贫效应更大(卢盼盼和张长全,2017)[52],且地区间存在差异,西部>中部>东部(韩晓宇,2017)[53]。吕勇斌和肖凡(2018)的空间计量结果显示,金融包容水平与贫困水平存在着空间关联性,且呈倒"U"形关系[54]。罗荷花和骆伽利(2019)对9个省份的实证得出,普惠金融发展水平对总体贫困、收入贫困、教育贫困和权利贫困的减缓均产生了显著的正向影响[55]。

**2)普惠金融减贫的间接机制与效应研究**

目前代表性的观点主要有三类。第一种观点认为,普惠金融与传统金融一样,通过发挥经济增长和收入分配作用间接促进贫困减缓。Kim & Jong-Hee(2016)的实证得出,金融包容性改善了收入不平等与经济增长之间的关系,通过金融包容性能将收入不平等与经济增长之间的消极关系转变为积极关系[56]。朱一鸣和王伟(2017)的研究发现,经济增长是普惠金融促进减贫增收的重要机制,对于贫困县,普惠金融发展的减贫增收作用很大程度上要归因于经济增长的中介效应[57]。但也有学者认为普惠金融主要通过提高个人收入水平,改善农村劳动年龄人口的收入、教育和就业维度贫困,但不能显著改善他们在健康和保险维度的贫困状况(杨艳琳和付晨玉,2019)[48]31-32。

第二种观点认为,普惠金融间接减贫机制有三个维度:物质资本、人力资本和社会资本。首先,普惠金融通过增加贫困群体自有物质资本,提高金融信贷能力,让金融服务可及;其次,普惠金融缓解了穷人的人力资本投资缺口,增加受教育年限,改善金融知识水平,提升体力、智力和金融素质,间接促进减贫脱贫;再次,普惠金融可以促使贫困群体参与生产活动和投资,扩大社会网络,以社会资本降低贫困脆弱性(韩晓宇,2017)[53]69-70。

第三种观点认为,普惠金融可以通过三种间接机制促进贫困减缓:即投资机制——普惠金融为贫困群体提供可负担、低门槛的产品与服务,增加其外源资本和投资能力,从而增收减贫;人力资本提升机制——普惠金融为贫困群体赋予更多的金融发展权,增强其金融意识,提升其金融能力,并通过扩大教育投资,增强他们在劳动力市场和创业活动中的竞争力;企业行为机制——普惠金融为小微企业提供更多更优惠的金融产品与服务,缓解其资金瓶颈,促进其再生产,为贫困群体创造更多的他雇机会和工资性收入(Schmied & Marr,2016)[58]。这三种机制旨在提高贫困人口可行能力,进而影响贫困脆弱性(Han et al.,2019)[59]。

### 1.2.4　三峡库区有关研究

目前,有关三峡库区的研究总体偏少,尚无与本书直接相关的文献。学者们只关注了库区的某些金融问题和贫困问题,现梳理如下:

#### 1)三峡库区金融问题研究

现有的研究主要涉及四个方面:一是金融现状研究。三峡库区正规金融供给不足,乡镇仅有农业银行、农商行及邮政网点,少数乡镇有地方商业银行入驻,超过一半的农户希望能从正规金融机构贷款(万红娟,2016)[60]。二是金融体系重构研究。应以互联网工具打造库区本土化融资担保策略的"电商+政府""电商+银行""P2P+小贷"互联网金融模式(李凌和陈德丰,2013)[61]。三是金融与经济关系。三峡库区银行业应加大民营经济支持力度促进其发展壮大(彭卫民,2014)[62],过度集中的金融机构布局将对库区经济增长不利(刘巍,2016)[63]。四是金融支持库区后期扶持。应创新金融工具、培育投融资体系、发展库区资本市场(张婷,2013)[64],完善县域金融服务体系,增加社区金融供给总量、改善金融生态环境等(孙良顺,2017)[65]。

#### 2)三峡库区贫困问题研究

学者们主要聚焦三个领域:一是三峡库区贫困现状研究。从迁移初期到迁移后期,三峡农村移民家庭绝对贫困问题得到了基本缓解,但相对贫困仍在较大范围内存在(何家军和朱乾宇,2016)[66]。患病、劳动能力弱和失地是移民致贫的三大主因,其分别比例为26.49%、22.10%和21.65%(李文静 等,2017)[67]。二是贫困原因研究。许芯萍等(2019)认为库区多维贫困的最主要诱因为交通工具、身体健康状况、家庭人均收入、耐用消费品及受教育程度等[68]。三是减贫对策研究。三峡库区应展开生态优先的开发扶贫思路,以夷陵、秭归等地的发展优势带动巴东的经济发展,鼓励库中地区将自然资源转化为自然资本,开发生态旅游业,改善生态环境(帅传敏 等,2017;马婷 等,2019)[69][70]。

#### 3)库区金融减贫问题研究

金融减贫历来是三峡库区扶贫工作的重要环节(朱兆文,2011)[71]。1997 年来,库区积极开展小额信贷扶贫试点,其典型的运作模式有财政贴息扶贫小额信贷模式、农村信用社主导的小额信贷模式、社区性民间互助资金组织模式等,其中以农村信用社主导的小额信贷模式在库区各区县最为常见(龙新庭 等,2014)[72]。库区通过设立银政联动共建的金融扶贫示范区,创新地构建"政银保企"贷款体系,推出了"农户+政府""农户+担保公司""农户+公司"等个人贷款模式,以及"银行+保险"保证保险小额贷款和"涉农龙头企业+经销商+上下游种养殖户"产业链贷款(李伶俐 等,2018)[73]。

### 1.2.5　研究述评

第一,普惠金融对多维贫困减缓的理论分析有涉及,但深度不够。一方面,旧的分析范式的痕迹很深。从文献的脉络来看,学者们对普惠金融减缓多维贫困的关注源于金融减贫,因而在大量的研究中,普遍地将普惠金融减缓多维贫困这一命题等同于或类似于金融减贫问题,而理所当然地把金融与减贫的理论分析"复制"或"嫁接"到普惠金融减缓多维贫困上,这不仅让该领域的研究陷入狭隘,还固化了后人的分析范式。另一方面,理论分析的历史追溯不足、内在逻辑不清。学者们普遍采用一步到位的方法直接论述普惠金融对多维贫困的减缓效应,而忽视从理论源头、发展演变的角度,深入分析普惠金融与多维贫困问题的由来、关联以至发生作用等,这使得不少研究"苍白无力",缺乏学理性和逻辑性。

第二,普惠金融减缓多维贫困的实证研究增多,但有待改进。学者们围绕金融和贫困的关系展开了卓有成效的研究,但有关普惠金融减缓多维贫困的直接效应和间接效应的研究仍然偏少,有些结论甚至相反。梳理下来,本书认为有两大缺陷:一是变量和维度问题。贫困的度量是本领域研究极其重要的一环,相当一部分研究采用替代指标,如人均可支配收入、恩格尔系数等来间接衡量贫困水平,而没有采用更为直接的指标,这可能引起实证结果的较大偏差。而且,大多数学者仅考虑了经济贫困而忽略了多维贫困,普惠金融减缓效应也因此主要是单一维度检验,没有兼顾多个维度的检验。二是实证分析不全面。普惠金融与多维贫困减缓的直接效应实证时,主要采用静态和动态面板模型,缺少分位数模型和门槛模型的使用;在考察间接效应时,中介效应模型的运用还很少。

第三,研究样本大多以全国和省际为主,缺乏代表性较强的区域样本。从现有文献来看,样本选择存在两个明显特点:一是范围较大,以全国或省际为主;二是不够典型。事实上,普惠金融与多维贫困减缓的难点和重点均在深度贫困地区,尤以山区、库区、连片贫困区为甚,这些地区往往有着特殊的重要性,以至很有必要加快推进。从直观上来讲,要检验普惠金融是否具有多维贫困减缓效应,首要的就是找到一个多维贫困程度较深、有一定经济金融发展基础的观测地区,如果所选样本过于宏大、贫困问题不太突出、金融服务几近空白的寻常地区,减贫效应可能无法考察和识别。由此,精心选择与研究主题契合度高的样本,既是研究结论可靠的前提要件,又是对策建议制订的重要依据。

# 1.3 研究目标、内容与方法

## 1.3.1 研究目标

本书的总体目标是,系统地研究三峡库区普惠金融对多维贫困的减缓效应,并为库区解决多维贫困和2020年后相对贫困问题提供普惠金融方案。具体有以下四个目标:①构建普惠金融对多维贫困减缓的理论框架;②开展普惠金融与多维贫困的测度以及现状分析;③检验三峡库区普惠金融减缓多维贫困的直接效应与间接效应;④提出三峡库区普惠金融减缓多维贫困的政策建议。

### 1.3.2 研究内容

本书的研究包括理论研究、实证研究和政策研究三大部分,如图1.1所示。理论研究中,既回顾国内外文献、界定核心概念、梳理理论基础,从而明确逻辑起点;又构建普惠金融与贫困减缓的关系框架,深入分析普惠金融减缓多维贫困的直接机制和间接机制。在实证研究中,在指标构建和赋权测算的基础上,进行普惠金融、多维贫困现状统计分析;建立多个实证模型,从整体和不同维度视角检验普惠金融减缓多维贫困的直接效应和间接效应。在政策研究中,基于普惠金融供给侧改革视角,从健全机构体系、基础设施、产品服务、政策体系和长效机制等五方面提出建议。

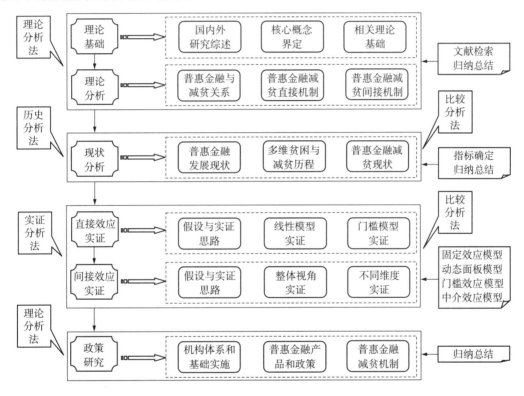

**图1.1 技术路线图**

### 1.3.3 研究方法

本书主要采用理论分析法、实证分析法、比较分析法和历史分析法:①理论分析法:界定核心概念,梳理相关理论,阐述普惠金融减缓多维贫困机制。②实证分析法:以改进的 Critic 法进行赋权,建立多个模型对普惠金融减缓多维贫困直接效应、门槛特征和间接效应进行检验。③比较分析法:对库区普惠金融、多维贫困以及普惠金融减贫的现状进行区县比较、库首库腹库尾比较、湖北库区重庆库区和全国比较、整体和不同维度的普惠金融减贫效应比较。④历史分析法:以历史演进角度,跨时段深入分析库区普惠金融发展历程、多维贫困成因、减贫阶段以及普惠金融减贫的进程、经验与问题。

# 1.4 可能的创新与不足

## 1.4.1 可能的创新

### 1)从多个视角构建普惠金融与多维贫困减缓的关系框架

以往的研究在讨论普惠金融减缓多维贫困问题时,没有构建一个普惠金融与多维贫困减缓的关系框架,从理论源头、发展演变等视角分析两者之间的关系,因而缺乏学理性。本书首先考察了普惠金融与多维贫困之间的理论渊源,发现早期贫困理论关注金融资本,金融发展理论间接关注减贫问题,农村金融理论关注穷人信贷权利,普惠金融从内涵机制上关注减贫。其次,本书对两者现实关联的分析得出,它们的重点客户相似但不相同、发展愿景交叉但不重合、均需内生驱动但有侧重,且普惠金融减缓多维贫困已被实践证明。最后,本书揭示了普惠金融促进多维贫困减缓的内在逻辑,即赋予金融权利减缓金融排斥,降低交易成本提高可得性,提供经济机会实现原因减贫,促进包容发展减贫。

### 2)全面地揭示普惠金融减缓多维贫困直接机制和间接机制

以往的研究主要讨论了普惠金融对经济贫困的影响机制,而对于教育贫困、医疗贫困等多维贫困的研究还涉及较少。本书认为,普惠金融通过向贫困群体提供储蓄、信贷、保险及其他金融服务,影响其初始财富水平、接受教育培训机会与程度、获取金融服务机会、改善经济社会政治福利的机会和途径,直接减缓其经济贫困、教育贫困和医疗贫困。普惠金融减缓多维贫困的间接机制主要表现在三个方面:通过促进经济增长,发挥"涓滴效应",赋予穷人更多的包容性增长机会,在面上助推多维贫困减缓;通过改善收入分配,发挥"调剂效应",减少地区和群体收入差距,在线上助推多维贫困减缓;通过平滑居民消费,发挥"缓冲效应",减缓大额支出和消费冲击,在点上助推多维贫困减缓。

### 3)构建综合指数,从不同维度检验普惠金融减缓多维贫困直接效应和间接效应

本书选择兼具山区、库区和贫困连片区特点的三峡库区作为典型样本,构建代表性更强的多维贫困指数和普惠金融指数,采用更为客观、综合的"改进的 Critic 法"进行赋权,这与那些样本选择较为大众化的研究不同,也与那些采用单一指标和简单赋权的研究不同。此外,本书无论是检验普惠金融减缓多维贫困的直接效应、门槛特征,还是间接效应,均从整体视角和不同维度视角分别开展实证。即既要在整体上估计普惠金融对多维贫困的影响,又要检验普惠金融的渗透性、可得性和效用性维度对多维贫困的影响,还要估计普惠金融渗透性、可得性和效用性维度对经济、教育和医疗维度贫困的各自影响,这在现有研究中比较罕见。

### 1.4.2 不足

本书所涉及的三峡库区普惠金融的数据较难收集,虽然通过中国银保监会网站"金融许可证"手工获取到历年各区县的金融机构网点数据,以及从统计年鉴查询到金融机构存贷款余额,但对于扶贫贷款金额、移动支付率、保险证券覆盖率等指标尚未涉及,因而普惠金融的测算具有一定的局限性。此外,本书着重从宏观视角研究普惠金融对多维贫困的减缓效应,而没有从微观视角加以验证与比较,因而研究视角仍显单一,这也是未来研究的重要方向。

# 第2章 核心概念界定与理论基础

本章首先界定普惠金融、多维贫困、三峡库区等核心概念,再对普惠金融与多维贫困的相关理论进行回顾、梳理,以期为后文构建普惠金融作用于多维贫困减缓的理论框架,以及分析和检验普惠金融减缓多维贫困效应奠定理论基础。

## 2.1 核心概念界定

### 2.1.1 普惠金融

作为与金融排斥相对的概念,普惠金融在 2005 年联合国"国际小额信贷年"活动中首次被提出。次年联合国在 *Building Inclusive Financial Sectors for Development* 一书中呼吁发展中国家应在健全的制度框架下,建立完整、多层次的普惠金融组织部门,为社会各阶层提供适合的金融产品与服务。由此,人们对普惠金融的理解已从最初的小额信贷推广,深入到完善的金融组织体系构建(Leeladhar,2006)[74]。此后,国际组织、多国政府以及各界学者开始从不同的角度探讨普惠金融的起源、性质及发展目标,试图对其内涵进行科学界定。我国于 2006 年正式引入普惠金融概念,其初衷正如"中国小贷之父"杜晓山(2006)所言,"只有将包括穷人在内的金融服务有机地溶于微观、中观、宏观金融体系,才能使过去遭受金融排斥的大规模客户群体受益"[75]。

关于普惠金融的内涵(表 2.1),世界银行扶贫协商小组(CGAP)在其出版的 *Access for All:Building Inclusive Financial Systems* 一书将其界定为"让所有需要金融服务的人,特别是贫困人口、妇女、小微企业等弱势群体同样享有平等地获得金融服务的权利"[76]。Sarma(2008)认为,普惠金融是指在一个经济体中,每一位成员能够以可负担的成本,以公平、透明的方式,接触、获取和有效使用金融产品和服务的过程和状态[77]。吴国华(2013)指出,普惠金融是指一国金融体系能够可持续地为该国弱势人群、弱势产业和弱势地区提供方便快捷、价格合理的基础金融服务[78]。白钦先(2015)进一步把普惠金融的内涵放大为"引领、规范、实现金融发展,突出强调金融的哲学人文关怀关爱,突出强调金融为最广大民众,为最广大自然人、法人服务的一种共享性的金融发展方式"[79]。

中国人民银行原行长周小川(2015)在解读国家"十三五"规划中有关"深化金融体制改革"时,指出"普惠金融是让每一个人在有需求时都能以合适的价格享受到及时、有尊严、方便、高质量的各类型金融服务"[80]。2015 年底,国务院颁布的《推进普惠金融发展规划(2016—2020 年)》对普惠金融的界定是"立足机会平等要求和商业可持续原则,以可负担的成本为有金融服务需求的社会各阶层和群体提供适当、有效的金融服务"。星焱(2016)提出普惠金融的"5+1"界定法,即五个核心要素——可得性、价格合理性、便利性、安全性、全面性,以及一个面对特定的服务客体[42]22-23。邢乐成和赵建(2019)认为普惠金融是立足"三可"原则(可获得、可负担、可持续),面向"三服务"对象(小微企业、"三农"及其他弱势者),通过技术创新和业务模式创新,享受低门槛的一种金融服务[81]。

表 2.1 普惠金融定义解析

| 代表性作者或机构 | 关键词 |
| --- | --- |
| CGAP(2006) | 所有需要金融服务的人、弱势群体、平等 |
| Sarma(2008) | 可负担,公平透明,接触、获取和有效使用 |
| 吴国华(2013) | 可持续、弱势人群、弱势产业、弱势地区、方便快捷、价格合理 |
| 白钦先(2015) | 哲学人文关怀关爱、最广大民众、最广大自然人、法人、共享性 |
| 周小川(2015) | 合适的价格、及时、有尊严、方便、高质量 |
| 国务院(2016) | 立足机会平等、商业可持续、可负担、社会各阶层和群体、适当、有效 |
| 星焱(2016) | 可得性、价格合理性、便利性、安全性、全面性、特定的服务客体 |
| 邢乐成和赵建(2019) | 可获得、可负担、可持续、小微企业、三农、其他弱势金融服务需求者 |

注:以上资料为作者整理。

本书认为"普惠金融"是指一个能够持续有效地、全方位地为社会所有阶层提供可负担服务的金融体系,特别是为传统金融机构服务不到的贫困群体、小微企业等提供的金融服务。从服务对象来看,普惠金融覆盖了所有有金融需求的个人和组织,而不仅仅是农村金融群体和微型金融群体,因而普惠金融在范围上包含了农村金融和微型金融。从业务种类来看,普惠金融不仅包括小额信贷,还涵盖了保险、理财等多样化金融产品,因此小额信贷只是普惠金融的一个组成部分。从运营原则上看,普惠金融既要遵循商业可持续,又应兼顾服务对象可负担,因此普惠金融不同于扶贫金融、政策性金融,亦不是全民借贷。它与小额信贷、微型金融、农村金融相关概念的关系如图 2.1 所示。

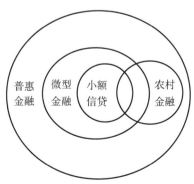

图 2.1 普惠金融相关概念的关系图

由于本书的研究对象是三峡库区,且重点考察库区普惠金融减缓多维贫困效应,因而需要根据这一特定地域对普惠金融的范围作进一步补充。其一,衡量普惠金融发展水平的维度很多,本书遵从大多数学者的观点,着重从渗透性、使用度和效用度三个维度进行考察,受数据获取的限制,我们假定这些金融服务均能被贫困群体获取。其二,三峡工程自1994年兴建,至2009年基本完工,该期间非自愿移民使得人口城市化率"虚快",城乡居民身份有所模糊,因而本书将普惠金融减缓多维贫困的对象不再区分为农村的还是城镇的贫困群体。这两个补充说明,将在4.1.1"普惠金融测算"章节的统计指标中体现。

### 2.1.2　多维贫困

贫困是一个内涵十分丰富的概念,一般的经济学理论认为贫困是经济、社会、文化等一些落后现象的总称。可见,贫困首先是一种经济现象,即物质生活贫困(或收入贫困),可以简单地理解为个人或家庭的生活水平(或收入水平)无法达到某种社会公认的最低生活标准(或最低收入标准)。此外,以印度经济学家、诺贝尔经济奖获得者阿马蒂亚·森(Amartya Sen,2004)为代表的能力贫困论者认为"贫困并不是一个收入问题,而是一个缺乏最低限度的能力问题"[82]。贫困应该表现为人的基本可行能力在多个维度被剥夺,而不仅仅局限于物质的匮乏或收入的低下,贫困还包括教育、文化、医疗等其他客观指标的贫困以及对分配、晋升、服务、发展机会等福利的主观感受的贫困。因此,贫困是一个动态的、相对的多维度的综合性概念。

从《中国农村扶贫开发纲要(2011—2020年)》《中共中央国务院关于打赢脱贫攻坚战的决定》《"十三五"脱贫攻坚规划》等政策文件对脱贫标准的界定来看,"两不愁,三保障"指的就是多维贫困标准,即既要实现经济维度脱贫(不愁吃、不愁穿、住房安全有保障)、教育维度脱贫(保障其义务教育),还要确保医疗维度(基本医疗有保障)脱贫。2019年10月,中共十九届四中全会提出要在"幼有所育、学有所教、劳有所得、病有所医、老有所养、住有所居、弱有所扶"方面不断取得新进展,进一步强调了多维贫困的客观性、长期性、发展性;也只有在2020年决战决胜脱贫攻坚战,巩固脱贫攻坚成果,真正缓解多维贫困程度,才能"建立解决相对贫困的长效机制"。

事实上,相对贫困也是一种多维贫困。1979年,彼得·汤森(Peter Townsend)发表的《英国的贫困:一项基于家庭资源和生活水平的调查》首次对相对贫困进行界定,即"当个人、家庭、社会组织因缺乏获得饮食、住房、健康、娱乐和参与社会活动等方面的社会资源时,导致他们处于低于社会习俗或主流社会所提倡的中位生活水平,而最终被排斥在正常生活方式和社会活动之外的一种状态"。相对贫困的提出超越了人类本身生存的问题,转而将目光投向收入的平等分配以及社会剥夺,更加强调经济发展成果的全民共享。相对贫困强调贫困的非单一性,反映了不同福利的相对不足,实质为多维相对贫困,其概念框架如图2.2所示,本书后续将借鉴这一思路构建多维贫困指数。

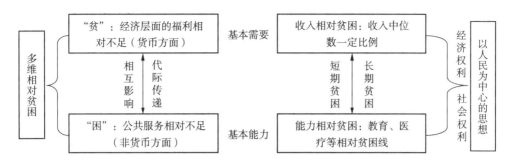

注:转引自王小林,冯贺霞.2020年后中国多维相对贫困标准:国际经验与政策取向[J].中国农村经济,
　　2020(3):2-21.

**图2.2　多维相对贫困的概念框架**

结合研究实际,本书所定义的"多维贫困"是指一种生存状态,在这种状态下,人们不仅因经济或收入的匮乏而难以维持其基本生活支出需要,而且也因社会权利的缺失而致使其无法享有法律和社会公认的最基本数量和质量的住房、医疗、受教育等机会或权利。多维贫困已经不再是温饱问题、收入水平低以及资源的匮乏,而是越来越多地表现在人力资源的可行能力,包括劳动力受教育程度、健康营养状况、面临风险时的脆弱性以及信息获取渠道等发展权利。人们既存在由于经济收入低导致的难以维持基本生活需要的风险,又常常处于社会困境之下的难以满足教育、卫生等基本能力需要的社会排斥感,即物质贫困和精神贫困并存。随着经济贫困现象逐步消除,多维贫困人口数量将会上升。

三峡库区横跨两大集中连片贫困区,贫困发生率高,多维贫困程度深,因此,本书将其多维贫困的内涵进一步明确为经济贫困、教育贫困和医疗贫困等三个维度,并在第4章中选择相应指标并以综合指数的形式进行测算。需要指出的是,经济贫困反映的是经济与收入水平的改善情况,教育贫困和医疗贫困则体现的是受教育水平和医疗救助条件的贫乏程度;经济贫困是反贫困事业的重心,但"绝不是终极动机",经济贫困会引起教育贫困和医疗贫困,而教育贫困、医疗贫困也会恶化经济贫困。三者相互关联形成多维贫困,随着脱贫攻坚的纵深推进而越来越受到人们的关注。因此,本书后续出现的"减贫"一词,其含义即是包含经济贫困、教育贫困和医疗贫困在内的多维贫困的减少与缓解。

### 2.1.3　三峡库区

三峡库区是由于人工活动干预自然资源而形成的一个现代地理概念,系指按照长江三峡大坝蓄水至175米的方案,因水位升高而受淹没影响的地区。它地处四川盆地与长江中下游平原的结合部,跨越鄂中山区峡谷及川东岭谷地带,北屏大巴山、南依川鄂高原,属峡谷地貌,为相对独立的地理单元,其中,河谷平坝仅占总面积的4.3%。库区地势起伏较大,两岸崇山峻岭、悬崖绝壁,坡度大于15°的地区约占48.2%,坡度大于25°的占比15.8%。严峻的自然条件和历史原因,三峡库区也是我国两大集中连片贫困区——武陵山区和秦巴山区的叠加带,当前正处于决战脱贫攻坚、决胜小康社会的关键阶段。

三峡库区横跨重庆和湖北两省市,由多个区县组成,但具体包含哪些行政区有一些不同的观点。目前较为权威的界定是国务院批准、国家发改委编制的《三峡库区经济社会发展规划》中对"规划的范围"确定,以及国务院发布的《关于全国对口支援三峡库区合作规划(2014—2020 年)》对"受援方"的明确,两份文件均将三峡库区的范围限定为 19 个区县,即湖北省宜昌市的夷陵、秭归、兴山和恩施州的巴东,重庆市的巫山、巫溪、奉节、云阳、万州、开县(2016 年改设为开州)、忠县、石柱、丰都、涪陵、武隆、长寿、渝北、巴南和江津。根据《三峡库区近、中期农业和农村经济发展总体规划》,库首地区包含夷陵、秭归、兴山和巴东,库尾地区涵盖长寿、渝北、巴南和江津,其他 11 区县为库腹地区。本书将沿用这一界定来开展后续研究。

近年来,三峡库区经济社会面貌和居民生活水平都有了根本性变化。根据《2017 年三峡工程生态与环境监测公报》的统计数据,2016 年三峡库区实现地区生产总值 7 761.5 亿元,人均地区生产总值 5.25 万元,扣除物价因素,分别比 1992 年增长了 24.8 倍和 26.1 倍,年均增速 13.9% 和 14.1%。全国对口支援三峡库区工作为库区经济社会发展做出了较大贡献,仅 2008—2012 年,就为库区引入了 1 049 亿元资金,推动了基础设施和社会事业蓬勃发展,社会面貌焕然一新。2003 年库区 19 个区县中有 15 个为国家级贫困县,但到了 2015 年国家级贫困县已减少至 11 个,2018 年 9 月继续减至 5 个,到 2020 年 4 月库区已无国家级贫困县①。根据中央和渝鄂两省市的脱贫攻坚部署,后续三峡库区还将强化扶贫政策,将多维贫困和相对贫困作为一项长期工作来抓。

## 2.2 普惠金融相关理论

一般来讲,普惠金融的发展从小额信贷和微型金融开始,并伴随着在农村金融领域的深化运用以及由于金融排斥产生失衡,而不断得到重视、优化和推行。由此,本书将普惠金融相关理论归结为小额信贷理论、微型金融理论、农村金融理论和金融排斥理论。

### 2.2.1 小额信贷理论

20 世纪 50 年代,不少国家将贫困群体的补贴性放贷作为实现发展的重要手段,然而这一模式由于违约率较高、腐败严重等原因并未取得成功。为了解决政府和市场"双重失灵"问题,拉美、南亚等发展中国家自 20 世纪 70 年代开展了以非政府组织(NGO)为主导的一系列试验,设计和实施了一批专门为穷人和小型经营活动提供储蓄和信贷服务的项目。由于市场机制的作用,小额信贷在一些国家试点成功,带给人们一种希望:通过组织优化和管理制度化,穷人能以合理的利率获得贷款,这将帮助他们增收脱贫。同时,制度化的小额信贷

---

① 2020 年 2 月 22 日,重庆市人民政府研究同意巫溪退出国家级贫困县;2020 年 4 月 23 日,湖北省人民政府批准巴东退出国家级贫困县。

模式还将大大降低交易成本,缓解信息不完全以及抵押品缺乏等固有劣势,以较高的还贷率实现保本微利和财务可持续(胡国晖,2006)[83]。此后,小额信贷理念在全世界迅速传播,遍及非洲、亚洲和东欧的发展中国家,以及美国、英国等发达国家。

由于世界各国国情不同,小额信贷在经营目标、发展规模、正式化程度、服务范围、资金来源以及客户特征上千差万别。一部分NGO致力于向最穷的人提供极小的贷款,由于难以根据成本来对服务进行定价,其运营只能靠源源不断的外部资金维持。但是,小额信贷的主流正朝着商业化发展,一些NGO将其改造专设为纳入监管的正规金融机构,通过向客户收取利息、费用或依靠政府一定的补贴,可以有效弥补其经营成本,因而新建的商业性小额信贷机构越来越多。此外,还有一部分商业银行、财务公司和保险机构以批发或零售商身份成功进军小额信贷市场。尤其是在传统零售业务竞争日益激烈的形势下,小额信贷带来的持续盈利和发展机会,让这个市场正成为一片蓝海。

传统的观点认为,向穷人和小型经营活动发放贷款,会面临高交易成本、高违约率以及低回报率的"两高一低"问题。因此,小额信贷不太容易做到盈亏平衡,更不用说获取利润,这也是正规金融机构不愿意为低收入阶层服务的重要原因。可见,为了实现可持续发展,小额信贷机构必须加强创新,克服这些障碍,解决成本、风险控制等关键性问题。对于前一问题,小额信贷机构将降低成本与增加收益置于同等重要位置,不断加强成本控制;对于后一问题,小额信贷机构独树一帜,创造了不少广为人知并可复制的技术,如整贷零还、小组联保贷款、灵活抵押、动态激励等来克服信息不对称障碍,提高偿贷率。在客户选择方面,小额信贷更倾向于可靠的用户,尤其是女性客户。有数据表明,全世界不同地区的小额信贷机构中,女性客户占比超过60%[①]。

### 2.2.2　微型金融理论

微型金融是小额信贷的深化,最早由世界银行在全球推广,其发起成立的"扶贫协商小组"(CGAP)是国际上最权威的微型金融研究和推广机构。它自20世纪70年代诞生以来,便在全球范围内如雨后春笋般涌现,对众多发展中国家正规金融起到了补充作用。微型金融瞄准的客户主要是难以获得正规金融服务的低收入人群,他们通常只有微薄的收入来源和较弱的偿付能力。在广大的乡村,其目标客户主要包括小农户、小型农场主以及兼业农户;在蔓延的城镇,客户类型更加多样化,既有小微型零售商、各类服务提供者,也有街头小贩等。但通常而言,极度贫困者、无收入来源者以及无家可归者,不在微型金融的服务范围内,他们主要依靠政府专项救济等兜底方式保障最基本的生活条件。

根据运营目标的不同,微型金融的模式主要有制度主义(Institutionalist)、福利主义(Welfarist)和混合主义(Mixedist)三种。制度主义模式以印度尼西亚人民银行乡村信贷部(BRI—Unit)为主要代表,其理论基础是基于制度分析的规则公平价值观,它们往往通过市

---

① 数据引自张正平,王麦秀.小额信贷机构能兼顾服务穷人与财务可持续的双重目标吗?——来自国际小额信贷市场的统计证据及其启示[J].农业经济问题,2012(1):98-109.

场价格机制进行运作,在强化自我管理的基础上实现收支平衡并获取利润。该模式下,微型金融的深度和广度得到拓展,机构的经营运作良好,能实现商业的可持续性,从而满足了贫困群体的各类金融需求。然而,制度主义模式也存在明显的缺点:一方面,受社会分化的约束,资源分配规则存在主体差别,而主体间的资源分配失衡又反过来加剧社会分化;另一方面,微型金融机构过分追求商业利益,可能引发"使命漂移",即为确保自身的持续性和经济利益,微型金融机构将信贷资金投放到社会精英阶层中。

福利主义微型金融模式的理论基础为平等的福利权益价值观,以孟加拉乡村银行(Grameen Bank)为典型代表。该模式彰显了微型金融的公平、包容理念,金融组织不仅追求业务与产品的社会渗透,还注重良好规则环境的创设,让更多的人通过金融支持缩差减贫。这些金融组织往往依托于政府支持和社会捐赠,资金获取成本低,能较容易地实现财务可持续。实际运作中,不采取抵押品放贷,而是让穷人组建贷款小组,每个成员均需对小组的贷款负责,实质上是建立小组联合担保机制。混合主义模式吸收了制度主义模式和福利主义模式的特点,是两者的有机结合,逐渐发展演变为普惠性金融制度安排。其价值观在于,确立社会个体享受金融服务的基本平等权利,强调为社会所有阶层和群体提供有效、全方位的服务,尤其要为目前金融体系还没有覆盖的贫困人群提供服务。

### 2.2.3 农村金融理论

农村金融理论是在现代金融发展理论基础上形成和发展起来的,其代表性的学派为农业信贷补贴论、农村金融市场论和不完全竞争市场论。其中,农村信贷补贴论在20世纪80年代前占据主流地位,其核心观点是:增加农业生产和缓解贫困的途径在于从外部注入大量政策性资金,并建立非营利性的专门金融机构来配置资金。根据该理论,需为农业和贫困阶层提供低利率融资,并实施专项贷款。美国经济学家刘易斯(Lewis)和发展经济学家托达罗(Todaro)也认为,信贷对于小农业发展是必不可少的,应加大政策性资金投入刺激农村经济、改善农村贫困状况。但该理论的前置条件为农村居民,尤其是贫困群体没有储蓄能力,这显然与现实不符,且增加农业、农村的政策性资金供给并不必然导致资本的积累,因而被后来的农村金融市场论所取代。

农村金融市场论强调市场机制的作用,是金融抑制论和金融深化论在农村领域的发展。其核心要点包括:①即使是贫困户也有储蓄需求,储蓄动员对农村金融发展起到关键作用;②农村资金利率应由市场决定,存款的实际利率须为正;③金融机构经营的自立性和持续性是判断农村金融成功与否的标准;④不应为特定利益集团实行目标贷款制度;⑤非正规金融的存在有其合理性,不能无理取消,应与正规金融结合起来,进行互补发展。不难看出,农村金融市场论以完善农村金融市场机制为核心目标,强调农村金融应推行一系列市场化改革。该理论完全仰赖市场机制、极力反对政策性金融对市场的扭曲,自20世纪80年代以来一直备受人们的关注。

不完全竞争市场论在20世纪90年代东南亚金融危机的背景下产生,由美国经济学家斯蒂格利茨(Stiglitz)提出。其核心内容是发展中国家的金融市场是一个不完全竞争市场,不能完全依靠市场机制,有必要采用诸如政府适当介入金融市场以及借款人的组织化等非市场要素来补救市场的失效部分。该理论被认为是适合农村金融发展的理论,因为农村金融市场就是一个典型的不完全竞争市场,尤其是作为放款一方的金融机构根本无法充分掌握各类农业经营主体的信息,此时信息的不对称将导致市场失败,必然要求政府的积极介入。斯蒂格利茨指出,政府在金融市场中的作用极其重要,但并不意味着政府取代市场,而是作为市场的补充力量,对金融市场的监管也应采取间接控制机制。

### 2.2.4 金融排斥理论

金融排斥是普惠金融的相反面,在20世纪90年代初由金融地理学家提出,主要指金融机构、金融产品与服务在地理空间上的指向性和排斥性,后受到金融学者的重视,并拓展至金融领域进行深入研究。金融排斥是指金融市场上的弱势群体由于缺少基本的金融资源,而无法接触金融服务的一种金融状态。实际中,那些遭受失业或无一技之长,而收入水平低、住房差、身体不健康的某些群体,往往更多地被排斥在金融服务体系之外。即使在当今经济全球化的趋势下,无论是发达国家还是发展中国家,金融发展仍然存在盲点,一部分弱势群体仍被排除在传统金融之外,无法享有相关的金融服务,出现了金融排斥。

人们最早在美国注意到金融排斥现象,但只有在英国才引起了应有的重视。当时英美等发达国家的金融管制开始放松,信息技术不断涌现,经济全球化越发明显,由此带来了金融业的高速发展。但与之相伴的是,欧洲货币体系出现危机,金融风暴也席卷了东南亚,银行业不得不将"价值最大化"作为目标,接二连三地上演"为质量而战"的竞争(Leyshon & Thrift,1995)[84]。为了寻找更"安全"的领域,金融市场被细分,客户群体也出现分层,金融机构将目标锁定在那些高净值、有影响力的优质客户身上,而处于贫困边缘的劣等群体将被剥离。一些农村及落后区域的营业网点开始撤离,金融服务出现空白,于是产生了金融排斥。但直到21世纪初,学者田霖(2007)才首次在国内提出金融排斥这一概念[85]。

完整意义上的金融排斥除了金融服务在地理上的不可触及,还包括价格排斥、条件排斥、营销排斥等多方面内容。其中,价格排斥是对贷款利率等金融产品定价过高,以至弱势群体难以接受;条件排斥是对经济主体设置较高的条件门槛或附加约定,开展的是有条件服务;营销排斥是指金融机构选择性地开展产品和服务营销,将一部分弱势群体排除在外。金融排斥彰显了金融机构"嫌贫爱富"的偏好,不仅将穷人、小微企业等挡在门外,还对区域经济发展产生负面影响,如引发融资难、融资贵等连锁反应。要破除金融排斥难题,既离不开被排斥对象的自我提升,还需要金融机构主动作为,打破"玻璃门""弹簧门"。此外,政府部门也可以通过设立"过桥贷""贴息贷"等,引导金融服务不间断供给。

## 2.3 减贫相关理论

伴随着贫困内涵由单维拓展至多维,减贫的相关理论也变得复杂。本书将减贫相关理论归结为资本形成减贫理论、经济溢出减贫理论等两个以收入减贫为主的减贫理论,以及可行能力减贫理论、社会资本减贫理论等两个考虑了多维贫困的减贫理论(图2.3)。

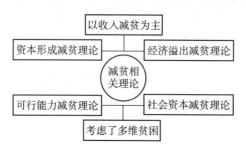

图2.3 减贫相关理论

### 2.3.1 资本形成减贫理论

基于大部分贫困理论都认为资本形成不足是贫困形成的根本原因,促进资本形成就成为减贫的关键,最早的反贫困理论自然而然也就从解决资本形成问题入手。典型的有纳尔逊(Nelson)"低水平均衡陷阱"、纳克斯(Nurkse)"贫困恶性循环"、莱宾斯坦(Leibenstein)"临界最小努力"等理论,它们都从资本短缺方面解释贫困产生的机理。其中,"低水平均衡陷阱"理论由纳尔逊在论文《不发达国家的一种低水平均衡陷阱理论》中提出,他研究了发展中国家人均资本、人口增长、产出增长三者与人均收入增长之间的关系,并认为人口增长存在过快的问题,以至成为阻碍人均收入增长快速提高的"陷阱",只有做大投资规模,让投资增长速度和产出增长速度超过人口增长速度,才能实现人均收入增长的快速提高,最终推动经济大幅度增长。

"贫困恶性循环"理论由纳克斯在《不发达国家的资本形成》一书中提出,他认为发展中国家人均收入水平低而长期陷入贫困的原因在于资本匮乏。一方面,"低收入水平→低储蓄能力→低资本形成→低生产率→低产出水平→低收入水平",导致了资本供给产生恶性循环;另一方面,同样存在着资本需求的恶性循环,即"低收入水平→低购买能力→投资引诱不足→低资本形成→低生产率→低产出水平→低收入水平"。莱宾斯坦提出的"临界最小努力"理论则认为,发展中国家既存在提高收入的力量,也有压低收入的力量,要想打破"恶性循环"、跳出"贫困陷阱"必须提高投资率以使国民收入增长速度超过人口增长速度,从而明显提高人均收入水平,以"临界最小努力"摆脱极度贫困境地。

### 2.3.2 经济溢出减贫理论

第二次世界大战以后,发展中国家进入了独立发展阶段,而贫困问题也接踵而至。人们在研究中重点关注了经济增长与贫困减缓的关系,逐步形成了"经济溢出"的减贫理论。该理论认为,发展中国家陷入贫困的根源在于经济发展水平低下,由于工业化路径和市场化改革能快速实现经济增长,理所当然地成为减缓贫困的"灵丹妙药"。尤其是随着认知和实践的不断深入,经济溢出减贫理论成为发展经济学的焦点领域,并逐渐形成了包括涓流效应理论、益贫性增长理论、包容性增长理论、绿色增长减贫理论等在内的诸多流派。其中,涓流效应理论于1958年由美国经济学家赫希曼(Hirschman)提出,强调了经济增长对于落后地区投资拉动、就业增长以及财政收入的重要性,如果某个地区率先实现经济增长,这将对其他区域产生溢出作用,进而引起区域之间"缩差效应"和"减贫效应"。

益贫性增长是对穷人有利的经济增长,关注穷人在经济增长中的受益程度,被认为是有效减贫的最佳经济增长模式。该理论强调经济增长给穷人带来的增长比例应当大于平均增长率,要对贫困群众给予更多关注(周华,2008;安春英,2010)[86][87]。包容性增长理论发现,世界经济虽有了长足发展,但贫困与不平等问题却不断突出,其原因在于忽略了"巧妙的、持续的、包容性"增长,应在保持较快的经济增长同时,积极通过扶贫或益贫让弱势群体分享经济红利,有尊严和体面地生活(王志章 等,2011;李中 等,2014)[88][89]。绿色增长减贫理论坚持生态优先的发展理念,通过在贫困地区开展绿色减贫和脱贫行动,从单纯追求经济增长向追求整体的、与生态结合的现代化发展,从单纯追求物质发展到实现人的全面发展(黄承伟 等,2016)[90]。

### 2.3.3　可行能力减贫理论

该理论认为贫困的成因主要被归咎于个体能力不足、资源匮乏和主动性不强。穷人不是缺乏工作,而是缺乏技能去承担这些高收入的工作,贫困源于其受教育程度、身体素质、思想观念、行为方式等因素。以舒尔茨(Schultz)和阿马蒂亚·森(Amartya Sen)为代表的经济学家,在人力资本和能力贫困研究基础上形成了可行能力减贫理论。舒尔茨在 *Investing in Poor People:An Economist's View* 一书中提出,穷人致贫的关键是缺少福利,这不仅表现在生产资料和生活资料等物质资本上,更重要的是人口质量与素质、技能水平等非物质资本。改善穷人的健康、营养、教育等自我发展状况,进而促进其收入提高、脱离贫困的过程,实际上是一个人力资本积累的过程。阿马蒂亚·森在 *Development As Freedom* 一书中提出"能力贫困"的概念,并认为贫困的原因是实现功能性福利的可行能力缺失,具体包括获得足够营养、基本医疗条件、基本住房保障以及受教育机会的能力。因此,加大教育、健康、住房等有关的人力资本投资是实现贫困人口减贫的必要举措。

1996年联合国开发计划署的《人类发展报告》指出,可行能力贫困反映的是贫困人口综合能力的欠缺,其并非指特定能力的不足,但在普遍意义上贫困个体都存在人力资本不足。而舒尔茨、阿马蒂亚·森等正是以人力资本为核心,创立了可行能力减贫理论,强调的也是除了收入、消费以外的致贫因素,如健康、教育、住房等,它是对收入贫困这一单一维度减贫理论的发展和超越。可行能力减贫的原理在于,通过增加人力资本投资提高穷人的可行能力,让其在经济机会面前能"把握住"和"利用好",从而改善自身的功能性福利。人力资本减贫的关键在于教育,较高的受教育程度能极大地提高穷人的劳动生产率和把握机会的能力与程度,通过人力资本的加速积累实现减贫。基于该理论,发展中国家长期陷入贫困陷阱的主要原因在于教育、健康、住房等单项或多项可行能力的缺乏,这对于发展中国家加大人力资本投资,实施教育为本、教育先行的减贫战略,进而形成"人力资本投资→教育优先战略→

可行能力提高→贫困减缓"的成功发展经验有着重要的理论指引作用。

### 2.3.4　社会资本减贫理论

20世纪80年代社会资本概念出现,在世界银行的大力发展和推动下,逐渐与减贫相联系,并形成了社会资本减贫理论。社会资本是自然资本、物质资本、人力资本的必要补充,其减贫的原理在于通过扩大社会网络、提高融资能力等渠道减缓能力贫困。一方面,社会网络可作为物质资本的替代品或互补品,提高穷人的劳动生产率并增加其收入,而收入增加反过来又扩大社会资本,这种良性循环最终让穷人家庭摆脱贫困陷阱(Chantarat & Barrett,2012)[91]。Zhang et al. (2017)对中国西部省份的实证研究发现,商业关系、政治关系和可用的社会组织,对减贫有显著作用[92]。社区层面的公共信任能显著地减少贫困(张爽 等,2007)[93],普遍和特殊形式的信任与经济福祉正相关,成为减少贫困和促进经济福祉的潜在机制(Weaver & Robert,2012)[94]。"信任和团结"可以平滑消费,显著影响贫困家庭收入(彭文慧和李恒,2018)[95],社会信任对多维贫困同样发挥着重要的缓解功能(贺志武和胡伦,2018)[96]。

另一方面,社会资本能够提高穷人获得正式和非正式信贷的成功率,实现其投资和创业梦想,这让穷人有了更多的发展机会,有助于阻断长期的代际贫困传递。首先,社会资本隐含的各种熟人关系、习俗、共同价值观等,可大大降低交易成本,让穷人在正规的金融市场上亦能获得信贷,减缓其贫困。其次,社会资本还促进了非正式金融发展,如温州"合会""抬台会"等民间组织,更重要的是,社会网络实质上充当了隐形担保的角色,产生了信任机制,进而促进了更多的民间融资(梁爽 等,2014)[97],有利于摆脱暂时性贫困。最后,社会资本通过促进稳定有保障的产权形成,满足贫困群体的金融需求,如近年来各地推行的"三权"抵押贷款、农户联保贷款等。有经验证据显示,社会资本通过降低信息不对称、强化同伴监督、形成社会制裁,在提高农村获贷率促进减贫进程中发挥了重要作用(周晔馨和叶静怡,2014)[98]。

## 2.4　有关理论对本书的启示

### 2.4.1　普惠金融相关理论的启示

前文回顾的普惠金融相关理论,均是在特定的社会历史背景下产生和发展的,都发挥过积极影响。这些理论对于建设与三峡库区多维贫困相适应的普惠金融体系,提高普惠金融减缓多维贫困效应具有重要的参考价值与借鉴意义。其中,小额信贷理论和微型金融理论是普惠金融重要的理论基础,它们对于理解普惠金融本质和特征、构建普惠金融理论框架有启发意义。如应坚守商业目标和社会目标的"双重底线",平衡财务绩效和覆盖面;加强贷款支持和技术服务的融合,创新信贷模式,提高金融服务的精准性和普惠性等。本书在第3章的普惠金融减缓多维贫困直接机制分析、第8章的启示等小节中,就借鉴了这两个理论。

早期的农村金融理论虽然存在局限性,但农村金融市场论和不完全竞争市场论对普惠金融建设有着重要的参考价值。金融资源难以惠及弱势群体,重要原因在于政府的"不恰当干预"——越位,以及"不干预"——缺位;普惠金融发展既离不开政府的大力支持,但也需要市场机制的自我调节。因此,普惠金融建设需要找准服务边界。借鉴金融排斥理论,可以反推普惠金融体系的性质及构成,分析各类主体的行为及其影响,探讨三峡库区普惠金融体系的构建条件和形成发展的机理。上述理论在本书第3章的普惠金融减缓多维贫困直接机制分析、第8章的启示等小节中,进行了吸收和借鉴。

### 2.4.2 减贫相关理论的启示

同样地,现有主流的减贫理论对本书研究三峡库区贫困现状与减贫进程、分析多维贫困与普惠金融的关系,以及提高普惠金融减缓多维贫困效应等问题上,有着很好的参考价值。其中,资本形成减贫理论直接说明了投资对贫困的重要作用,从侧面剖析了减贫的主要路径;库区多维贫困的减缓首要地就是以提高资本积累率为重点,通过缓解贫困群体的资本不足问题,提升其投资能力。该理论在本书第3章的普惠金融减缓多维贫困直接机制分析、第5章的普惠金融减贫经验与问题,以及第8章的启示等小节进行了吸收运用。经济溢出减贫理论认为,改变穷人的贫困处境,最佳的做法并不是政府救济,而是通过刺激经济增长、增加社会总财富,让穷人在"滴涓效应"中分享经济成果、增收脱贫。该理论在第3章的普惠金融减缓多维贫困间接机制分析、第8章的启示等小节中进行了部分体现。

可行能力减贫理论关注了收入、消费以外的减贫因素,将教育、健康、住房等可行能力的某项或全部改变作为目标,体现了多维减贫的思想;只有加快可行能力的投资,弥补功能性福利缺失,才能真正解决能力贫困问题。三峡库区可行能力不足,贫困群体的身体素质、知识能力、技能和金融素养较低,构成了其较为严重的教育贫困和医疗贫困。该理论在本书第3章的普惠金融减缓多维贫困直接机制分析、第4章的多维贫困测算、第8章的启示等小节中得到运用。社会资本减贫理论强调通过扩大社会网络,建立信任机制,减轻暂时性贫困;通过促进融资、创业和产权保护,有助于减缓长期贫困,这为深入理解和总结三峡库区多维贫困问题奠定基础,为增信融资和建立多层次普惠金融组织提供依据。该理论在本书第3章的普惠金融减缓多维贫困间接机制分析,第4章的多维贫困测算、贫困现状与减贫进程,以及第8章的启示等小节进行了吸收借鉴。

## 2.5 本章小结

本章分别对核心概念、普惠金融相关理论、减贫相关理论以及理论启示进行了阐述分析。普惠金融是指一个能够持续有效地、全方位地为社会所有阶层,尤其是贫困群体和小微企业提供可负担服务的金融体系;多维贫困则是人们不仅因经济或收入的匮乏而难以维持其基本生活支出需要,而且也因社会权利的缺失而致使其无法享有法律和社会公认的最基本数量和质量的住房、医疗、受教育等机会或权利。三峡库区是指按照长江三峡大坝蓄水至175米方案,因水位升高而受淹没影响的地区,包含渝鄂两省市19个区县。

普惠金融源于小额信贷和微型金融,并伴随着在农村金融领域的深化运用以及由于金融排斥产生失衡,而不断得到重视、优化和推行。由此,普惠金融相关理论包括小额信贷理论、微型金融理论、农村金融理论和金融排斥理论等。在贫困内涵由单维拓展至多维的背景下,减贫的相关理论也从资本形成减贫理论和经济溢出减贫理论等两个以收入减贫为主的减贫理论,发展为可行能力减贫理论和社会资本减贫理论等两个考虑了多维贫困的减贫理论。总之,这两大相关理论对后续研究都有着重要启示,构成了本书的理论基础。

# 第3章　普惠金融减缓多维贫困理论分析

　　尽管已有研究对金融与贫困的关系进行了理论阐述,但普惠金融有自身特点,其减缓多维贫困的理论问题不能直接"拿来"。本章将从普惠金融与多维贫困减缓之间关系框架、普惠金融减缓多维贫困直接机制以及间接机制三个方面进行深入分析,如图3.1所示。其中,普惠金融与多维贫困减缓之间关系框架为本章逻辑起点,构成普惠金融减缓多维贫困理论前提;普惠金融减缓多维贫困直接机制以及间接机制是理论分析主体,形成本章的核心。

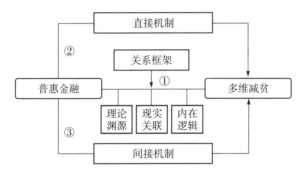

图3.1　普惠金融减缓多维贫困理论框架

## 3.1　普惠金融与多维贫困减缓之间关系框架

　　普惠金融与多维贫困减缓之间存在着天然的联系,这不仅反映在两者有着一致的理论渊源和紧密的现实关联,还体现在自洽的内在逻辑。这为普惠金融与多维贫困减缓的协调、普惠金融减缓多维贫困机制的形成奠定了理论前提。

### 3.1.1　普惠金融与多维贫困减缓之间理论渊源

#### 1)早期贫困减缓理论关注金融资本

　　20世纪初,西伯姆·朗特里(Seebohm Rowntree)在对英国约克郡的贫困调研报告中,强调以满足维持体力需求的资本——"次级贫困"来测量贫困。到了50年代,纳克斯认为发展中国家长期处于贫困的原因在于,存在着一个让国家贫困的"多种力量循环集",而这其中最强的力量就是资本积累循环集。由此,他得出一个著名命题:"一国穷是因为它穷",其中

"它"即资本,既是物质资本又寓意着金融资本(董积生和杨学锋,2003)[99]。纳克斯理论为后来的金融深化论者提供了很多有益的思考(刘锡良,2004)[100]。纳尔逊则认为,当人均国民收入水平比正常值低,其收入增长很快就会被人口增长所抵消,此时必须进行大规模的资本投资,从而冲出"低水平均衡陷阱"。可见,无论是纳克斯还是纳尔逊,这些早期的减贫理论均对资本形成寄予厚望,认为贫困的根源在于金融资本缺乏。

### 2)金融发展理论间接关注多维贫困问题

20世纪60年代,格利(Gurley)和肖(Shaw)提出了金融中介机构在"储蓄—投资"过程中的信用创造作用,之后戈德史密斯(Goldsmith)、麦金农(McKinnon)等进一步阐述了金融促进经济增长的必要条件、作用机制和具体路径。这些代表性的金融发展理论,揭示了金融体系对于经济增长的重要性。而赫希曼提出的"涓滴效应理论"进一步指出,经济增长能通过消费、就业等方面惠及穷人,改善其收入水平和社会差距。可见,金融发展理论在研究金融对经济增长作用的同时,也从间接层面关注了经济贫困和社会贫困问题。当然,也有观点认为,经济增长是减贫的必要条件而非充分条件,金融发展有利于总体经济增长,却不一定能实现穷人的收入增长(Greenwood & Jovanovic,1990)[18]1106。但金融赋予外在良好的经济条件,却一直影响着穷人的生存和发展环境,并成为缓解其多维贫困程度的一股重要力量。

### 3)农村金融理论重视穷人的信贷权利

早期占据主流地位的农业信贷补贴论,将农村居民、特别是贫困群体没有储蓄能力作为理论前提,并认为要缓解慢性资金不足问题,需通过非营利性的专业金融机构来配置资金,以增加资本积累。而农村金融市场理论认为农村金融资金的缺乏,是因为农村金融体系中存在诸多不合理的金融安排。例如,穷人和金融机构之间一直存在着严重的信息不对称,穷人因为不能提供"合格"的抵押品,而继续遭遇信贷配给。不完全竞争市场论不再单纯地强调市场手段或者政府手段,而是认为政府应适当介入金融市场,且推动借款人组织化,以解决穷人的金融排斥问题,避免收入恶化,让他们走出贫困陷阱。时至今日,现代农村金融理论已不仅仅关注农户的信贷权利,还把转型经济、"三农"问题和乡村振兴等纳入分析,考虑穷人的教育、医疗、社会保障等社会问题。毋庸置疑的是,农村金融理论虽经历了不同发展阶段,但对穷人信贷权利问题一直保持着关注。

### 4)普惠金融从内涵机制上重视多维减贫

普惠金融是在现代金融发展理论和农村金融理论基础上提出的,它让资本、权利和观念与穷人结合。一方面,普惠金融在初衷上与穷人有着天然的联系。联合国在 *Building Inclusive Financial Sectors for Development* 中呼吁,各发展中国家应构建完善的普惠金融组织体系,为弱势群体提供全面的金融产品和服务。世界银行扶贫协商小组在 *Access for All: Building Inclusive Financial Systems* 中也提到"普惠金融就是要让所有需要金融服务的人,特别是贫困人口等弱势群体同样享有平等的金融服务权利"。另一方面,普惠金融在实现机制上关注穷人和多维减贫。普惠金融超越了单纯的商业属性,本身就含有唤醒商业意识、提升可行能力等社会效应溢出的内在特质。它通过将社会责任纳入商业可持续模式,实现了社会效应与经济效应的有机统一和可持续。

### 3.1.2　普惠金融与多维贫困减缓之间现实关联

#### 1）两者的重点客户相似但不相同

虽然普惠金融的受众包括所有群体,但却特别关注贫困群体和小微企业,这与多维贫困减缓的重点对象有较大的相似性,它们均需要建立以穷人为对象的瞄准机制,只是覆盖面大小不同。同时,多维贫困群体是普惠金融最难到达的地方,也是精准扶贫的难点(王茜,2016)[101]。但这并不意味着两者的重点客户完全一致。以我国为例,2016年全国多维贫困发生率为3.3%,人口总规模在4 491万人,他们在教育、健康、生活条件方面有38.1%达不到要求①。而普惠金融遵循的是国际标准,根据原国家工商总局2017年7月底的统计数据,我国还有7 328万户小微企业②,它们同样属于普惠金融的瞄准对象。显然易见,普惠金融的重点客户数量比国家多维减贫人口在规模上要多得多。

#### 2）两者的发展愿景交叉但不重合

普惠金融的广覆盖性体现了其服务社会大众的初衷,而多维贫困减缓的落脚点也是让每一个贫困户吃穿"两不愁"、教医住"三保障",真正步入小康社会,它们均把社会大众的发展问题看作最重要的目标之一。推进普惠金融建设,也是在做减贫事业;实施多维扶贫,也是在提高贫困群体金融能力,助力普惠金融建设,应该说两者的发展目标存在交叉,实现路径是相辅相成、共生共赢的。从历史演进的角度来看,早期的普惠金融实践因将减少贫困作为主要目标甚至是全部目标而失败(贝多广 等,2016)[103],但之后孟加拉国等国的小额信贷却获得巨大成功,其原因在于普惠金融与促进妇女发展等多维贫困减缓在愿景上并非完全一致。普惠金融具有"公共品+商业私人产品"的混合属性(赵建,2018)[102],需保持商业利益和社会责任的内在统一。

#### 3）两者均需内生驱动但有侧重

普惠金融需通过市场化的手段在提高目标对象金融可得性的同时追求必要的利润,受益群体也将获得的贷款资金与劳动力、土地等生产要素相结合,创造新的价值。对于多维贫困减缓而言,"扶志"是首要的,"扶智"更是必需的,"多扶"才能不返贫,只有提高贫困人口自主脱贫的可行能力,才能斩断多维贫困的代际传递,实现真脱贫、脱真贫。可见,普惠金融与多维贫困减缓均提出了内生驱动的要求。但它们仍然各有侧重:普惠金融在幼稚期和发展期需要"适度性"的政策扶持和正向激励,但对于成熟期,普惠金融的发展更多的是"政府引导+市场主导"的可持续行为;而多维贫困减缓既取决于贫困群体的自身努力,又需要政府长期的"适度性"干预,尤其是深度贫困地区,减贫更多的是政府为主、市场为辅,金融机构更多的是"参与"与"配合"角色。

---

① 国家统计局网,2018-01-29。
② 《我国小微企业达7 328万户》,中央人民政府网,2017-09-02。

#### 4)实践显示普惠金融减缓了多维贫困

自从普惠金融诞生以来,关于其减缓多维贫困的实践就从没中断过。最为典型的是穆罕默德·尤努斯(Muhammad Yunus)创立的孟加拉国格莱珉银行。该银行以贫困的家庭妇女为重点对象,通过前后交替放款、小组联保等信贷模式创新,让以往对穷人的补贴捐助等输血式减贫,向发放信贷、提供金融资源和项目顾问的内生性减贫飞跃,这实质上是将普惠金融作为动员减贫的一个撬动杠杆,通过健全穷人的可行能力和内生造血机制,从根本上减贫(贝多广,2015)[104]。对于中国而言,也开展了一系列开创性的普惠金融减贫实践。如实施全覆盖的"五万以下、三年以内、免担保免抵押"小额扶贫贷款政策、内源性的扶贫资金互助社和农村资金互助社(温涛 等,2019)[105],以及河南兰考县构建的"一平台四体系"的普惠金融扶贫、扶智体系等。

### 3.1.3 普惠金融减缓多维贫困内在逻辑

#### 1)赋予金融权利减缓金融排斥

多维贫困是个人权利丧失导致其可行能力被剥夺,进而无法有尊严地享受基本生活的状态,而普惠金融恰恰是弥补这种平等权利的缺失。穆罕默德·尤努斯在《穷人的银行家》中提到"贷款确应作为一种人权加以促进"[106]144。享受金融服务是人的基本权利之一(潘功胜,2015)[107],诸如储蓄、信贷、结算、证券买卖、商业保险、融资投资和金融信息咨询服务等应一一俱全(徐诺金,2018)[108]。公平的金融服务权利能够帮助贫困群体获得持续发展和参与其他社会竞争的机会和能力,从而提供有尊严、体面的脱贫致富和可持续发展机会(单美姣和邓戎,2014)[109]。由此,普惠金融促进多维贫困减缓的第一个逻辑可以归结为"金融权利即一种人权",具体包括金融需求表达权、金融分配资格权、金融活动参与权、金融服务获取权以及金融资源共享权等(李长健 等,2018)[110]。

#### 2)降低交易成本提高可得性

从公益性机制到市场机制的转变意味着,普惠金融促进多维贫困减缓的第二个逻辑是以市场化机制降低交易成本,实现"普"和"惠"的统一,避免普惠金融对多维贫困群体"可及而不可得"现象的发生。一些国家推行的"机构建设+政策扶持"并重的发展模式,就是力图突破普惠金融的成本约束,达到商业可持续的经营目标(温涛 等,2019)[105]67。具体而言,让普惠金融产品或服务的成本可负担的措施主要有:一是做好顶层设计,优化聚合式政策支持体系;二是划定业务边界,固定客户群体,利用场景、增信、资金、科技等聚合平台减少经营成本;三是发挥政策性、公益性引导资金的作用,降低外源资金成本,提高普惠金融服务的可得性;四是充分利用现代金融科技,缓解信息不对称,降低金融服务交易成本,提高成本效益比。

#### 3)提供经济机会实现原因减贫

普惠金融促进多维贫困减缓的第三个逻辑是提供经济机会实现原因减贫。即便在信贷供给充足、贫困甄别严格的前提下,贫困群体仍可能由于缺乏对贷款的有效需求而难以有效利用贷款服务于生产生活(林万龙 等,2014)[111]。与传统扶贫模式的"大水漫灌"不同,普惠金融关注贫困群体的经济机会,强调扶贫对象的"瞄准滴灌",通过提供金融服务方案增加贫困群体生存发展机会和空间。由此,普惠金融减缓多维贫困的要义在于,准确分析致贫原因以及因为哪一类金融服务缺失导致某一类贫困,对准多维贫困的"病根",把减贫重点放在"原因"而不是"症状"上。借鉴郑秀峰和朱一鸣(2019)的思路[112],普惠金融促进多维贫困减缓的逻辑就转变为"金融包容性发展→金融可得性提高→经济机会提升→包容性增长→多维贫困减缓"。

#### 4)促进包容发展减缓多维贫困

普惠金融又称包容性金融,包容性是普惠金融的本质属性,促进贫困群体包容性发展是普惠金融减贫的重要逻辑。其一,普惠金融服务目标的包容性,决定了那些被传统正规金融所排斥的农户、贫困群体、小微企业等成为瞄准对象。其二,普惠金融供给主体的包容性,意味着只要满足监管要求、能为贫困群体提供金融服务的各类供给者,均是普惠金融体系的组成部分,且它们之间并无主次之分。其三,普惠金服务方式的包容性,提供信贷、支付、保险、投资、理财等全方位、多层次的普惠金融服务是普惠金融减贫的应有之意。总之,普惠金融以贫困者包容性发展能力提升为目标,最终促进包含经济、教育和医疗多个维度的减贫,是一种长远的、可持续的、多维度的减贫力量。

## 3.2 普惠金融减缓多维贫困直接机制分析

普惠金融对多维贫困的作用包括直接机制和间接机制。普惠金融减缓多维贫困的直接机制主要体现在向贫困群体提供储蓄、信贷、保险、结算、理财等可及性金融服务,通过影响贫困群体的财富积累水平、金融服务和再投资的获取机会、教育和医疗保障的接受程度、经济社会政治福利的改善途径等,减缓其经济贫困、教育贫困和医疗贫困程度,如图3.2所示。

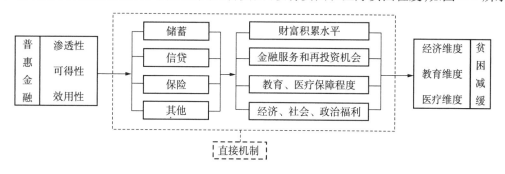

**图3.2 普惠金融减缓多维贫困直接机制**

### 3.2.1 储蓄服务直接机制

提供包容便捷的储蓄服务是普惠金融的一个主要功能构成,各类金融机构通过为贫困群体提供储蓄服务,让其零散资金获得保值增值,提高财富积累水平,并可能获得再投资、教育与医疗保障机会,进而促进其经济、教育和医疗三个维度的减贫。一方面,根据农村金融市场论观点,只要存在储蓄激励,即使是贫困群体亦有储蓄需求。储蓄服务不仅为贫困群体提供了安全的资金保管服务,还降低了资金闲置的机会成本,并以支付一定的利息报酬形式让资金有了保值增值的可能。穷人通过强制储蓄计划,如养老储蓄、教育储蓄、生产性投资等,可以对现金的流动性产生隐性约束,使得那些计划被转化为储蓄存款的现金不再被随意使用和消费,从而能够为未来大额预期投资和提升性消费(如教育、医疗需求)提供准备,帮助贫困群体减贫。正如2019年诺贝尔经济学奖得主阿比吉特·班纳吉(Abhijit Banerjee)和埃斯特·迪弗洛(Esther Duflo)所言:"穷人会在必要时储蓄、争取机会并更加努力地工作,他们不再混日子,而是朝着他们自己想要的一种生活迈进。"[①]

另一方面,储蓄服务能让贫困群体在难以预见的收入波动中平滑消费,从而帮助其降低收入风险,渡过生产生活难关,这对于极度贫乏的贫困人口来说是至关重要的。而且,储蓄服务能提高他们应对外部风险冲击的能力,降低自身脆弱性。比如,当遭遇自然灾害、生产损失、健康等不测时,贫困群体可动用储蓄,增加应对风险的适应能力和自我激励能力,避免陷入"脆弱→贫困→更脆弱→更贫困"的恶性循环。此外,从全社会来看,金融机构动员储蓄可以创造更多的存款货币,进而提高信贷总量和融资规模,满足更广泛群体的信贷和融资需求,贫困群体也将间接或直接受益,被雇佣或自我雇佣的机会将增加,这无疑有助于其收入水平的提高以及脱贫进度的加快。穆罕默德·尤努斯指出,"他们可以储蓄、投资,从而建造房屋、送子女上学乃至接受高等教育,建立自己的养老基金"[②]。

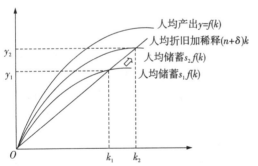

图3.3　储蓄率上升对稳态影响

根据新古典经济增长模型,两部门经济中 $I=S=sY$,资本积累依赖于投资、累计折旧,在劳动力外生增长的情况下还依赖于劳动力增长 $n$。由于规模保持不变,人均资本积累方程为 $k=sf(k)-(n+\delta)k$。如图3.3所示,当人均储蓄 $sf(k)=$ 人均折旧加稀释 $(n+\delta)k$ 时,资本存量保持不变,实现了稳态。对于贫困地区和人群,如果储蓄率 $s$ 提高,储蓄曲线将由 $s_1f(k)$ 上升到 $s_2f(k)$,此时稳态资本存量由 $k_1$ 增加到 $k_2$,相应地收入也由 $y_1$ 提高到 $y_2$。即在两个贫困地区或人群其他条件完全相同,仅仅因为储蓄率的差异,收入就相差 $y_2/y_1$ 倍。因此可见,储蓄率的提高有利于改善贫困地区和人群的贫困状态。

一些经验研究也证实了上述观点。Jeanneney & Kpodar(2011)指出,即使金融机构不能

---

①　参见阿比吉特·班纳吉,埃斯特·迪弗洛.贫穷的本质[M].修订版.景芳,译.北京:中信出版社,2018:135.

②　参见穆罕默德·尤努斯.穷人的银行家[M].2版.吴士宏,译.上海:三联书店,2012:3-4.

为穷人提供其所需的信贷支持,但增加储蓄服务的供给仍有助于减缓其经济贫困和社会贫困[113]。Aggarwal et al.(2013)则进一步证实,由于贫困人群收入一直较低,他们需要面对各种生活支出,而便利的、定期的小额储蓄则可以帮助他们减少消费波动,小额储蓄甚至比小额信贷更有用[114]。Gwahula & Kihwele(2015)对坦桑尼亚储蓄和信贷合作社(SACCOS)减贫的定量分析显示,储蓄对贫困减缓的贡献达到了 0.657,比贷款对贫困减缓的贡献作用 0.068 还要高出很多;其原因在于,SACCOS 提供的培训提高了会员对储蓄条件和贷款条款的认识,而不是创造商业技能[115]。

### 3.2.2　信贷服务直接机制

信贷服务是普惠金融一个基本而重要的服务构成,通过提供外部的信贷支持,能帮助多维贫困群体加快减贫脱贫。具体而言,信贷服务不仅增加了贫困群体对农药、种子、种苗、化肥、小型农机设备、加工设备、土地、厂房等生产性资产的投资机会,也同时提高了其对教育、技能、健康等虽蕴含潜在风险但回报率却较高的资产持有。后者能增加贫困群体的可行能力,在提高劳动生产率和预期收入的同时,还加快了人力资本积累,增加长期收入和可行能力,让他们摆脱贫困陷阱。同时,普惠金融提供的信贷服务同样可以帮助贫困群体抵御风险,减少自然灾害、疾病、价格波动、生态危机等风险冲击对家庭福利水平的威胁,降低致贫概率,避免恶性贫困循环实际发生的可能性。世界银行扶贫协商小组(CGAP)指出,越来越多的证据显示,贫穷家庭可用的金融服务——小额信贷——有助于实现千年发展目标,例如普及初级教育、减少儿童死亡率及加强女性健康等①。

普惠金融的广覆盖、低门槛、可负担成本的特点,让贫困群体在缺乏实物抵押和担保的情况下,仍能获得一定额度的扶贫贷款、创业贷款等信贷服务,从而增强了贫困群体资金的流动性和御险能力,避免了因缺乏资金而陷入贫困。此外,普惠金融对小微企业的重点支持,也为贫困群体就业脱贫、发展生产脱贫、产业脱贫奠定了基础。普惠金融的精准服务和创新服务,能给小微企业带来稳定、及时、可负担的外源资金,确保其正常经营和扩大经营活动的实现。尤其是各大商业银行推出的小微金融服务部、中小企业服务窗口,成为小微企业走出资金困境的最主要、最重要的帮手。小微企业的发展与成长,有利于增加贫困群体的就业机会,促进收入增加、减缓贫困。以我国为例,截至 2019 年 4 月,累计发放扶贫小额信贷 5 622 亿元,有近五成贫困户获贷②。

现有实践亦显示,针对贫困群体的普惠性信贷是解决他们资信水平低、增信手段少、贷款难问题的重要举措,是现阶段普惠金融减贫工作实现精确识别、精确帮扶和精确管理的关键手段。如表 3.1 所示,目前普惠性信贷减缓多维贫困主要存在三种模式:在无抵押担保的扶贫小额信贷、教育和创业贷款模式下,贫困群体只需凭借信用等级,即可获得扶贫贷款、教育贷款和创业贷款,但受金融机构盈利目标的约束,仍需要第三方主体(如政府、人民银行、

---

① 参见世界银行扶贫协商小组(CGAP)《焦点 24 期》,2003 年 1 月。

② 参见中国财经时报网,2019-05-30。

学校等)的支持;在以专项扶贫资金提供抵押担保的信贷模式下,除了发挥政府、银行和受助对象三方作用外,还需要引入第四方,如龙头农企等组织、担保公司和保险公司;在以贫困群体财产权利提供抵押担保的信贷模式下,土地承包经营权等"沉睡资产"被激活,同样实现了较大范围的信贷覆盖,推动减贫事业。图 3.4 进一步展示了近年来依托金融科技开放平台,将场景、增信、资金和科技等业务节点各有所长的机构连接起来,形成有机生态体系的普惠信贷业务模式。

表 3.1    普惠性信贷减缓多维贫困主要模式

| 主要模式 | 信贷依据 | 具体运作 |
|---|---|---|
| 无抵押担保扶贫小额信贷/教育和创业贷款 | 信用等级 | 政府+银行+贫困群体:设立贷款贴息资金和风险补偿基金<br>人民银行+银行+贫困群体:扶贫再贷款,实行优惠利率<br>国开行/商业银行+教育部门+学校+学生:助学和创业贷款 |
| 以专项扶贫资金提供抵押担保的信贷 | 抵押担保 | 政府+银行+带动组织+贫困群体:加强与带动组织利益联结<br>政府+银行+担保+贫困群体:建立担保公司或担保基金<br>政府+银行+保险+贫困农户:保险公司增信 |
| 以贫困群体财产权利提供抵押担保的信贷 | 抵押担保 | 以贫困群体农村土地承包经营权作为抵押担保<br>以贫困群体农民住房财产权作为抵押<br>以贫困群体参与股份经济合作社的股权作为质押 |

注:以上资料为作者整理。

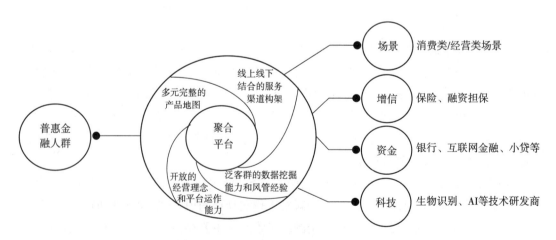

注:图片来源于国家金融与发展实验室《普惠金融聚合模式研究报告》,2019 年。

图 3.4    普惠信贷聚合业务模式

### 3.2.3    保险和其他服务直接机制

从一般意义来看,保险作为一种互动发展式保障手段,在合同范围内承担了各类参保主体因风险冲击导致的财产损失补偿责任和人身危害给付责任。贫困群体作为保障对象,保险同样能减少其生产生活损失,降低其人身风险事故的经济后果,充当其经济上、精神上的脆弱性的"缓冲器"和"保护伞"。可见,保险服务与储蓄服务、信贷服务有着内在的一致性,即根据贫困群体的需求和普惠性服务原则,直接为其提供适宜的保险服务,同样可以改变生产生活和可持续发展状态,促进多维贫困程度的减缓。尤其是随着保险市场的深耕细作,面向社会各阶层尤其是贫困群体的普惠性保险服务和产品不断丰富,不仅提高了其获得保险服务的机会,让其享有防灾减损保障和分红理财收益,还对于失学致贫(返贫)、因病致贫(返贫)、因灾致贫(返贫)有着重要的意义。兜底式的社会养老金计划及医疗保险会解放当今贫穷国家的老人,使他们不再依靠自己的孩子养老。

从保险的特有属性来看,它作为一个具有"我为人人,人人为我"特征的行业,直接面向包括贫困人口和社会弱势群体在内的最广大民众,甚至被视为一种天然的扶贫手段(如小额保险)。如表3.2所示,以农产品价格/价格指数保险、收益保险、收入保险、农机保险等为代表的普惠性农业保险,通过险种扩充、保费补贴、快捷理赔等方式,提高了保险的覆盖率、参保率以及获得性,为贫困群体从事农业生产保驾护航。以小额健康保险、医疗大病保险等为代表的普惠性医疗保险,通过提高保费补助标准、提高保险待遇、出台特惠报销政策等方式,缓解了农村贫困人口"看病难、看病贵"问题,减少了"因病致贫、因病返贫"的现象。从各国保险扶贫的具体实施来看,面向贫困人口制定阶段性倾斜政策往往被运用,如印度SKS小额信贷公司提供的医疗保险计划,涉及生育险、住院治疗险及意外事故险[1],以及由政府提供的保费财政补贴、建立保险补偿基金、增加特色品种、扩大参保对象和保险责任等,这些都有效地推动了保险服务与多维贫困减缓相结合的创新发展。

表3.2　普惠性保险减缓多维贫困主要模式

| 主要模式 | 保障内容 | 实　例 |
| --- | --- | --- |
| 农产品目标价格/价格指数保险 | 以约定的目标价格/价格指数作为起赔标准,保险期内参保农产品品种均低于目标价时,对差值部分按约定赔偿 | 美国畜牧业风险保障保险、上海淡季绿叶菜价格指数保险、山东生猪目标价格保险 |
| 农产品收益保险 | 农产品价格下跌、投入品价格上涨或二者同时发生,造成农产品生产毛利损失 | 美国畜牧业收益保险、北京生猪价格指数保险 |
| 农产品收入保险 | 农业生产产量降低、价格下跌或二者同时发生引起的收入损失 | 美国农作物收入保险、安徽水稻收入保险、黑龙江大豆收入保险 |
| 农机保险 | 为农机拥有者、使用人员在农机田间作业、道路运输、农业生产、农产品加工等生产经营过程中,遭受损失提供经济补偿 | 江苏/北京农机政策性保险、陕西/湖北/湖南农机互助保险 |

---

[1]　参见阿比吉特·班纳吉,埃斯特·迪弗洛.贫穷的本质[M].修订版.景芳,译.北京:中信出版社,2018:119-122.

续表

| 主要模式 | 保障内容 | 实　例 |
|---|---|---|
| 扶贫贷款保证保险 | 保险期内,借款人未能按照与银行签订的贷款合同履行还款义务,保险公司按照约定赔偿 | 扶贫小额信贷保证保险、新型农业经营主体贷款保证保险 |
| 小额健康保险 | 贫困户主要劳动力因意外伤害、疾病和医疗等导致的损失进行赔付 | 扶贫小额信贷人身意外伤害险 |
| 医疗大病保险 | 对城乡居民因患大病发生的高额医疗费用给予报销的险种 | 实际中报销比例不低于50% |
| 因病致贫报销政策 | 对因病致贫、因病返贫的贫困户降低保险门槛,提高保险比例 | 实际中报销比例可达90% |

注:以上资料为作者整理。

此外,普惠金融还通过提供结算、支付、理财、汇兑、租赁、担保等其他服务,对多维贫困产生直接的减缓作用。较为典型的是,近年来涌现的数字化技术与金融深度融合的数字普惠金融产品,可通过借助信息化的广度、深度和精度建立信用评价机制,重塑传统金融的价值创造方式,除了为人们提供网上支付、借贷及理财外,还专项推出教育与医疗领域的便捷、多样金融服务,如建设银行的"慧医疗"网络金融服务、中国银行的普惠性"医保贷"。相较于传统金融机构的"嫌贫爱富",数字普惠金融可以通过"互联网+"、大数据、人工智能等技术和线上服务优势,降低信息不对称程度和交易成本,将那些有金融需求、不应被排斥在外的低收入和弱势群体纳入进来,体现普惠金融的应有之义。因此,在数字普惠金融发展背景下,包容、普惠的"人本主义"精神被颂扬,平等、可负担、便捷的金融产品与服务被创造,以往那些低收入和弱势群体也被覆盖。

# 3.3　普惠金融减缓多维贫困间接机制分析

上一节阐述了普惠金融减缓多维贫困的直接机制,本节将对普惠金融减缓多维贫困的间接机制进行分析。本书认为,普惠金融作用于减缓多维贫困的间接机制主要包括三个方面:一是普惠金融通过促进经济增长,发挥"涓滴效应",赋予穷人更多的包容性增长机会,在面上助推多维贫困减缓;二是普惠金融通过改善收入分配,发挥"调剂效应",减少地区和群体收入和其他权利差距,在线上助推多维贫困减缓;三是普惠金融通过平滑居民消费,发挥"缓冲效应",减缓大额支出和消费冲击,在点上助推多维贫困减缓(图3.5)。

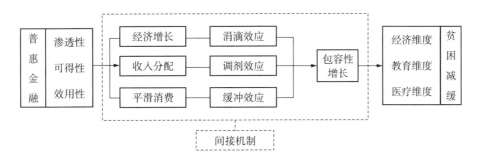

图 3.5 普惠金融减缓多维贫困间接机制

### 3.3.1 经济增长间接机制

经济增长在普惠金融减缓多维贫困中发挥间接机制主要体现在,普惠金融通过助推区域经济增长,发挥经济增长的边际渗透效应,从而带动贫困群体收入增长、财富积累和可行能力提升,进而缓解经济、教育和医疗贫困。这一间接机制包含了两个重要环节,即普惠金融对经济增长作用以及经济增长对多维贫困减缓作用。

#### 1)普惠金融对经济增长作用

普惠金融的重要性源自其对经济增长的显著影响(李涛 等,2016)[116]。从理论追溯和历史逻辑的角度来看,过去很长一段时期内学者们对金融与经济关系的理解,多数基于金融发展深度的视角,即关注以金融机构和金融市场的总量水平来衡量的金融深度对经济增长有何影响(King & Levine,1993;Beck et al.,2007)[117],[24]256-260。但这一视角随着时代的进步,越来越显现出局限性,这就必然地呼唤人们,从金融发展广度即普惠金融的视角来认识其对经济增长的影响(Corrado & Corrado,2017;Sethy,2016)[118][119]。普惠金融正是从"人本主义"的发展理念出发,为消除传统金融体系中的金融排斥而生,其宗旨是促进经济发展和社会改进,以寻求更多的经济绩效和社会绩效。在普惠金融体系中,金融中介机构直接提供各种金融产品和服务,其作用更加受到关注。因此,普惠金融对经济增长的影响,主要落脚在金融机构的发展广度对经济增长的影响上。

具体路径有四个:首先,普惠金融缓解了经济发展中信贷约束问题。通过以可负担的成本赋予社会各阶层信贷权,普惠金融扩大了服务边界,满足了更多的居民和企业融资需求,让他们能够合理地享有其所需的各类金融服务,有效地缓解了金融排斥,改善了融资难、融资贵困境。其次,普惠金融提升了全社会包容性增长机会。传统金融机构在服务对象上具有明显的选择性,老少边穷等欠发达地区以及小微企业、低收入和贫困群体往往被排斥,而普惠金融覆盖了这些无法触及的特殊区域和群体,通过激发财富增长和后发活力,促进了社会包容性增长。再次,普惠金融提高了经济活动交易效率。以移动银行、网上银行、手机银行、电子机具等为代表的快捷服务模式,提高了金融对经济活动的渗透性,让资源聚集和配置功能得到了更有效的发挥,让经济活动走向高效化、规模化和虚拟化。最后,普惠金融促进了新的经济业态形成。以互联网金融为代表的普惠金融产品,促进了大数据、人工智能、区块链等新技术的发展应用,加快了互联网经济、共享经济、数字经济等新的经济业态的产生,从而推动了经济朝着信息化、数字化和网络化发展,为培育新的经济增长点奠定基础。

### 2)经济增长对多维贫困减缓作用

现有对经济增长减缓多维贫困机制的解释,主要建立在美国经济学家赫希曼提出的"涓滴效应理论"假设之上,即通过资本积累实现的经济增长利益将自发地对穷人起到"涓滴"作用。从宏观方面来看,首先,经济增长带来了资源总量和社会财富的增加,提高了包括贫困群体在内的人均物质资本,这为减贫脱贫提供了重要的物质前提。其次,经济包容性增长营造了公平正义、机会均等、共享成果的发展环境,有利于引导贫困地区和群体形成正确的发展观念,走出一条自力更生、自我发展、自我脱贫的发展道路。最后,经济增长将促进政府财政收入增加,进而使得财政支出相应增加,其中,政府购买性支出增加将促进各类公共品建设和投资增加,而公共品的正外部性将惠及更多的人群;政府转移支付增加将提高弱势群体的教育、医疗等社会保障水平,让他们直接从中受益。

从微观方面来看,经济增长能提升居民收入,改善教育、医疗保障水平,减少贫困人口。首先,经济增长促进了多维贫困人口转移。经济的增长引起产业结构变迁,让越来越多的贫困人口转移到非农领域,带来了非农工资性收入。其次,经济增长提高了要素报酬。经济增长使得劳动、资本和土地等生产要素的相对地位发生了变化,要素的稀缺性让贫困群体拥有的劳动力和土地等生产要素的报酬增加。再次,经济增长改变了产品价格。经济增长还改变了农产品和非农产品的供求关系,通过影响农业产品和非农业产品价格的绝对和相对的变化,从收入和支出两个方面改变贫困群体的贫困状况。最后,经济增长降低了交易费用。经济增长提高了规模效应和集聚效应,极大地改变了贫困地区硬环境(如交通、通信)和软环境(如教育、医疗),使得交易成本降低,间接地提高了收入水平。

## 3.3.2　收入分配间接机制

收入分配在普惠金融减缓多维贫困中发挥了间接机制,主要表现在:普惠金融通过调节收入差距,减小贫富鸿沟,实现"提低、限高、稳中",从而促进贫困人口脱贫共富(李建伟,2017)[120]。这一间接机制的发挥也取决于两个环节:普惠金融对收入分配作用以及收入分配对多维贫困减缓作用。

### 1)普惠金融对收入分配作用

普惠金融通过发挥渗透性、可得性和效用性方面优势,从直接和间接两个渠道缩小了城乡、贫富群体在金融广度上的差距,改善了人们收入分配状况。

从直接途径来看,普惠金融影响收入分配主要表现在:首先,以信贷支持缩小收入差距。普惠金融定位于草根金融,能让社会各阶层以较低的成本便利地享有各类服务,尤其是给那些弱势群体提供信贷支持,减少收入差异。其次,以无差别服务缓解财富鸿沟。普惠金融通过互联网技术,提供在线金融、移动支付等无差别服务,减少了地理排斥、营销排斥等,缓解了城乡、贫富群体之间的鸿沟。最后,以小额信贷致力于减贫缩差。从普惠金融的雏形——小额信贷的发展可知,近30年来,政府和大量微型金融一直在寻找低收入群体、贫困群体的致富之路,那就是通过大力发展小额信贷,帮助他们恢复和发展生产,以生产性融资支持创业就业,从而快速积累财富,达到减贫缩差的目标。

从间接渠道来看,普惠金融通过优化配置资源推动经济发展,从而提高农村居民收入,实现缩减收入差距。近年来以互联网金融为代表的新金融,在推动普惠金融发展的同时,普遍提高了以资源配置为核心的金融主导功能效率。互联网金融作为桥梁有效地将城市集聚的闲散民间资本向农村引导,实现减贫效应,从而缩小城乡收入差距。从空间层面看,普惠金融通过优化物理和虚拟网点的布局,提高了服务的覆盖率和资源的可及性,从而极大地改善了金融资源在空间上的分布不均问题。可见,普惠金融的发展削弱了过去金融集聚引起的不同区域、不同群体之间资本积累的差异,缓解了因资本积累引起的地区差距、城乡差距和贫富差距,改善了收入分配状况。

**2)收入分配对多维贫困减缓作用**

早期的扶贫实践和理论普遍认为,减缓贫困最重要的途径是平均收入增长,但大量的研究表明,贫困减少还取决于收入分配(Ncube et al.,2014)[121]。收入普遍上升诚然有利于减缓贫困,但收入差距扩大则会加剧贫困。

一方面,从绝对贫困的角度来看,即使经济发展水平不变,收入分配状况恶化也会导致贫困程度加重。这是因为在经济增长速度相同的情况下,如果收入分配较为均等公平,那么穷人可以从经济增长中分享到更多的社会红利,其贫困程度下降的可能性就很大。相反,如果经济发展伴随着收入分配的两极分化,那么穷人的红利将被挤占,贫困状况自然难以得到较大改善,甚至有可能恶化。Ravallion & Chen(2003)[122]、陈立中(2009)[123]的经验研究显示:如果高收入群体在经济发展中受益更多,低收入群体受益较少,则收入分配恶化、贫困程度上升;反之,则收入分配改善、贫困程度下降。可见,在同等发展水平下,收入分配越合理意味着贫困群体占有的财富越多,越有利于多维贫困减缓。

另一方面,从相对贫困的角度来看,经济不平衡可能引发更大的收入不平等,从而导致多维贫困问题。当经济发展越来越临近人口红利消失的"刘易斯拐点"时,资本、技术带来的创新驱动变得更为重要,而资本、技术的集聚性让地区经济不平衡进一步放大,从而导致更大的收入不平衡。那些原本已脱离绝对贫困的人群可能又陷入相对贫困,以及教育、医疗、生态环境等多维贫困,尤其是那些非技术、低学历、低技能的人群。一些已消除绝对贫困的发达国家,其相对贫困和多维贫困依然存在,以美国为例,2015 年仍有 4 300 万贫困人口,贫困率为 13.5%,而长期存在并日益加重的收入不平等就是重要诱因。可见,缓解相对贫困需要长期的收入调整政策,形成公平分配的机制。

### 3.3.3　平滑消费间接机制

平滑消费是指消费者分散风险而保持稳定消费流的消费形式。普惠金融对平滑消费有积极影响,平滑消费也与多维贫困密切相关,三者统一起来将形成普惠金融减缓多维贫困的平滑消费效应。该间接机制的发挥也取决于两个环节:普惠金融对平滑消费作用以及平滑消费对多维贫困减缓作用。

### 1）普惠金融对平滑消费作用

对于一般家庭而言,普惠金融能够平滑消费,是因为人们可根据利率变化和非预期的经济冲击来调整其储蓄和贷款。在金融可获得性较高的国家,总消费增长相对产出增长的波动性更小(Mehrotra & Yetman,2014)[124]。发展针对适合普通消费者的普惠金融,可降低居民进入信贷市场的门槛,缓解信贷配给对居民消费带来的不利影响(姜正和和陈震,2014)[125]。而作为普惠金融的对立面——金融排斥会使家庭平滑消费的能力受到约束:一是被金融排斥的家庭比例越高,受冲击后为稳定总需求和通胀所要求的政策反应要求就越强;二是随着普惠金融发展水平提高,产出波动与通胀波动的比值也会上升,因为被金融包容的消费者要比被金融排斥的消费者更有能力去调整其储蓄和投资决定,从而降低产出波动对消费的影响;三是在某种程度上普惠金融发展水平在农村及高度依赖农业的地区往往是最低的,食品是其主要收入来源。当食品价格上涨时,无法获得金融服务的农村居民无法将多余的收入用来储蓄,只能提高消费。

对于贫困人群而言,普惠金融的重要作用之一就是帮助他们平滑消费和管理风险(Collins et al.,2009)[126]。在这一方面,小额信贷赋予贫困群体金融服务权,进一步扩大了消费自由(Sen,1999)[127],通过增强风险规避能力、构筑资产等直接途径平滑消费(Morduch & Roodman,2009)[128]。小额储蓄可帮助贫困群众积累资金,抵御收入不稳定性带来的风险,防止返贫。有研究认为小额储蓄甚至比小额信贷更有用:由于贫困人群收入一直较低,他们需要面对各种生活支出,而便利的、定期的小额储蓄则可以帮助他们减少消费波动(Aggarwal et al.,2013)[114]178-198。此外,普惠金融注重普及金融知识,灌输金融理念,提高服务对象的金融素养,这深化了人们对金融商品、观念及风险的认知,激发了积极的金融态度,改善了金融行为,从而帮助贫困人群有效利用金融资源平滑消费(吴卫星 等,2018)[129]。金融知识水平越高,人们越可能使用正规金融机构贷款以跨越资金约束对消费的抑制,从而可实现消费的跨期平滑(宋全云 等,2019)[130]。

### 2）平滑消费对多维贫困减缓作用

发展经济学认为,平滑消费具有降低风险冲击、维持消费平稳以及提高个体社会福利水平的理论价值及现实意义。事实上,每个消费者都是理性的,会根据效用最大化原则使用自己可支配的财富和收入,来量入为出地安排消费。然而,人们在生产生活中会不可避免地出现各种不确定,尤其是大额突击支出和刚性消费,不仅让家庭消费产生较大波动,打破原有的收支平衡,还可能因为收不抵支,陷入贫困。如果家庭通过外部资源调整,减缓短期冲击,实现消费平滑,将可能避免短期贫困。但对于低收入家庭,平滑消费与贫困脆弱性有着紧密联系,当他们面临风险时,可能会形成贫困,尤其是一味地追求消费平滑会形成未来贫困(Morduch,1995)[131]。有证据表明,不同财富水平的家庭也会有不同的平滑行为:那些接近维持生存水平的贫困家庭更愿意采取保守且回报率较低的投资策略,并且追求资产平滑而不是消费平滑,因而会陷入贫困陷阱;而那些更富有的家庭通常采用高回报的资产组合并追求消费平滑,从而脱离贫困(Zimmerman& Carter,2003)[132]。即使消费平滑不会使得低收入家庭陷入贫困,但是也会限制其未来发展(叶初升 等,2013)[133]。

从平滑消费的对立面来看,高消费、不平衡消费往往会导致"消费性贫困"。目前常见的家庭消费包括食品消费、人情客往消费、教育投资消费、日用品消费、医疗卫生保健消费、生产投资支出、文娱及其他消费等。尤其是在当前一些落后地区,房子、车子、天价婚礼、天价彩礼等高消费的现象层出不穷,农民生活消费标准攀升,农村家庭入不敷出的情况越来越突出,不少底层家庭因消费竞争,发展乏力,陷入贫困,"消费性贫困"作为一种新的贫困类型出现(舒丽瑰,2017)[134]。此外,不平衡的基础性消费类别的成本上升,炫耀性消费的竞争压力增大也是农民生活陷入贫困的又一结构性因素。还有一些地区因仪式性消费支出过度膨胀,引发了生产投资贫困、教育机会贫困、突发疾病致贫、老年人的代际贫困等,这些都是不注重平滑消费而致贫的有力证据。相应地,农户在歉收的年份通过金融渠道来平滑消费、填补福利性支出缺口,可以缓解经济困境,降低贫困(Geda et al.,2006;吕勇斌和赵培培,2014)[135],[13]59-60。

# 3.4　本章小结

本章从普惠金融与多维贫困减缓之间的关系框架、普惠金融减缓多维贫困的直接机制以及间接机制三个层面进行了理论分析。本书认为,普惠金融与多维贫困减贫之间有着天然联系,不仅反映在一致的理论渊源,如早期减贫理论关注金融资本、金融发展理论间接关注减贫问题、农村金融理论重视穷人信贷权利、普惠金融从内涵机制上重视多维贫困减缓;还存在着紧密的现实关联,如两者的重点客户相似但不相同、发展愿景交叉但不重合、均需内生驱动但有侧重、实践显示前者减缓了后者;此外,它们还有着自洽的内在逻辑,如赋予金融权利减缓金融排斥、降低交易成本提高可得性、提供经济机会实现原因减贫、促进包容发展减缓多维贫困。

普惠金融对多维贫困的影响包括直接机制和作用机制。其中,直接机制主要体现在向贫困群体提供储蓄、信贷、保险、结算、理财等金融服务,通过影响贫困群体初始财富水平、接受教育培训机会与程度、获取金融服务机会、改善经济社会政治福利的机会和途径,直接减缓其经济贫困、教育贫困和医疗贫困。间接机制则主要表现在:通过促进经济增长,发挥"涓滴效应",赋予穷人更多的包容性增长机会,在面上助推多维贫困减缓;通过改善收入分配,发挥"调剂效应",减少地区和群体收入差距,在线上助推多维贫困减缓;通过平滑居民消费,发挥"缓冲效应",减缓大额支出和消费冲击,在点上助推多维贫困减缓。

# 第4章 三峡库区普惠金融发展与多维贫困减缓现状

本章在普惠金融减缓多维贫困的理论框架下,采用历史分析法和比较分析法,进一步就三峡库区普惠金融发展现状、多维贫困现状与减贫进程,以及三峡库区普惠金融减贫现状进行分析总结,这将有利于形成较全面的认识,为后文普惠金融减缓多维贫困的理论分析、实证检验以及政策制定提供现实依据。

## 4.1 普惠金融与多维贫困的测算

### 4.1.1 普惠金融测算

#### 1)指标选择

所谓普惠金融测算即是对某一国家或地区的普惠金融发展水平进行定量评估,是本章研究的起点与前提。已有经验表明,测算普惠金融的关键在于构建一套科学合理的指标体系,而具体指标的选择则是重中之重。

目前,普惠金融全球合作伙伴(GPFI)、国际货币基金组织(IMF)、普惠金融联盟(AFI)、世界银行(WB)等国际组织从不同角度选择指标用于衡量普惠金融发展水平。随着数字金融重要性的凸显,2016 年 GPFI 借鉴了 IMF 金融可得性调查(FAS)的有关指标,形成了升级版的《G20 普惠金融指标体系》。如表 4.1 所示,GPFI 与 IMF 提供的指标体系包含了金融服务可得性、使用情况、产品与服务质量等三个维度,将群体锁定为成年人,指标选择上强调了网点数和账户数的重要。相比之下,AFI 的维度和指标设计稍显粗略,WB 则把储蓄、借款、支付和保险也列为重要考察内容,不难看出,三个指标体系之间可相互补充。

学者们也提出了各自普惠金融指标体系。如表 4.2 所示,Beck et al. (2007)从金融服务的使用情况和覆盖范围两个方面,选择了银行营业网点人均拥有量等 7 个指标[24]240-242。Sarma & Pais(2011)从地理渗透性、产品接触性和使用效用性三个维度精选了 3 个指标[136];Chakravarty & Pal(2013)则提出了每千平方公里银行机构网点数、每十万人银行机构网点数、人均贷款/人均 GDP、人均储蓄/人均 GDP、每千人贷款账户数和每千人储蓄账户数等 6个指标[137]。国内研究方面,王婧和胡国晖(2013)延续了 Beck et al. (2007)的维度,但指标选取略有不同,强调了每万平方公里银行机构从业人员数等 6 个指标[138],王修华和关键

（2014）提出了普惠金融的渗透性、使用效用性和可负担性三个维度,构建了10个指标[139]。

表4.1 主要国际组织普惠金融指标体系

| 主要国际组织 | 测算维度 | 选用指标 |
| --- | --- | --- |
| GPFI 与 IMF | 金融服务可得性 | 每十万成年人银行分支机构数、每十万居民 ATM 数等 |
| | 金融服务使用情况 | 每千成年人存款账户数/电子货币账户数等 |
| | 金融产品与服务质量 | 对于基本金融概念的掌握程度、将存款作为紧急资金等 |
| AFI | 可获得性 | 每万成年人网点数、拥有网点的行政区比例等 |
| | 使用情况 | 拥有存款账户的成年人比例、拥有贷款账户的成年人比例 |
| WBG | 银行账户使用情况 | 在正规机构拥有账户的成年人比例、ATM 机等 |
| | 储蓄 | 最近一年在正规金融机构存款的成年人比例等 |
| | 借款 | 最近一年从正规金融机构借款的成年人比例等 |
| | 支付 | 最近一年使用正规账户接受工资或付款的成年人比例等 |
| | 保险 | 个人购买健康保险的成年人比例等 |

注:以上资料为作者整理。

表4.2 代表性学者提出的普惠金融指标体系

| 代表性学者 | 测算维度 | 选用指标 |
| --- | --- | --- |
| Beck et al. (2007) | 使用情况 | 银行营业网点人均拥有量、ATM 人均拥有量 |
| | 覆盖范围 | 银行营业网点覆盖率、ATM 覆盖率、人均贷款额、人均储蓄额 |
| Sarma & Pais (2011) | 地理渗透性 | 每千人银行账户数 |
| | 产品接触性 | 每十万人银行机构数 |
| | 使用效用性 | 存贷款余额/GDP |
| 王婧和胡国晖 (2013) | 服务范围 | 每万平方公里银行机构数/从业人员数、每万人银行机构数/从业人员数 |
| | 服务使用 | 金融机构人均各项存款/人均 GDP、金融机构人均各项贷款/人均 GDP |
| 王修华和关键 (2014) | 渗透性 | 每万人金融机构网点数/服务人员数、每平方公里网点数/服务人员数 |
| | 使用效用性 | 农户贷款占比、获得贷款农户占比、农户人均储蓄额/贷款额 |
| | 可负担性 | 利率上浮贷款占比 |

注:以上资料为作者整理。

对于本书的普惠金融测算,还要考虑以下几个问题:第一,指标数据的获取渠道。目前,普惠金融的数据主要来源于国际组织或各国央行,如世界银行发布的"全球普惠金融指数报告",中国人民银行发布的"中国普惠金融指标分析报告",这些数据几乎不涉及区县层面,连续多年披露的也比较少,但它们的维度和指标构建值得借鉴。第二,指标体系与地区普惠金融发展实际的结合。国内普惠金融近年来才得到重视,总体发展水平较低,网点、储蓄、贷款等传统的金融指标仍具有较高的使用价值,而数字金融等新兴指标是否必须纳入,应结合所在地区普惠金融的现状和实现途径来考虑。第三,指标体系的维度设置。将银行、证券、保险、基金、支付等绝大部分金融行业纳入,来构建多维度、多指标的普惠金融指数固然好,但数据可获得以及指标的相对重要性也要兼顾,重点突出某些代表性行业(如银行业)是可行的,也为国内外学者所认同并使用。

基于以往经验、上述考虑以及三峡库区普惠金融的发展实际,本书从金融渗透性、可得性和效用性三个维度出发,在确保指标数据可得的前提下,制定出一套包含多个维度、覆盖面较广的库区普惠金融评价指标体系。如表4.3所示,该指标体系共由5个子维度和6个具体指标构成,它们均为正向性质。

表4.3　三峡库区普惠金融评价指标体系

| 测算维度 | | 选用指标 | 计算方法 |
|---|---|---|---|
| 渗透性 | 地理渗透性 | 每万平方公里银行网点数 | $\dfrac{本地银行业分支机构数}{本地国土面积}$ |
| | 人口渗透性 | 每万人银行网点数 | $\dfrac{本地银行业分支机构数}{本地人口数}$ |
| 可得性 | 存款服务可得性 | 人均金融机构存款额 | $\dfrac{本地金融机构存款余额}{本地人口数}$ |
| | 贷款服务可得性 | 人均金融机构贷款额 | $\dfrac{本地金融机构贷款余额}{本地人口数}$ |
| 效用性 | 金融资源利用效率 | 金融机构存贷比 | $\dfrac{本地金融机构存款余额}{本地金融机构贷款余额}$ |
| | | 金融机构存贷款占GDP比重 | $\dfrac{本地金融机构存贷款余额}{本地GDP}$ |

### 2)测算方法

学界有关普惠金融发展水平的测算方法较多,运用综合指数进行评价成为主流。具体计算方法可以分为三类:一是基于欧氏距离的普惠金融发展指数法(IFI),用层次分析法或者变异系数法确定权重,指数结果对权重的依赖较高,如Sarma & Pais(2011)[136]616-620、王修华和关键(2014)[139]153、李建伟(2017)[120]16-20等。二是因子分析法(杜朝运和李滨,2015)[140]、主成分分析(马彧菲和杜朝运,2017)[141],以及TOPSIS法、灰色关联法等,在多维度、多指标的情形下应用较多。三是客观赋权指数法,如熵权法(邵汉华和王凯月,2017))[142]、Critic法(刘亦文 等,2018)[143],因不受主观赋权影响、计算简便,近年来在学界较为流行。李娜(2013)对这些指数评价方法的优缺点进行了梳理和比较,认为主成分分析法和基于熵权法、Critic法权重的综合指数法能较好地应用于普惠金融发展水平的综合评价[144]。

考虑到各种评价方法的适用范围,本书使用综合性较强的"改进的Critic法"进行测算,该方法吸取了Critic法、熵权法的优点,考虑了指标变异大小对权重的影响以及各指标间的冲突性,因而在赋权上更加客观、全面(王伟,2017;王伟和孙芳城,2018)[145][146]。最初的Critic法由Diakoulaki提出,其基本思路是以对比强度和评价指标之间的冲突性为基础,确定

指标的客观权重 $W_j$:

$$W_j = \frac{\sigma_j \sum_{i=1}^{n} (1 - r_{ij})}{\sum_{j=1}^{m} \sigma_j \sum_{i}^{n} (1 - r_{ij})}, i = 1, 2, \cdots, n; j = 1, 2, \cdots, m \tag{4.1}$$

式(4.1)中,$\sigma_j$ 代表第 $j$ 个指标的标准差,$r_{ij}$ 代表第 $i$ 个指标和第 $j$ 个指标之间的相关系数,$\sum_{i=1}^{n} (1 - r_{ij})$ 则是它们冲突性的量化指标。当表达式中分子越大,那么第 $j$ 个评价指标所包含的信息量越大,该指标的相对重要性也就越大。Critic 法未考虑指标间的离散性,但熵权法能弥补这一缺陷,因而本书结合两者优点提出"改进的 Critic 法",其客观权重 $W_j{}'$ 表达式如下:

$$W_j{}' = \frac{(\sigma_j + e_j) \sum_{i=1}^{n} (1 - r_{ij})}{\sum_{j=1}^{m} (\sigma_j + e_j) \sum_{i}^{n} (1 - r_{ij})}, i = 1, 2, \cdots, n; j = 1, 2, \cdots, m \tag{4.2}$$

式(4.2)中 $e_j$ 为熵权法的客观权重,表达式如下:

$$e_j = - (\ln n)^{-1} \sum_{i=1}^{n} p_{ij} \ln p_{ij}, i = 1, 2, \cdots, n; j = 1, 2, \cdots, m \tag{4.3}$$

其中,

$$p_{ij} = \frac{d_{ij}}{\sum_{i=1}^{n} d_{ij}}$$

$d_{ij}$ 则是对原始数据 $f_{ij}$ 进行标准化后的数据。其算法如下:

$$d_{ij} = \begin{cases} \dfrac{f_{ij} - \min f_{ij}}{\max f_{ij} - \min f_{ij}}, & \text{当} f_{ij} \text{为正指标} \\[2ex] \dfrac{\max f_{ij} - f_{ij}}{\max f_{ij} - \min f_{ij}}, & \text{当} f_{ij} \text{为负指标} \end{cases} \tag{4.4}$$

因此最终的普惠金融值:

$$V_i = \sum_{j=1}^{m} W_j{}' d_{ij} \tag{4.5}$$

### 4.1.2 多维贫困测算

**1)测算方法的演变**

早期人们对贫困的测算是比较简单和直观的,而且也一直没能形成系统的评价体系,较具代表性的是 20 世纪初意大利学者科拉多·基尼(Corrado Gini)根据劳伦茨曲线所定义的基尼系数,后来被人们用于反映贫困问题和贫困特征。1976 年,经合组织(OECD)提出了"以一个国家或地区平均收入水平或中位数的 50%"作为贫困线,这实际上是一种收入比例法。现代贫困理论的奠基人阿马蒂亚·森将贫困测量方法分为直接测量和间接测量。其中,直接测量以是否满足一系列基本需求和权利为依据,间接测量则以收入、消费、支出等是否低于某一贫困线为标准,大多数国家的官方贫困测量选择的是间接测量(毕洁颖,2016)[148]。

与此同时,随着测量方法和内容的拓展丰富,有关多维贫困的测算开始涌现,典型的如Watts 多维度贫困指数、FGT 贫困指数、A—F 贫困测算法。在多维贫困测算中,维度选择、权重确定以及综合指数合成是关键。尤其是如何将每个维度的贫困指数加总时多维贫困测算的一个核心问题。事实上,由于各维度在贫困中起的作用存在差异,所以不论是哪一种测算方法在加总时均需要考虑每个维度对应的权重。总之,多维贫困测算方法构建的一个重要前提是满足多维贫困测算公理性条件,并以简洁、直观、易于操作为目标。

### 2)本书的测算方法

不同的测量方法各有利弊,它们自身也有一些尚待解决的问题。但不管哪一种方法,多维贫困的测算始终无法绕开两个问题:一个是贫困线的确定,无论是经济贫困还是其他贫困,都需要通过贫困线来识别研究对象是贫困者还是非贫困者;另一个是构造贫困指标,以准确反映贫困者的多维贫困程度。

对于经济贫困线而言,最为常用的标准有两个:一个是世界银行划定的"1 天 1 美元"标准,另一个是我国统计局发布的绝对贫困线标准。由于中国在 2005 年前没有参加过测算购买力平价的国际比较项目,人民币和美元之间的购买力平价标准并无公认统一的数据,而不同估计之间的差距又非常悬殊,因此,本书使用国家统计局发布的绝对贫困线。表 4.4 展示的是各年经济贫困线和重庆市贫困人口规模:2003 年经济贫困线为 637 元/人,对应的贫困人口为 293.5 万人;到了 2008 年经济贫困线已提高至 1 196 元/人,贫困人口也显著下降至142.2 万人;至脱贫攻坚决战期的 2018 年,经济贫困线已上升为 3 300 元/人,而贫困人口也已将低至 10.5 万人。不难计算 2003—2018 年的 16 年里,重庆市贫困人口年均减幅高达23.1%,充分显示了扶贫工作的突出成效。

表 4.4　各年经济贫困线及重庆市贫困人口数

| 年　份 | 贫困线(元/人) | 贫困人口(万人) | 年　份 | 贫困线(元/人) | 贫困人口(万人) |
|---|---|---|---|---|---|
| 2003 | 637 | 293.5 | 2011 | 1 583 | 146.3 |
| 2004 | 668 | 248.5 | 2012 | 2 300 | 201.9 |
| 2005 | 683 | 206.0 | 2013 | 2 300 | 165.3 |
| 2006 | 693 | 191.0 | 2014 | 2 800 | 165.9 |
| 2007 | 785 | 160.6 | 2015 | 2 855 | 70.6 |
| 2008 | 1 196 | 142.2 | 2016 | 2 952 | 20.6 |
| 2009 | 1 196 | 127.2 | 2017 | 2 952 | 22.5 |
| 2010 | 1 400 | 145.3 | 2018 | 3 300 | 10.5 |

注:数据来源于重庆市扶贫办。

而其他贫困线的确定,目前还没有统一的标准,这是研究上的难点。但贫困指标的构造上,它们有较大的相似。考虑到三峡库区实际以及数据可得性,我们根据 2.1.2 章节对多维贫困的定义,从经济贫困、教育贫困和医疗贫困三个角度,分别选取相应指标来测算贫困程度,如表4.5所示。其中,经济贫困用"贫困发生率"表示,它直接反映一个地区经济贫困状况,代表的是贫困广度,虽与代表贫困深度的"贫困缺口率",以及代表贫困强度的"FGT指数"相比,存在一定的劣势,但在数据获取极为有限的情况下,尤其是对于尺度更小的县域样本研究,"贫困发生率"仍不失为较理想的指标。而且,现有公开统计资料中,涉及三峡库区19个区县的"贫困发生率"指标也是无从查找的,本书是借助在重庆市扶贫办挂职期间获得,年份跨度较大,能满足研究需要。

表4.5 本书对多维贫困的测算方法

| 维 度 | 指 标 | 计算方法 |
|---|---|---|
| 经济贫困 | 贫困发生率 | $\dfrac{\text{本地贫困人口数}}{\text{农村人口数}}$ |
| 教育贫困 | 师生比差距率 | $1-\dfrac{\text{本地中小学专任教师数}\div\text{本地中小学在校生数}}{\text{全国中小学专任教师数}\div\text{全国中小学在校生数}}$ |
| | 教育支出差距率 | $1-\dfrac{\text{本地财政性教育支出}\div\text{本地人口数}}{\text{全国财政性教育支出}\div\text{全国人口数}}$ |
| 医疗贫困 | 卫生机构床位差距率 | $1-\dfrac{\text{本地卫生机构床位数}\div\text{本地人口数}}{\text{全国卫生机构床位数}\div\text{全国人口数}}$ |
| | 卫生技术人员差距率 | $1-\dfrac{\text{本地卫生技术人员数}\div\text{本地人口数}}{\text{全国卫生技术人员数}\div\text{全国人口数}}$ |
| | 医疗卫生支出差距率 | $1-\dfrac{\text{本地财政性医疗卫生支出}\div\text{本地人口数}}{\text{全国财政性医疗卫生支出}\div\text{全国人口数}}$ |

对于教育贫困和医疗贫困,如何确定贫困线存在较大争议和难度,但可以用其他具有代表意义的指标来代替。对于这一问题学者们进行了积极探索,以教育贫困为例,有的文献通过构造教育差距率、教育基尼系数来解决,也有的文献运用复杂的"改进的森指数"(SST指数)来衡量。然而,现有的三峡库区统计资料仅披露了各区县小学、初中和高中的学校数、学生数和教师数,这使得教育基尼系数、SST指数的计算难以进行。由此,本书借鉴2.1.2章节中多维相对贫困概念框架的思路,选择教育差距率方法,从"软""硬"两个方面界定教育贫困(张琰飞和朱海英,2017)[149],设计出"师生比差距率""教育支出差距率"两个指标。医疗贫困的测算,我们改造刘宏霞等(2018)[150]提出的指标,同样设计出"卫生机构床位差距率""卫生技术人员差距率""医疗卫生支出差距率"等三个指标。

为了简单起见,且与普惠金融指数测算保持一致,本书在多维贫困权重确定和指数合成上,继续使用改进的Critic法。需说明的是,采用差距率计算教育贫困、医疗贫困时,可能会出现指标数值为负。例如,某年"本地财政性教育经费支出÷本地人口数"高于"全国财政性教育经费支出÷全国人口数",那么这时两者之比会大于1,也就是说"教育支出差距率"会小于0。但这样并不影响分析,因为所有指标赋权前均要进行原始数据的标准化处理。

# 4.2 三峡库区普惠金融发展历程与现状

## 4.2.1 三峡库区金融发展历程

过去几十年来,三峡库区金融体系建设取得长足进步,形成了多元化、多层次、广覆盖的现代金融体系。纵观其发展历程,大致可以分为三个阶段:

**1)金融初步形成阶段(1997年前)**

这一时期重庆未直辖,三峡库区主要由涪陵、黔江、万县等多个地级市组成,金融业的发展也相对独立,其构成上主要以城市和农村信用社、"工农中建"四大行为主。从表4.6可知,1997年前,库区信用社机构数量达到了1 063家,遍布广袤的库区城乡间,是名副其实的"主力军"。它们为库区各类群体,尤其是弱势群体提供了可及的金融服务,特别是信用社城乡分治的体制一定程度缓解了金融"嫌贫爱富"的地域歧视,对库区各类要素平等交易、有序流动有着积极意义。同时,"工农中建"四大国有银行也是库区重要的金融机构,其市、县网点的基本覆盖标志着库区金融体系网络已初步建立。

**表4.6 三峡库区银行类金融机构网点情况**

单位:个

| 银行类金融机构 | 1996 年 | 2010 年 | 2018 年 |
|---|---|---|---|
| 工农中建四大银行 | 380 | 466 | 525 |
| 邮政储蓄银行 | 67 | 845 | 879 |
| 农村信用社 | 1 063 | / | / |
| 农商行/农合行 | / | 896 | 906 |
| 三峡/重庆/宜昌/湖北银行 | / | 48 | 82 |
| 农发行/进出口银行 | 1 | 19 | 20 |
| 其他股份制银行 | 13 | 48 | 195 |
| 村镇银行/资金互助社 | / | 5 | 56 |
| 合 计 | 1 511 | 2 327 | 2 662 |

注:1996年的农村信用社数据转引自袁晔(1998)[147],其他数据根据中国银保监会网站"金融信息许可证"手工统计而得,截止时间2018年12月31日。

此外,邮政储蓄网点也在库区纷纷设立,为居民提供了基础性金融服务和低风险的资产业务。从表4.6可以看出,1996年19个区县共有邮政储蓄网点67个,数量上虽然不值一提,但通过在库区耕耘多年的客户积累和运营经验,为后续数量众多的邮政储蓄银行的改制设立奠定了前期基础。一些股份制银行也在库区零星布局,截至1996年底,共有7家股份制银行设立了 13 个分支机构。如中信银行在万州、涪陵有分支机构,浦发银行在渝北、涪陵有分支机构,交通银行在巴南、江津、长寿、涪陵有分支机构,这些分支机构主要集中在市县一级,很少延伸到乡镇。除了商业银行的设立,截至 1996 年,中国人民银行在库区已有 6 个一、二级支行,农业发展银行秭归县支行、各大保险公司、证券公司分支机构也已纷纷成立,这标志着库区金融体系基本形成。

**2)金融深化改革阶段(1997—2010 年)**

这一时期,三峡库区移民、安稳和扶贫任务交叠。库区通过深化金融改革,实现了"外引内培"的开放发展格局,吸引了股份制商业银行、农业发展银行等在库区设点,成倍增加了邮政储蓄银行网点,四大国有银行在 2000 年后虽有撤并,但仍保持机构总量有增无减。与此同时,在库区金融"一盘棋"的谋划下,库区着重培育了本土银行。1998 年,万州 10 家城市信用社和 3 家农村信用社联合 24 户企业法人共同出资设立万州商业银行,是当时三峡库区唯一一家地方性股份制商业银行。2008 年 2 月,万州商业银行进一步重组为重庆三峡银行。此外,这一阶段相继成立的重庆银行、重庆农村商业银行、湖北银行、宜昌银行、三峡农商行,也纷纷在库区设点。如表 4.6 所示,截至 2010 年底,国有四大银行、邮政储蓄银行、地方银行的网点数分别为 466 个、845 个、944 个,从而形成了"三足鼎立"的库区银行体系。

针对库区企业质量不高,移民搬迁导致产业空虚、银行沉没成本增加,中央和地方政府在 1999 年前后推进了一系列大刀阔斧的改革,提高了金融机构运营效益,增强了风险管理能力,库区金融发展逐步走上正轨。以万州区为例,1998 年,农业银行亏损达到 9.13 亿元,到了 2000 年扭亏为盈,利润总额达 2.97 亿元,2001 年则实现利润 11.50 亿元。此外,1998—2004 年,三峡库区资金外流规模约 448 亿元,相当于 2004 年万州区 GDP 总额的 4 倍、巫山县 GDP 总额的 23 倍;2006 年,库区存贷差一度达到历史最高,金额达 876.88 亿元,存贷比仅 45.96%,每元贷款带动投资增长仅 0.1982 元[①]。针对这些问题,渝鄂两省市政府和区县政府多管齐下,围绕产业发展实施了一系列金融财政支持政策,如 2005 年湖北省成立了三峡库区产业发展工作领导小组,重庆市颁布了《重庆市三峡库区产业发展基金项目管理暂行办法》等。表 4.6 显示,截至 2010 年,库区金融机构网点已达 2 327 个,存贷比已提高至 60.43%,银行类金融机构的经营效益得到较大提升。

**3)普惠金融推进阶段(2011 年至今)**

2011 年后,《三峡后续工作规划》《全国对口支援三峡库区合作规划(2014—2020 年)》等相继颁布,库区步入了安稳致富的新阶段。《重庆市人民政府关于加快推进农村金融服务改革创新的意见》明确提出"力争 2012 年前实现新型农村金融机构在区县的全覆盖,2012 年全市开业小额贷款公司达到 130 家"。近年来,库区金融机构"支农、支小、支微"的力度不断加大,先后有以信用方式为主导的农户小额信贷和以政府补贴为主导的扶贫贴息贷、国家助学贷款、下岗失业人员小额担保贷款、妇女小额担保贷款等被成功推广,成为库区普惠金

---

① 数据来源于万州商业银行课题组编写的调研报告《三峡库区资金外流研究》,2006 年 1 月。

融的有益实践。2017 年 11 月,重庆市万州中银富登村镇银行成立了普惠金融事业部,成为库区首家组建普惠金融事业部的银行机构。截至 2017 年 8 月末,该行已推出"助农贷""欣农贷"等 10 大类 53 个普惠金融服务品种,发放的涉农贷款、小微企业贷款和小额扶贫贷款占各项贷款余额 94.8%,在乡村设立助农服务站 11 个①。

根据统计,截至 2018 年,三峡库区银行类金融机构网点数已达 2 662 个,每平方公里网点数为 0.048 个,每万人拥有网点数 1.777 个,相比 2010 年分别增加了 355 个、0.006 个和 0.167 个,人均金融机构贷款余额也由 1.763 万元增加到 6.195 万元②,应该说库区普惠金融的进步是明显的。这主要得益于库区政府和金融主管部门实施的一系列支持政策,如完善乡镇及以下网点机具布局、做好农村电子银行建设、提供差异化的社区服务以及广泛开展的"金融下乡活动"等,这些方式有力地提升了金融服务覆盖率,更好地推进了金融服务进村入社行动,有效地拓展了服务网络。此外,库区还积极发展村镇银行、农村资金互助社等新型金融机构,科学规划网点布局,目前已实现"县域各类金融机构齐全""乡镇网点全覆盖"的良好格局。在乡镇和村社,便民基础金融服务设施不断完善,电子机具布设积极推进,乡镇空白网点已实现"金融服务全覆盖"和"机构全覆盖",下一步将实现便民基础金融服务设施"行政村"全覆盖。

### 4.2.2 三峡库区普惠金融供需现状

三峡库区普惠金融的需求主体主要包括城乡居民、各类企业组织以及政府机构等。由于不同类型金融需求主体的性质、规模和活动内容不同,且其融资需求的特征、形式、手段与要求不一样,使得普惠金融需求表现出多层次性特征。与此同时,在金融供给方面,库区正规金融组织主要由大中型商业银行、政策性银行、保险公司、新型农村金融组织、互联网金融组织等构成,而非正规金融组织主要是熟人社会的私人借贷、合会借贷、资金互助社、高利贷等。

#### 1)普惠金融供给现状与问题

其一,库区普惠金融发展取得了一定进步。运用前述测算方法,我们得出了各区县各年的普惠金融指数,再通过几何平均数计算出各年库区整体的普惠金融发展状况。如图 4.1 所示,2003 年库区普惠金融指数为 17.1%,处于最低水平,这既与库区金融服务渗透性低、可得性低、资源利用率低有关,也与整个社会金融生态环境较差密切相连。低起点也带来了较大的提升空间,到了 2006 年普惠金融指数已达 18.2%,但之后却进入了一个发展缓慢阶段,2006—2011 年普惠金融指数仅提升 0.13 个百分点。2012 年,库区普惠金融重新调整"再上路",步入了一个较快的发展期,到了 2017 年指数已提高至 19.4%,2018 年更是快速突破达到 24.38%,成为历史上发展最好的一年。从总体趋势来看,16 年间库区普惠金融指

---

① 转引自《三峡库区成立首个普惠金融事业部》,金融界网站,2017-11-02。
② 网点数据通过查询中国银保监局网站"金融许可证"统计而得,贷款数据则根据《重庆市统计年鉴》《宜昌市统计年鉴》和《恩施州统计年鉴》计算而得。

数的增幅为 24.86%,年均增幅 1.4%,取得一定进步。事实上,对于普惠金融不仅实务界坦承"难做"[1],学术界也认为是件"苦差事"[2]。由此,库区普惠金融总体发展形势是好的,关键在于如何较快、持续地跑好这场"马拉松"。

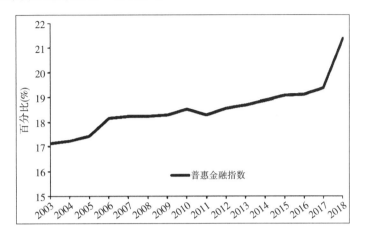

图 4.1　三峡库区普惠金融指数变化情况

其二,不同维度的总体差异较小,各构成指标有一定程度增长。从三峡库区普惠金融的三个维度来看,16 年间渗透性、可得性和效用性的平均值为 8.24%、7.85% 和 7.81%,渗透性水平略高,可得性和效用性相当。这说明库区在普惠金融的覆盖率方面取得了较好的成绩,而服务的实际可得以及效用方面稍显滞后,但各个维度总体水平都不高,均需要加快推进。从各个维度的构成指标来看,每万平方公里银行网点数和每万人银行网点数由 2003 年的 105.00 个、0.42 个,增至 2018 年的 478.72 个、1.77 个;人均金融机构存、贷款额由 2003 年的 0.7 万元、0.44 万元,增至 2018 年的 8.5 万元和 6.96 万元;金融机构存贷比、金融机构存贷款占 GDP 比重从 2003 年的 62.36%、184.50%,提高至 2018 年的 82.09%、267.91%。各个指标均有一定幅度的增长,其中人均金融机构存款额、贷款额,以及每万平方公里银行网点数的增幅较大。

其三,各区县差异明显,普惠金融的集聚效应初显。如图 4.2 所示,2018 年渝北的普惠金融指数最高,达到了 84.5%,其次是涪陵和万州,分别为 53.2% 和 42.1%,而巴东和秭归的普惠金融发展较为滞后。以网点分布为例,每平方公里网点数最高的是渝北,为 0.249 个,每平方公里网点数最低的为巴东,仅 0.009 个,前者是后者的 28.93 倍;每万人网点数最高的为石柱,达到 2.374 个,每万人网点数最低的仍为巴东,仅 0.978 个,两者差距为 1.43 倍。同样地,金融机构贷款余额及人均贷款余额最高的均为渝北,分别达到 4 646.76 亿元、28.47 万元,而贷款余额及人均贷款余额最小的均为巴东,仅 65.34 亿元、1.33 万元,前者分别是后者的 71.12 倍、21.39 倍。从空间分布来看,"首低尾高",彼此不均衡,渝北是库首的

①　参见《全国政协委员韩沂:普惠金融难做 存在机构"不愿担责"等实际问题》,华夏时报网,2018-03-06.
②　参见黄益平,黄卓.中国的数字金融发展:现在与未来[J].经济学(季刊),2018,17(4):1489-1502.

"高地",涪陵和万州同为库腹的"双中心",夷陵则为库尾的"高地",普惠金融的空间分布存在较明显的集聚特点,应进一步发挥它们的辐射带动作用。

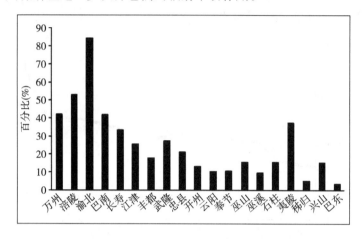

图 4.2　各区县 2018 年普惠金融指数变化情况

### 2)普惠金融需求现状与问题

首先,三峡库区虚弱的产业基础现实,导致融资仍然困难。在三峡工程"不上不下"的较长论证期内,库区的经济一直处于低速乃至停滞发展状态,产业结构低度化,加之20世纪90年代移民搬迁之后为数不少的产业关、停、并、转,越发让库区产业显得更加虚弱。"产业基础薄弱—金融生态恶化—产业发展停滞",这一个恶性循环在库区已上演了多年。产业发展乏力引发企业破产,导致巨大的不良贷款。根据统计,1997 年三峡重庆库区金融机构不良贷款率为 30.3%,之后仍一路攀升至 2001 年的 47.8%,其后略有下降,但 2004 年不良率依然高达 37.5%,总规模为 227 亿元。这段特殊的历史,使得库区金融机构对待放贷十分谨慎。忠县是移民搬迁的重点县之一,辖下 4 家县级支行中有 3 家仅有存单质押贷款 10 万元的权限,剩下的 1 家在"回收再贷"中可发放 100 万元的个人消费贷款,其余的必须多层中转上报省级分行①。因而,在 1996 年前后,库区的民间高利贷行为一度成泛滥之势,直至国务院设立三峡库区产业发展基金(每年从三峡工程建设基金中提取 5 亿元)后才有所缓解。

其次,三峡库区农村小微企业贷款需求大,但可得性不足。在企业贷款方面,我们重点关注处于弱势地位的库区农村小微企业。截至 2016 年底,库区小微企业贷款余额 3 271 亿元,同比增长 25%,虽然供给水平有较大幅度提升,但由于行业特殊性和地理区位因素,银行贷款门槛仍然较高,企业融资需求并未得到有效满足。根据教育部人文社科重点研究基地重庆工商大学长江上游经济研究中心的一项调查(表 4.7),2018 年库区有 86.3% 的农村小微企业具有融资需求,但最终仅 40.6% 的企业获得银行信贷支持,信贷可得性仍然偏低。融资规模方面,有 61.4% 的企业希望获得 100 万以上的贷款,但实际上只有 27.8% 的企业得

---

①　数据引自《重庆三峡库区经济艰难重构　融资萎缩高利贷盛行》,《21 世纪经济报道》,2006-04-03。

到满足;融资期限方面,具有 3 年以上贷款需求的企业占比达到 80.2% ;资金用途方面,用于扩大厂房、购买机器设备等固定资产用途的企业比例最高,其次是用于日常经营周转,用于研究开发用途的企业占比最低。

表4.7　三峡库区小微企业贷款需求调查情况

| 融资需求 | 有需求 | | 无需求 | |
|---|---|---|---|---|
| | 86.3% | | 3.7% | |
| 融资规模 | 100 万元以下 | 101 万 ~ 300 万元 | 301 万 ~ 500 万元 | 500 万元以上 |
| | 38.7% | 34.1% | 19.3% | 7.9% |
| 融资期限 | 1 年以内 | 2 ~ 3 年 | 3 ~ 5 年 | 5 年以上 |
| | 5.1% | 14.7% | 60.3% | 19.9% |
| 融资用途 | 固定资产 | 流动周转 | 研究开发 | 其他 |
| | 61.8% | 30.6% | 5.6% | 2.0% |

注:数据来源于教育部人文社科重点研究基地重庆工商大学长江上游经济研究中心,调查时间为 2018 年。

最后,就普惠金融最广大的需求主体——库区居民来看,农村居民仍然是"融资高山"。根据教育部人文社科重点研究基地重庆工商大学长江上游经济研究中心组织的调查,如表4.8 所示,2018 年三峡库区 449 个样本农户的人均贷款金额仅 20 483 元,大约为当年库区全体居民人均贷款余额的 33.1% ,说明库区农户获得贷款的额度不高,提升空间较大。从可得性来看,仅 29.6% 的农户通过正规渠道获取贷款或者有意愿获取贷款,远不及非正规渠道70.4% 的贷款比例,说明库区信贷可得性仍然不高,信贷供需矛盾较大。在金融机构类型和人均贷款金额上,60.9% 的农户在大中型商业银行(含邮政储蓄银行)平均获得了 38 206 元贷款,39.1% 的农户则在农村商业银行、信用社或村镇银行平均获得了 21 665 元贷款,中小型银行对农户信贷支持力度有待进一步提高。

表4.8　三峡库区农户贷款需求调查情况

| 贷款类型 | 农户数(个) | 比例(%) | 人均贷款金额(元) |
|---|---|---|---|
| 正规渠道贷款 | 133 | 29.6 | 31 002 |
| 大中型商业银行(含邮政储蓄银行) | 81 | 60.9 | 38 206 |
| 农村商业银行/信用社/村镇银行 | 52 | 39.1 | 21 665 |
| 非正规渠道贷款 | 316 | 70.4 | 16 056 |
| 合计 | 449 | 100 | 20 483 |

注:数据来自教育部人文社科重点研究基地重庆工商大学长江上游经济研究中心,调查时间为 2018 年 7—8 月,样本涵盖万州、涪陵、长寿、丰都、武隆、开州、忠县、云阳等 8 个区县。

### 3)供需矛盾的原因浅析

从表层原因来看,相对于大中型企业和高净值客户,小微企业和低收入群体更需要普惠金融的"雨露滋养"。然而,这些薄弱需求者大多处于产业链和利润链的末端,资产规模较小,收入来源不稳定,财务管理和信用资质比较弱,抗风险能力也较差,金融机构对于这类"鸡肋"业务"不感冒"。再加上三峡库区经济落后,"大库区""大山区""大农村"的特征明显,整个经济社会的信用体系建设滞后,金融生态环境不够理想,这些也客观上影响了企业和居民的获贷率,以致"融资难"。从近期的调研情况来看,一些存在融资缺口的小微企业,在经济下行的大环境下,营业收入和盈利能力进一步下滑,企业续贷的意愿很强,但银行考虑到风险,却加快了贷款回收速度。一些偏远地区的低收入和贫困农户,金融机构开通了扶贫贷款"绿色通道",但很大比例是流入了地方产业和农业大户,直接贷给有创业意愿的普通农户和贫困农户的比例还不高。

从深层次原因来看,金融机构"嫌贫爱富"的发展惯性和路径依赖,以及习惯"做大"的信贷作业和服务模式,与广大小微企业和薄弱群体的金融需求不相适应,普惠经营能力不足。金融机构普遍对"支农""支小"业务重视不够,大都作为一项考核任务来完成,一些基层机构和从业人员也因为小微贷款不良率上升较快受到问责,客观上也存在"恐贷症""惧贷症"心理。加上普惠金融的商业可持续问题,不良率往往是大型企业的 1~2 倍,这让很多金融机构认为业务做不大、难做久。殊不知,普惠金融也需要用心和专业化,国际和国内成功的案例不胜枚举[1]。2019 年 1 月 4 日,李克强总理在考察三大行时说,"要更多更好借鉴国际上普惠金融的先进经验","广大小微企业是银行立于不败之地的根基,做好小微业务,大银行就大有未来"[2]。可见,普惠金融内生动力不足,是影响库区金融供需矛盾的深层次原因。此外,金融机构维权的司法支持还不强大,一些失信"老赖"、非法金融活动的违法成本还不够高,也影响了普惠金融在库区的健康发展。

# 4.3　三峡库区多维贫困现状与减贫进程

## 4.3.1　三峡库区多维贫困现状

### 1)多维贫困总体缓解

依据前述计算方法,我们得出了库区多维贫困指数,如图 4.3 所示。2003 年多维贫困指数达到了 49.7%,处于 2003—2018 年最高水平。根据《长江三峡工程生态与环境监测公报 2004》的统计,2003 年库区人均粮食占有量 320.3 公斤,农民纯收入 2 142 元,比全国平均水平低约 20%,库区尚有数十万贫困人口的温饱问题没有稳定解决[3]。在中央、渝鄂两省市以及全国对口帮扶单位的共同努力下,移民搬迁有序推进,持续的城镇化又引发了固定资产投

---

① 参见张永升,李会芳.农村金融普惠的逻辑与路径[M].北京:国家行政学院出版社,2016.

② 参见《李克强开年考察三大银行,说了什么?》,中国政府网,2019-01-04.

③ 数据引自苏维词,滕建珍,陈祖权.长江三峡库区生态农业发展模式探讨[J].地理与地理信息科学,2003(1):83-86.

资连创新高,这使得库区经济进入了快车道,居民收入水平不断提高,教育、医疗等公共品供给持续增加。到了 2009 年,多维贫困指数已下降至 37.1%,相比 2003 年有了明显进步;而到了 2018 年,多维贫困指数进一步下降至 30.9%,达到历史新低,这表明历经近 20 年的努力,库区多维贫困程度已有了很大缓解。

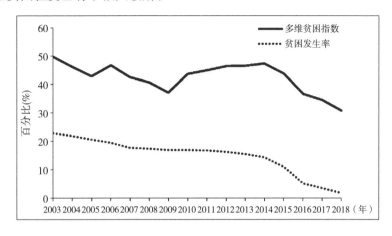

**图 4.3　三峡库区多维贫困指数及贫困发生率情况**

从图 4.3 的变化趋势来看,多维贫困指数在形态上类似于倒"N"形,而贫困发生率的形态明显简单化,基本呈一根自上而下的斜线。在所有年份里,多维贫困指数曲线均在贫困发生率曲线之上,这意味着三峡库区的多维贫困问题比经济贫困问题更为严重。换言之,仅仅关注经济贫困,不仅会低估整个库区的实际贫困程度,还可能带来扶贫工作的偏差,脱真贫、真脱贫就难以落地。而且,这也侧面说明了用贫困发生率来测算一个地区的贫困程度是有较大局限的,而多维贫困指数恰好可以弥补这方面的不足。进一步地,从两条曲线之间的纵向距离可知,2009 年及以前它们相差较大但没有进一步扩大,但到了 2010 年后差距却放大了,说明贫困发生率引起的低估影响正在加剧。

我们可将库区多维贫困指数划分为两个阶段:第一个阶段是 2003—2009 年,该阶段多维贫困指数呈倒"N"形,尽管在 2006 年产生了一个短暂向上的趋势,但很快又恢复下降的趋势。就时间点而言,2006 年可能是一个返贫窗口。当贫困程度下降过快,通常会有一个"回补"过程,在脱贫得到巩固后,会产生更好的成效(蒋南平和郑万军,2017)[151]。第二个阶段是 2010—2018 年,该阶段多维贫困指数呈倒"U"形。其中,2010—2014 年贫困发生率尽管维持下降态势,但多维贫困指数不降反升,其原因在于经济贫困以外的其他贫困占据了主要地位①,此时教育脱贫、医疗脱贫的诉求较大。2014 年后,国家提出了精准扶贫战略,以"两不愁,三保障"为脱贫标准的攻坚战立即在库区展开,随着"三保障"——义务教育有保障、基本医疗有保障和住房安全有保障的稳步实现,教育贫困、医疗贫困得到纾解,库区多维贫困指数又呈现出较快的下降态势。

---

①　根据本书测算,2010—2014 年库区经济贫困权重在 0.33~0.35 波动,而 2011 年、2016 年均在 0.5 以上。

进一步从库首、库尾和库腹的多维贫困指数变化来看,如图4.4所示,总体上三大流域的多维贫困程度也处于"下降—上升—下降"的态势。2003年,库首、库尾和库腹的多维贫困指数分别为53.02%、43.42%和52.21%,到2018年已分别下降至37.57%、31.29%和28.59%。从各流域多维贫困曲线的排列来看,2004—2008年,库腹处于最上,库首居中,库尾最下;2008—2016年,库首处于最上,库腹居中,库尾仍处于最下;2016年后,库首仍然最上,库尾居中,库腹最下。可见,三大流域的多维贫困呈现动态变化,2008年前多维贫困较为严重的是库腹,但2008年后变为库首,到2018年库首仍是多维贫困的"高发区";同时,2016年前多维贫困程度较轻的为库尾,但2016年后,库腹的指数下降明显,并低于库尾,库腹的多维贫困达到最小。从各曲线的转折年份来看,库首在2008年之后明显上升,库尾和库腹则分别为2009年和2010年;库首在2015年之后明显下降,但库尾和库腹均为2014年,这反映了库首多维贫困的减缓难度也较大。

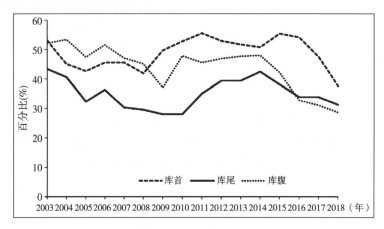

图4.4　库首、库尾和库腹多维贫困指数

2)经济贫困明显缓解

以2003年637元的国家收入贫困线计算,三峡库区共有绝对贫困人口216.39万人,贫困发生率达到22.91%,超过了深度贫困地区18%的贫困发生率标准。事实上,2005年库区19个区县中有11个是国家级贫困县,3个为省级贫困县,贫困面超过七成。到了2018年,贫困线提高至3 300元,是2003年的5.2倍,但绝对贫困人口规模下降至12.01万人,仅占2003年的5.55%,年均减少12.77万人。与此同时,库区贫困发生率也从2003年的22.91%大幅下降到2018年的1.89%,年均下降1.31个百分点。显而易见,三峡库区经济贫困问题得到了明显缓解,贫困发生率已达到国家贫困退出条件,这充分说明了库区脱贫攻坚取得了显著成就,长期困扰库区政府和居民的贫困问题在很大程度上得到了解决。

从图4.5的贫困人口和贫困发生率的各年变化来看,经济贫困存在明显的区间变化规律。我们根据贫困减缓的速度,大体可分为三个区间:第一个区间是2003—2007年,贫困减缓速度较快,5年累计脱贫人口高达63.5万人,年均脱贫12.7万人,贫困发生率年均下降1.02个百分点。第二个区间是2008—2013年,贫困减缓速度略有下降,低于第一个区间。6

年间累计脱贫 32.42 万人,年均脱贫 5.4 万人,贫困发生率年均下降 0.3%。第三个区间是 2014—2018 年,贫困减缓重新进入快速期,5 年贫困人口累计减少 90.7 万人,年均减少 18.1 万人,贫困发生率年均降低 2.5 个百分点,脱贫规模和速度均达到了三个区间的最高。从经济贫困的区间性特点,可以洞察各级政府在推动三峡库区经济社会发展、人民增收致富道路上做出了艰苦卓绝的努力。

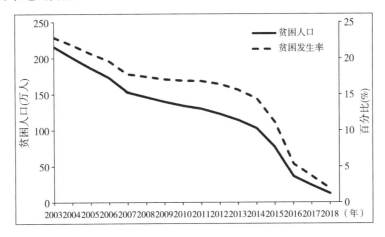

图 4.5 三峡库区(经济)贫困发生率情况

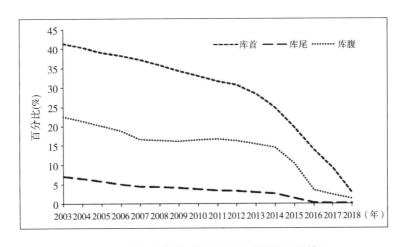

图 4.6 库首、库尾和库腹(经济)贫困发生率情况

图 4.6 进一步描述了库首、库尾和库腹的经济贫困发生率。易知,尽管整体上各流域的经济贫困程度有了明显缓解,但它们之间的贫困程度差距较大。库首的 4 个区县中有 2 个是国家级贫困县、1 个为省级贫困县,其各年的经济贫困发生率在整个库区中均是最高的,到 2018 年底贫困发生率已降低到 2.79%。库腹是库区的主阵地,11 个区县已各有 3 个于 2017 年、2018 年退出国家级贫困县,贫困发生率一直居中,2018 年已降至 1.27%。库尾由长寿等 4 个区县组成,贫困发生率历来较低,2018 年仅为 0.09%。与此同时,从各曲线的变化幅度来看,库首经济贫困最严重,贫困人口基数最大,在精准脱贫攻坚战的推动下,脱贫速

度也相对较快;库腹的变化较为复杂,经济贫困发生率先有一段相对缓慢的下降阶段,在2014年精准扶贫口号提出后,又快速下降;库尾的贫困人口基数小,贫困发生率下降速度相对最慢。

**3)教育贫困稳步缓解**

根据前述定义,我们主要用"教育经费支出差距率"和"师生比差距率"来描述教育贫困情况。从测算结果来看,2003年三峡库区"教育经费支出差距率"达到了45.0%,教育经费支出严重不足;但到了2018年,该指标已快速下降至23.3%,年均降低1.4个百分点。可见,在教育资源这个"硬条件"投入上,三峡库区尽管比较落后,但进步明显。事实上,教育经费投入对居民而言是一件"看得见,摸得着"的民生工程,获得感较强,一些学者对库区基本公共服务的调研来看,基础教育的满意度也是位列第一位(余兴厚和熊兴,2018)[152]。在"两不愁,三保障"的刚性标准下,库区仍需多管齐下,切实加大教育经费投入,早日解决教育经费贫困问题。

我们再来分析另一个教育贫困指标"师生比差距率"的变化。2003年,库区中小学校的"师生比"为21.6,高于同期全国的平均水平19.8,"师生比差距率"达到了8.5%,这意味着库区"师生比"这一"软条件"仍然是短板,尽管与"教育经费支出差距率"相比,贫困程度要低得多,但仍需重视。从2006年《三峡库区经济社会发展规划》提出的目标来看,"到2010年,基础教育、科学研究和医疗卫生设施达到全国平均水平"。但事实上,2010年库区"师生比"虽已下降为17.5,但仍高于全国水平,直到2016年库区的"师生比"才实现了与全国持平的目标。如图4.7所示,到了2018年,库区"师生比"已优于全国,"师生比差距率"为-1.9%,初步实现了"软条件"教育脱贫。

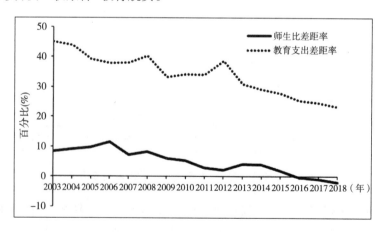

图4.7 三峡库区教育贫困差距率变化情况

从图4.7历年的教育贫困变化来看,库区教育脱贫工作整体形势是好的,成效也较为显著,尤其是"师生比差距率"的数值一直较小,下降态势也是稳中求进。与之不同的是,"教育经费支出差距率"形态上呈扁平的"M型",且2008年和2012年出现了两个"顶",从而形成了两个"倒V"阶段。其中,2003—2009年这一阶段的"教育经费支出差距率"在快速下降后,在 2007—2008 年出现短暂抬升,这意味着"急剧下降—调整下降"的"大水漫灌"式教育脱贫,尽管见效快,但也容易引起"返贫"问题。经历了 2007—2012 年的调整后,2013 年又出现较快的下降,这意味"调整下降—急剧下降"的"细水滴灌"式脱贫机制开始形成,教育经费的反贫困工作又重新步入正轨。

### 4)医疗贫困有缓有重

测算医疗贫困的有三个差距率指标,我们先看代表医疗设施条件的"卫生机构床位差距率"指标。2003 年,库区每万人卫生机构床位数仅有 17.2 张,相比之下重庆市、湖北省和全国的平均水平为 20.2 张、24.4 张和 24.5 张,"卫生机构床位差距率"也因此高达 29.7%,这表明库区的医疗覆盖率较低,医疗条件相对短缺。从《重庆市卫生服务调查报告》的数据来看,2000 年库区居民住房与医疗机构的距离在 1 公里以内的比例仅 47.3%,比重庆市、全国分别低 10.6%、23.4%,卫生服务的可及性较差。在各级政府的不懈努力下,2013 年库区每万人卫生机构床位数与全国基本持平,"卫生机构床位差距率"下降到 0.9%,如图 4.8 所示,而到了 2018 年,每万人卫生机构床位数达到 62.9 张,"卫生机构床位差距率"已反超全国,达到了 -5.2%,这意味着库区医疗设施的脱贫工作已告捷。

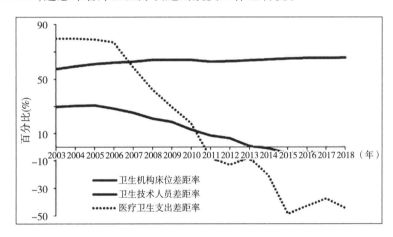

**图 4.8　三峡库区医疗贫困差距率变化情况**

从代表医疗卫生水平的"卫生技术人员差距率"指标来看,2003 年库区每万人卫生技术人员数仅 23.8,大幅低于全国的 56.0,"卫生技术人员差距率"高达 57.6%。由于特殊的地理环境以及较差的医疗水平,库区成了疾病的高发区。有资料显示,1998 年重庆库区甲型肝炎发病率居全国第二位、乙型脑炎居第三位、钩端螺旋体病居第四位、肺结核与淋病居第五位;到了 2003 年,库区甲乙类传染病发病率仍高达 16.3‰,是全国的 8.5 倍[1]。尽管各级政府加大了卫生技术人员的引培力度,2015 年库区每万人卫生技术人数相比 2003 年已提高了 1 倍,但同期全国却增长了近 1.5 倍,速度明显快于库区,以致到了 2018 年库区的"卫生

---

① 数据引自汪洋,龙倩,陈静,等.三峡水库工程对公共卫生体系的潜在影响研究[J].中国西部科技,2004(7):3-5.

技术人员差距率"仍高达66.0%,不降反增。图4.8更细致地展示了历年变化情况,可见,提高卫生技术人员数量,改善医疗水平成为库区医疗脱贫的重头戏。

从"医疗卫生支出差距率"指标来看,它一定程度上代表了政府支持医疗卫生行业的力度,2003年库区人均医疗卫生支出为30.7元,大幅低于全国的150.4元,"医疗卫生支出差距率"也高达79.6%。在《"健康重庆"卫生行动计划(2008—2012年)》《"健康湖北"全民行动计划(2011—2015)》的推动下,2008年,库区人均医疗卫生支出已提高到158.2元,相比2003年增长了4.2倍,而此时的"医疗卫生支出差距率"也降至42.6%。到了"行动计划"结束的2012年,库区人均医疗卫生支出已达到492.1元,超过全国平均值,"医疗卫生支出差距率"也变为-12.8%。从图4.8的历年变化来看,库区在医疗卫生的财力支持上确实下了大力气,从远远低于全国平均水平,到明显领先于全国平均水平的"华丽转身"。

### 4.3.2　三峡库区多维贫困成因分析

三峡库区多维贫困的成因是深层次的、多方面的,本书将其归纳为自然、经济、社会、政策等四个方面,这些因素交错复杂,并互为因果、关联影响,从而构成了库区目前多维贫困的现状。

#### 1)自然因素

从历史上看,并非是修建三峡电站才导致了三峡库区多维贫困。库区诸县阻塞于深山之中,地形复杂,自然地理特殊,"地无三尺平,房屋挂山腰"曾是其真实写照。这其中尤以库区腹心地带的巫山县、云阳县、奉节县、巴东县等地为最,一些沿江地带甚至找不到多少可利用的土地。以巫山县为例,人均耕地仅0.027公顷,其中很大一部分土地坡度大、地力贫瘠,后靠安置土地坡度大于25°的占比达41%,基本失去利用价值。恶劣的自然地理环境极其不利于农业生产,而耕地严重不足更是雪上加霜,整个库区的人地矛盾突出,农业人口生计受到很大影响。加上库区的环境破坏、生态恶化、水土流失较为严重,使得人们赖以生存的土地更加贫瘠、生产力更为低下,最终导致全社会的贫困问题较为严峻。

2008年起,三峡大坝开始试验性蓄水至175米,蓄水后新淹没632平方公里的陆地长期浸泡在水中,又形成了348平方公里的消落带,库岸崩塌、山体滑坡等地质灾害时有发生。根据《长江三峡工程整体竣工验收重庆市移民工程初验报告》的披露,仅三峡重庆库区规划的二、三期崩塌滑坡工程治理项目就达397处,塌岸防护工程治理项目有269段195公里,地质灾害搬迁避让项目463处、搬迁51 883人,群防检测崩塌滑坡项目2 572处,高切坡防护项目1 143处,治理面积达425万平方米,仅滑坡灾害就给三峡库区每年造成十几亿元的经济损失,国家层面投入的地质灾害治理资金已超过100亿元。地质灾害的频发又反过来让自然条件和生态环境变得更加脆弱,它们的恶性循环必然阻碍库区经济社会的全面发展,影响贫困群体的减贫进程。

#### 2)经济因素

三峡库区经济总量较低,产业单一,人均财富水平和可支配收入不高,市场规模和经济活力不足。一些偏远区县的基础设施还比较薄弱,特别是与生产生活息息相关的电力交通、通信网络、公共服务等还不能满足人们对美好生活的需要。库区产业结构呈现同构化、低度化,农林牧渔业占比较高,而农业生产又以高山农业为主,产量低、规模小、外销比例低,带来的农业收入有限;二、三产业同质性高,集聚性不强,梯次发展、有序竞争、抱团取暖的格局尚未形成,整体竞争力不强。此外,库区商贸流通业发展滞后,市场化程度不高,城乡分割、信息不畅,这些又诱发了"产供销"中梗阻现象。同时,库区与城区、城市与乡村、工业与农业之间长期存在的"空间差""剪刀差",既拉大了区域、城乡和行业差距,剥夺了库区创造的价值,还直接降低了生产效益和民众经济福利,让库区再生产能力下降,收入水平整体偏低,贫困发生率较高。

此外,库区的优势资源丰富,但对内对外的消费市场培育不足。整个消费市场建设停留在初级阶段,体制机制较为陈旧,政策支持体系还不健全,消费环境与地区经济社会发展不相适应,消费模式还普遍处于生存型和温饱型层次。消费作为拉动经济发展的"三驾马车"之一,在库区还没有发挥应有的作用。尤其是广大乡村地区,全域旅游、休闲观光、生态农业等新消费业态对经济增长的贡献有限,农民自有生活消费、生产消费、文教娱乐消费的路径系数也仅 0.34、0.25 和 0.13(胡江霞 等,2015)[153]。加上近年来实体经济下滑,产业不景气,重庆库区的工业企业利润总额由 2016 年的 752.89 亿元下降到 2017 年的 683.71 亿元,平均从业人员规模也相应地由 67.50 万人下降到 62.14 万人①。就业机会的减少,导致居民工资性收入增长缓慢。以往到沿海地区务工的居民,也受到大环境影响,务工经济对居民收入的贡献下降,这些因素也为库区减贫蒙上了一层阴影。

### 3)社会因素

库区贫困的外在形式是低人均收入、低物质供给以及低生产效率,而背后隐含的却是贫困的代际传递、社会排斥、家庭人力资本低下等多方面的社会因素,而这是隐藏在经济贫困背后比经济贫困更深重、更难以摆脱的多维贫困。2010 年,库区 19 个区县中有 11 个为国家级贫困县,到 2018 年 9 月仍有 5 个是国家级贫困县。长期的贫困状态会在代际间传承和复制,从而形成贫困的代际传递。库区贫困家庭父辈和子辈在婚姻状况、受教育年限、收入水平、就业机会和医疗保险等重要社会因素方面具有明显的相关性(徐杉,2017)[154],贫困家庭子女较容易受到上一代经济和社会劣势的影响,从而使得自身处于发展劣势。一些贫困群体即使在脱离贫困后,如果没有实现社会地位的实质性改善,仍然有较大的可能性重新返回多维贫困的境地之中。

社会排斥方面,主要是对边缘化的移民群体以及女性、老年人等贫弱群体的社会排斥。三峡工程累计搬迁安置移民 130 万余人,加上生态移民、灾害移民、扶贫移民等,移民群体面大,贫困问题多。不论是近迁还是远迁,对移民而言都是原有社会结构的瓦解以及新生环境的重构,在一个相对陌生的环境里,其可用的社会资源和信息渠道在急剧减少,社会交际能力以及生产积极性都在被限制和压缩,社会排斥很可能成为致贫的诱因。有证据表明,三峡

---

① 数据来源于《重庆统计年鉴(2018)》。

工程移民在新的社区短期内很难建立新的社会资本,移民对自身经济地位的评价比非移民对自身经济地位的评价低 5.8%(程广帅 等,2011)[155]。此外,教育、科技水平低下引起的家庭人力资本不足,也是贫困发生率较高的重要社会原因。目前,库区人口平均受教育年限为7.94 年,低于重庆市的 8.53 年、湖北省的 8.46 年以及全国的 8.81 年①。

### 4)政策因素

这里主要包括历史方面的政策因素和现实方面的政策因素。就前者而言,比较突出的是库区存在过一段政策空档期。三峡工程仅论证决策环节即持续了 30 多年,从开工建设到正式蓄水发电又长达 16 年,其间受到行政体制"不三(三峡省)不四(四川省)"的影响,库区经济社会发展和人民生活受到了严重的制约和损失,国家投入严重不足,经济发展水平低。以万州区为例,国家从 1950 年到三峡工程动工的 40 多年间,累计投入只有 6.1 亿元,每年人均投入仅 1.8 元,而乡镇负债总额高达 9.9 亿元,平均每个乡镇负债 1 867 万元②。2004年,重庆库区绝对贫困人口高达 64 万余人,占全市绝对贫困人口总量的 70%,相对贫困人口193 万余人,占全市相对贫困人口总量的 70%③。

另一方面就是库区步入百万移民安稳致富阶段后,新的政策藩篱产生的贫困。为了追求短期经济增长和政府任期内的经济利益,一些发展政策有意无意地加固了城乡分离二元体制。首先,不平等的户籍制度使得库区农村剩余劳动力难以顺利、有效地进入劳动力大市场,即使进城实现了非农就业转移的农民工,其就业歧视问题也很突出,劳动权益难以得到保障。其次,城乡公共产品的供给体制差异,导致库区农村居民分担了更多的供给责任,进一步加重了经济负担,使得库区贫困问题由经济领域延伸到教育、医疗、生态环境等多个领域。最后,城乡要素的二元结构,影响了各类资源的流动和平等交换,在工业化、城镇化的冲击下,乡村的要素加速往城里走,必然会加剧多维贫困的深度和广度。

## 4.3.3　三峡库区减贫历程与成效

早在 20 世纪 90 年代,三峡库区即实施了大规模的开发式减贫,随着 2009 年三峡工程竣工、2010 年移民安置结束,库区减贫目标和任务侧重点也发生了变化。2020 年 4 月,库区国家级贫困全部"摘帽",因此,我们将这一过程划分为三个阶段,并总结其主要成效。

### 1)"移民+温饱"为目标的开发式减贫阶段(1992—2010 年)

这一阶段涵盖了库区特有的百万移民安置问题,以及与全国共同的解决温饱、巩固温饱两大目标任务。从时间上看,移民安置是从 1992 年全国动员对口支援库区逐步开始的,持续到 2010 年外迁移民结束;基本解决温饱则从《国家八七扶贫攻坚计划(1994—2000)》实施开始,到以巩固温饱为目标的《中国农村扶贫开发纲要(2001—2010 年)》结束。从性质上看,这一阶段的减贫属于"政府主导、社会参与、自力更生、抓好基本"的大规模开发式减贫,

---

① 数据引自卢小丽.三峡库区人口经济特点及发展对策分析[J].当代经济,2018(5):17.

② 数据引自王世傅.三峡库区产业发展与移民后期扶持研究[J].重庆大学学报:社会科学版,2006(3):7.

③ 数据来源于《重庆经济年鉴 2004》。

它强调的是基于特定项目而在贫困地区开展的产业开发和农业基础设施建设,本质上其实是一种"特殊的区域发展战略",对于当时的三峡库区是合适的,也是成功的。

移民安置方面,1992 年 3 月 27 日,《国务院办公厅关于开展对三峡工程库区移民工作对口支援的通知》(国办发〔1992〕14 号)首次明确开展对三峡工程库区移民工作对口支援。一周之后,七届全国人大五次会议通过了兴建三峡工程的决议。1994 年,国务院办公厅转发了《国务院三峡工程建设委员会移民开发局关于深入开展对口支援三峡工程库区移民工作意见报告的通知》(国办发〔1994〕58 号),对"贯彻开发性移民方针"进行具体部署。根据分工,有关省(区、市)重点在合作兴办项目、技术支援、信息交流、市场拓展、劳务输出、经营管理、人才培训、产品开发等方面提高移民安置效益;纵向支援库区的中央部委和有关单位,则以支持库区经济、社会发展与移民安置为主要目标,为生产力合理布局、基础设施的改善、优势资源开发、经济与社会发展和移民安置创造条件。

从移民对口支援成效来看,根据统计,1994 年初至 1995 年 3 月短短 1 年多,湖北库区即接待了各省市考察团 206 批 1 841 人次,完成支援与协作项目 52 项,落实到位资金 4 584.5 万元,无偿支援(含物资折款)548.5 万元,培训人员 160 人,接受库区劳务人员 600 余人[①]。中央部委方面,水利部是对口支援和开发扶贫的重点部门,截至 2001 年,共协调投入各类资金 34.6 亿元,兴建农村饮水工程 12 万多处、骨干水利工程 17 座,累计解决 590 万人饮水困难(水利部扶贫办公室,2001)[156]。经过努力,自 1993 年开始大规模搬迁安置,到 2010 年,三峡库区完成了设计规定的全部搬迁安置任务,共搬迁安置城乡移民 139.76 万人,外迁省份达 11 个,谱写了世界工程移民史上的新篇章[②]。

解决巩固温饱问题方面,库区 19 个区县在国务院三峡工程建设委员会、渝鄂两省市的大力支持下,开展了一场"吃饱穿暖"的攻坚战。根据《重庆市人民政府关于印发重庆市五三六扶贫攻坚计划的通知》《重庆市农村扶贫开发十年纲要(2001—2010)》《湖北省扶贫攻坚计划》《湖北省农村扶贫开发纲要(2001—2010 年)》等部署要求,三峡库区被作为重点区域进行重点开发。在方针政策上,重庆库区重点强调坚持开发式减贫方针,继续增加财政投入,进一步用好扶贫贷款,扶贫开发与西部大开发紧密结合、税收政策支持、鼓励科技部门和多种组织参与扶贫等六个方面;湖北库区则提出八大政策保障,即财税政策、投资政策、金融政策、产业政策、生态政策、土地政策、人才政策以及到户政策。

从绝对贫困人口温饱解决成效来看,2006 年,库区农村居民人均纯收入和城镇居民可支配收入分别达到了 2 789 元、9 739 元,比 1996 年的 1 399 元、4 180 元分别增加了 1 390 元、5 559 元;城乡居民储蓄存款余额从 160.68 亿元增长到 1 017.49 亿元,农村绝对贫困人口数也由 1997 年的 102.02 万人,减少为 2006 年的 31.40 万人。移民生产、生活条件得到了较大改善,其中,2006 年重庆库区城镇移民人均家庭总收入 5 914 元,人均可支配收入 5 720 元,人均存款额 953 元,人均消费支出 4 567 元;农村移民人均纯收入 2 751 元,同比增长 3.9%,

---

① 李进. 全国各省市对口支援三峡工程库区移民工作进入全面实质性推进阶段[J]. 计划与市场,1995(8):42.
② 数据引自《三峡百万移民全面完成安置　库区迈向致富新征途》,中国政府网,2010-09-17.

人均增加 103 元,人均工资性收入 1 424 元,比上年增加 176 元,增长 14.1% ;工资性收入占纯收入比重进一步提高,增额对纯收入增长的贡献率达到 170.4%[①]。

2)"致富+小康"为目标的精准减贫阶段(2011 年—2020 年 4 月)

这一阶段同样包含了两大目标任务,即库区安稳致富工作,以及与全国人民同步进入小康社会。2011 年 6 月,党中央、国务院批复了《三峡后续工作规划》,把"库区移民安稳致富"作为六大规划内容之首,标志着三峡库区由对口支援移民安置转入了安稳致富的新时期。同年 12 月,国务院三峡办《关于印发〈三峡后续工作规划实施管理暂行办法〉的函》进一步指出,后续工作要坚持以人为本、关注民生,保护环境、持续发展,统筹兼顾、突出重点,国家扶持、多元投入,区分缓急、科学规划、分步实施的原则,以项目管理为基础,实行分类管理。2012 年,重庆市出台《中共重庆市委重庆市人民政府关于切实做好三峡后续工作的意见》《重庆市三峡后续工作规划实施管理暂行办法》,湖北省则成立三峡后续工作领导小组,加强三峡后续安稳致富工作的推进。

考虑到三峡库区作为我国两大集中连片贫困区的结合带,经济社会发展水平整体偏低的状况尚未得到根本改变,2014 年,国务院批复同意实施《全国对口支援三峡库区合作规划(2014—2020 年)》。这次对口支援是对库区后续工作作出的整体规划和部署,并着重强调"继续开展全国对口支援三峡库区工作,有利于加快库区移民安稳致富,增强库区经济发展活力,促进库区社会和谐稳定"。更为重要的是,这次对口支援首次把三峡后续工作开展与集中连片特殊困难地区减贫政策相结合,要求在"移民小区帮扶和农村扶贫开发"等五个方面迈出新步伐,到 2020 年"努力使库区自我发展能力显著提高""与全国同步建成小康社会"。2020 年后,相对贫困将是现行绝对贫困线标准下实现全面脱贫后长期存在的一种贫困现象。此外,对口支援还明确了"受援区县与支援省区市结对关系表",可谓"一对多"帮扶。2015 年国务院三峡办出台的《三峡库区农村移民安置区精准帮扶工作指导意见》再次明确"实施农村移民安置区精准帮扶",由此,库区已步入以"致富+小康"为目标的精准减贫新阶段。

近年来,库区精准减贫成效显著。一是农村基础设施大幅改善。重点以住房安全、道路交通、人畜饮水、农田水利、公共服务、村容整治等为主要内容的精准帮扶。截至 2018 年 6 月,已实施农村精准帮扶项目 295 个,下达专项补助资金 21.07 亿元,实现 138 个移民贫困村全覆盖。二是产业减贫有力提升。重点支持以柑橘、中药材、特色水果为主的种植业,控制性发展草食畜牧业和生态渔业。截至 2018 年 6 月,已投入 3.1 亿元支持库区发展柑橘、脆李等特色水果和现代农业试点,投入 13.4 亿元实施三峡后续生态农业和生态旅游项目119 个[②]。通过扶持农村产业项目,三峡库区产业结构不断优化,居民收入持续增长,2017 年三峡重庆库区农村常住居民人均可支配收入达到 12 745 元,增长 9.8%。三是以培训激活内生发展动力。坚持培训与减贫工作紧密结合,在就业技能培训、创业培训、新型农民科技

---

① 该部分数据引自重庆市统计局研究报告《直辖以来三峡重庆库区经济社会发展状况简析》,2007:6-7。
② 引自《抓政策融合 保高质发展 促三峡库区移民脱贫与安稳致富同频共振》,载于《重庆扶贫专报》2018 年第 69 期。

培训和农村实用技术培训上,优先保证贫困人员"应训尽训",实现有条件的贫困户"1 户 1 人 1 技能"。四是对外经济合作扎实开展。2014—2017 年,重庆库区共到位无偿援助资金 9.59 亿元、经济合作项目协议资金 374.6 亿元,开展培训 132 班次 6 560 人次,干部交流 87 人次,已有浙江华峰集团、杭州娃哈哈集团、广东雷士照明等 1 668 个名优企业和名牌产品落户库区[①]。五是政策机制有效保障。对深度贫困乡镇实行"干部定点联系、处室包干帮扶",定期研究、对接扶贫工作;对贫困户实行机关干部结对帮扶制度,通过"农超对接""农厨对接"等手段帮助销售,促进群众增收。

2020 年 2 月 22 日,重庆市人民政府研究同意巫溪退出国家级贫困县;2020 年 4 月 23 日,湖北省人民政府批准巴东退出国家级贫困县。至此,三峡库区正式告别了有国家级贫困县的历史,库区发展翻开了新的篇章。

**3)"包容性增长+多维度改善"为目标的相对贫困减缓阶段(2020 年 4 月以后)**

2020 年 4 月以后,三峡库区贫困的属性和贫困群体的特征将发生重大变化。相对贫困将取代绝对贫困成为贫困的表现形态,以农村贫困为主转变为农村和城镇贫困并存,老少病残等特殊群体将成为主要的贫困群体。这决定了 2020 年 4 月后的贫困标准应当以相对贫困线为基准,减贫策略应当以缩小库区差距、为底部人群创造更多机会为目标。2020 年 3 月 3 日,重庆市委、市政府正式发布《关于抓好"三农"领域重点工作确保如期实现全面小康的实施意见》明确指出,要加强对 2020 年后解决相对贫困的目标任务、扶贫标准等研究,制定脱贫攻坚与实施乡村振兴战略有机衔接的实施意见,编制"十四五"巩固脱贫成果规划,开展修订《重庆市农村扶贫条例》调研。4 月 1 日,湖北省委下发《关于加快补上"三农"领域短板决胜全面建成小康社会的实施意见》,亦提出支持已稳定脱贫的县开展试点,探索建立解决相对贫困的政策体系和工作机制。

由此,对应贫困属性和贫困群体特征的转变,下一阶段三峡库区减贫的思路也需要作出调整。这既包括按新的理念制定相对贫困线,又包括按效能原则构建城乡统一的减贫体制,以促进贫困治理体系和治理能力现代化。

# 4.4　本章小结

本章主要从三峡库区普惠金融发展现状、多维贫困现状与减贫进程、普惠金融减贫现状等 3 个方面进行阐述分析。首先,基于渗透性、可得性和效用性 3 个维度,选取 6 个代表性指标,运用改进的 Critic 法对普惠金融进行测算;结果显示,历经金融初步形成、金融深化改革以及普惠金融推进 3 个阶段,库区普惠金融发展取得了一定进步,不同维度的总体差异较

---

① 数据来源于重庆市扶贫办网站,2018-08-28。

小,但产业融资较为困难,农村小微企业贷款可得性不足,农村居民仍然是"融资高山"。其背后原因在于,面向小微企业和低收入群体的普惠业务对金融机构激励不足,在"嫌贫爱富"的发展惯性下,金融机构缺乏深耕细作的专业能力。

与此同时,基于经济贫困、教育贫困和医疗贫困 3 个维度,选取 6 个指标,运用改进的 Critic 法对多维贫困进行测算;结果显示,库区多维贫困总体缓解,在形态上呈倒"N"形,具体又存在 2003—2009 年、2010—2018 年两个阶段;经济贫困明显缓解,库首贫困发生率最高,但下降也最为明显,库尾贫困人口基数小,减缓速度也相对缓慢;此外,教育贫困稳步缓解,医疗贫困有缓有重。库区多维贫困的成因是深层次的、多方面的,既有自然因素、经济因素,也有社会因素、政策因素,其减贫历经以"移民+温饱"为目标的开发式减贫(1992—2010年)、以"致富+小康"为目标的精准减贫(2011 年—2020 年 4 月),以及以"包容性增长+多维度改善"为目标的相对贫困减缓阶段(2020 年 4 月以后)等 3 个阶段。

# 第5章　三峡库区普惠金融减贫历程、经验与问题

本章将在第 3 章普惠金融减缓多维贫困理论分析、第 4 章普惠金融与多维贫困减缓现状的基础上,从历史分析视角回顾三峡库区普惠金融减贫的严谨规律和发展阶段,从政策和典型案例的视角分析普惠金融减贫的基本经验,最后对其当前主要问题展开讨论。

## 5.1　三峡库区普惠金融减贫历史回顾

针对库区存在多维贫困的严峻现实,国务院三峡工程建设委员会和渝鄂两省市一直致力于反贫困事业,并将金融作为反贫困的基本政策工具。从发展历程来看,库区金融减贫总体上以信贷减贫为先导,之后逐步过渡到金融精准减贫阶段。

### 5.1.1　信贷减贫阶段(2015 年前)

#### 1)早期扶贫开发信贷

一直以来,信贷被认为是减缓贫困的重要政策工具。三峡库区地处秦巴山区、武陵山区集中连片贫困区的交叠带,在国务院三峡工程建设委员会、渝鄂两省市政府的主导下,实施了三峡工程投资扶贫开发。如表 5.1 所示,静态投资是按照 1993 年 5 月末价格水平,国家批准的三峡工程初步设计概算投资(未计入物价上涨和贷款利息);预测动态投资则考虑分年投入、物价上涨和贷款利息等综合因素后,预测的工程投资;实际动态投资即实际使用的投资。而工程资金主要通过建设基金、国家开发银行贷款、三峡债券、出口信贷等渠道筹集。以湖北省为例,项目投资拉动 GDP 绝对增加值增长最高年份达到 18.07%,最低年份为 6.22%,年均为 8.59%。也就是说,光湖北省承建三峡工程项目的投资,占全省国内生产总值绝对增加值的比重,每年至少有 6 个百分点[①]。毫无疑问,三峡工程扶贫开发信贷推动了当地的经济社会发展,缓解了人民生活贫困。

另一块就是以库区贫困县为重点的区域型扶贫开发信贷,如为库区贫困农户发展种养殖业、乡镇企业发展以及农村地区劳动密集型项目提供低利率的扶贫贷款。但由于承担扶

---

① 引自陈水文《抓住三峡工程建设新机遇　带动湖北经济大发展》,《湖北政报》2000 年 8 期。

贫贷款责任的金融机构在贷款投放规模与结构、扶贫贷款对象选择、授信额度、利率与还款期限等方面受到政府的严格限制,扶贫自主性与能动性差,加上低利率的扶贫贷款本身存在规模有限、瞄准机制不完善、贷款回收率低等问题,当时的反贫困信贷政策成效甚微。直到20世纪90年代中期,国家出台《八七扶贫攻坚计划》才对信贷减贫机制、具体运作等放宽,同时,将统一办理扶贫贷款的金融机构由各地人民银行和专业银行调整为中国农业发展银行,实现了政策性金融与商业性金融的分离分立。也就是在这一时期,三峡库区多个区县成立了农业发展银行,信贷减贫逐渐迈上正轨。

表 5.1　三峡工程项目投资概况

单位:亿元

|  | 枢纽工程 | 移民工程 | 输变电工程 | 合计 |
|---|---|---|---|---|
| 静态投资 | 500.9 | 400+129.02=529.02 | 322.74 | 1 352.66 |
| 预测动态投资 | 2 039 | | 502.61 | 2 541.61 |
| 实际动态投资 | 1 728.48(枢纽 871.95,移民 856.53) | | 344.28 | 2 072.76 |

数据来源:陶景良《造福当代 利及千秋——国之重器的长江三峡工程》,2017 年。

总体来说,该阶段三峡库区实施的是开发扶贫战略,相较之于救济式扶贫虽然有明显的进步,有助于集中资源缓解区域性贫困,但是这种扶贫方式明显高估了信贷资金投入对于扶贫的拉动作用,容易陷入"GDP 陷阱",同时也一定程度忽视了救济式扶贫不可或缺的扶贫的作用。一些区县社会保障、社会救济等政府必须提供的公共服务缺失,一些特殊群体,如残疾等因先天缺陷而根本无法开发的贫困人口无法享受政府应该提供的扶贫救济。库区开发扶贫战略说到底是区域开发战略,也就是不平衡发展战略,集中优惠政策集中优势资源促使贫困地区加快发展。这种不平衡发展的战略注定了不可能覆盖全部贫困人口,扶贫的政策、资金依附于扶贫的项目也因贫困群体能否按扶贫者的意图完成项目受到影响,很大一部分贫困群体根本无法从中受益。

2)1997 年后小额信贷减贫

进入20 世纪90 年代末,许多国内和国际组织将孟加拉"乡村银行模式"的小额信贷项目引入中国,在部分贫困地区进行的探索性尝试取得了巨大成功。在国家同意全面启动小额信贷试点后,三峡库区于1997 年正式成为首批小额信贷试点地区,其模式是将中央、省级政府提供的扶贫贴息贷款用于小额信贷项目,以支持库区扶贫增收和百万移民生计发展。小额信贷在支持库区许多农民尽快脱贫致富方面发挥了重要作用,已成为库区农民解决温饱、发展生产、增加收入的有效途径。具有典型特征的运作模式有:财政贴息扶贫小额信贷模式、农村信用社主导的小额信贷模式、社区性民间互助资金组织模式,在这三种典型模式中,以农村信用社主导的小额信贷模式在库区各县、市最为常见[①]。

经过十来年的发展,三峡库区农村小额信贷有了 5 个可喜变化:一是农村小额信贷的目

---

① 　曾宇平,盛三化.论三峡库区农村小额信贷的发展与创新[J].企业经济,2009(5):114-116.

的由最初的单纯扶贫拓展至帮助库区农民致富奔小康;二是农村小额信贷的对象由传统种养农户拓展至与农业相关的多种经营户、规模大户和农村小型加工、运销企业;三是农村小额信贷额度由 3 000 ~ 5 000 元拓展至 1 万 ~ 30 万元;四是农村小额信贷期限由当年发放当年收回拓展至 1 ~ 5 年收回;五是由农村小额信贷信用村户的评定拓展至以农村文明建设的动态综合评价作为农村小额信贷依据的探索。为了更具体地了解三峡库区农村小额信贷发展的情况,可从库区农村小额信贷发展较具有代表性的开县有关实践来反映其发展脉络。

开县(今重庆市开州区)是库区第一个开展小额信贷试点的区县,于 1997 年设立了民丰互助合作会。该合作会根植"三农"、服务"三农",坚持走"贷小不贷大,贷穷不贷富"的特色小贷路线,为农村低收入农户、城镇低收入居民、微型企业和个体工商户开展资金互助,实施小额信贷、生产扶持和创业融资等多项金融服务,被誉为老百姓的"草根银行"。2014 年,重庆市委、市政府在《关于集中力量开展扶贫攻坚的意见》中提到"总结推广开县民丰互助合作会经验"。20 多年来,民丰互助合作会为地方脱贫增收做出了积极贡献,其业务范围已覆盖了 19 个边远乡镇、23 万户农户、80 万人,为 84 个市级贫困村、17 595 户贫困户(分别占当地市级贫困村、贫困户总数的 62.2%、51.6%)提供小额金融服务,向 8 719 户农户发放贷款 37 076 万元,其中建卡贫困户 2 149 户、贷款 7 661 万元,分别占当地相应指标的 24.7%、20.7%①。

## 5.1.2　金融精准减贫阶段(2015 年至今)

### 1)金融精准减贫的推行

伴随着信贷减贫进入深水区,2015 年来,库区实施了一系列范围更广泛、种类更多样、对象更精准、效果更突出的金融反贫困政策,从而宣告了库区步入金融精准减贫的新阶段。从表 5.2 可知,金融精准减贫阶段以有能力、有需求的贫困户和各类农业组织为目标对象,发动各类金融机构深度参与,通过量身打造各类普惠性金融产品和服务,建立紧密的利益联结机制,创新政策性、商业性减贫模式,从而实现范围广、力度大、时效长的金融减贫目标。

表 5.2　信贷减贫阶段与金融精准减贫阶段比较

| 比较项目 | 信贷减贫阶段 | 金融精准减贫阶段 |
| --- | --- | --- |
| 目标对象 | 各类农业组织为主 | 有能力、有需求的贫困户和各类农业组织 |
| 参与主体 | 商业银行为主 | 各类金融机构 |
| 主要形式 | 小额信贷为主 | 各类量身打造的金融产品和服务 |
| 实现机制 | 信贷投放,缓解资金不足 | 金融扶贫+产业扶贫+……,建立利益联结 |
| 性质模式 | 特惠性,政策性为主 | 普惠性、政策性与商业性兼顾 |
| 力度成效 | 范围小、力度弱,短期输血 | 范围广、力度大、长期造血 |

注:以上资料为作者整理。

① 数据引自重庆市开州区民丰互助合作会网站,2017- 05- 25。

2015年来,渝鄂两省市围绕中央精准扶贫统一部署,深化农村金融体制改革与创新,强化了金融精准减贫政策导向。如重庆库区实施的"三权"抵押贷款,增加了"三农"信贷资金投放;支持各类金融机构到库区布点,鼓励担保保险机构面向"三农"拓展业务,与国家开发银行就农村基础设施建设和农业资源开发签订协议等。此外,两省市还出台了一系列金融精准减贫政策。如2015年人民银行重庆营管部等6部门制定的《重庆市金融业贯彻落实"精准扶贫、精准脱贫"行动方案》,2018年人民银行重庆营管部等11部门印发《关于深化金融精准扶贫支持深度贫困地区脱贫攻坚的实施意见》《关于金融助推打赢脱贫攻坚战三年行动的实施意见》,2016年来宜昌市金融办、扶贫办联合相关部门先后出台《宜昌市金融扶贫领域专项集中治理工作方案》《宜昌市扶贫小额信贷操作指引》《宜昌市扶贫小额信贷村级操作指引》等政策文件,为库区金融减贫提供了关键依据。

金融精准减贫实践中,库区人民银行支行、银保监分局、金融办、扶贫办、移民局、发改委、财政局、农业农村委等多个部门建立县域联合工作机制,制定协同行动方案,加快了库区金融精准减贫步伐。金融主管部门摒弃了"金融就是银行"的"小金融"思维,推动银行、保险、证券、资管、基金等金融服务与扶贫开发精准对接,用"大金融"的思维指导库区脱贫攻坚任务。金融机构摒弃"各自为政"思维,树立"协同推进"思维,在传统的咨询、代理、储蓄、贷款等基本业务外,推动支付、保险、担保、理财等重点业务向"三农"提供,从柜台服务向移动服务、网络服务和智慧型服务转变,促进库区消费金融、供应链金融和合作金融发展,打造更加紧密、更加互信的"金农"关系,为"三农"尤其是农村贫困群体精准提供多方面的现代金融服务。

**2)普惠金融减贫的实施**

值得关注的是,2018年3月,重庆市人民政府印发了《重庆市推进普惠金融发展工作方案》,明确提出"到2020年,建立与现代金融中心建设相适应的普惠金融服务和保障体系,重点为全市农村贫困人口实现脱贫、贫困区县摘帽提供金融支撑"。这标志着普惠金融精准减贫的号角正式吹响,库区的金融减贫从"530"扶贫小额贷款的特惠金融减贫[①],走向了普惠金融减贫新阶段。这对于库区从特惠金融减贫,逐步过渡到普惠金融和特惠金融并存,并以普惠金融为主的内生扶贫方式有着重要意义。尤其是在2020年后,库区绝对贫困基本消除,但部分群体的多维贫困以及相对贫困问题依然存在,金融精准减贫不会结束。为实现库区解决多维贫困和2020年后相对贫困问题,现在有必要着手研究、探索和践行普惠金融减贫工作,这也是战略考虑所在。

例如,人民银行重庆营业管理部和巫溪县人民政府联合印发了《金融共建幸福家园联手打造普惠金融基地实施方案》,在巫溪红池坝镇13个村(社区)打造集金融综合服务示范站、金融消费者权益保护与金融知识宣传站等功能为一体的普惠金融基地。项目建成后,可解

---

① 即5万元以下,3年期以内,执行基准利率的信用贷款,当地财政、扶贫部门对此类贷款按基准利率给予贴息,贫困户享受0利率贷款。

决当地 88 户特困及重度失能人员住房困难问题,让近 2 万村民足不出村就能享受基础金融服务力①。重庆银行则积极响应国家"精准扶贫"号召,践行普惠金融,开展精准扶贫工作,加大金融资源投入,优化融资结构,加强金融扶贫产品与模式创新,不断提升金融服务水平,探索金融扶贫的新道路、新模式,推动普惠金融纵深发展,加快扶贫地区减贫脱贫步伐,也走出了自己的普惠金融道路。数据显示,截至 2020 年一季度末,重庆银行等金融机构共创新推出专项产业扶贫信贷产品近百款,金融精准扶贫贷款突破 1 100 亿元,同比增长 16.6%,其中产业扶贫贷款余额近 300 亿元,同比增速达 85%②。

此外,人民银行江津中心支行以农房抵押贷款为切入点,推动江津区政府及相关部门、金融机构积极行动,引导农民通过农房抵押方式获取贷款,有效对接"三农"资金需求,大幅提升该区域贷款可得性。全国农民住房财产权抵押贷款试点工作指导小组对全国 59 个试点区县进行中期评估,江津区农房抵押贷款试点工作位列第 4 名,普惠金融服务农民、农村和农业的效果显著③。人民银行长寿中心支行与政府部门建立普惠金融对接机制,普惠金融减贫工作成效初显。一是与长寿区工商局建立支持微企发展等 5 个领域的全面战略合作关系;二是打造"信用体系+金融服务"模式,推动财政局、村镇银行、保险公司建立以政府投入资金作为扶持专项资金,以银行信贷资金为基础,以保证保险为保障的合作贷款体系;三是助推村镇银行与政府签订 3 000 万元额度的扶贫贷款协议;四是引导推动第三方征信机构与垫江县政府合作推进"信用垫江"建设④。

# 5.2　三峡库区普惠金融减贫基本经验

从信贷减贫到金融精准减贫,再到普惠金融减贫,库区金融减贫的进程发生了历史性变革,形成了较丰富的实践经验,总结下来主要有以下三个方面:

## 5.2.1　政府引导、机构参与

### 1)强化各级政府主动有为

以顶层设计为统领,以责任共抓为驱动。结合库区实际情况,渝鄂两省市先后出台了《重庆市推进普惠金融发展工作方案》《湖北省金融扶贫"十三五"规划》《湖北省 2019—2020 年农村数字普惠支付服务示范县(市、区)建设工作方案》等一系列政策文件。通过政策引领,各级政府主动在扶贫工作中抓普惠金融建设,精准定位了金融扶贫对象和金融扶贫主体,加大了对贫困地区金融资源投入,推动了金融产品和服务创新,优化了金融生态环境,

---

① 《人民银行巫溪县支行全力推进红池坝镇普惠金融基地建设》,《巫溪报》,2020-04-02。
② 数据引自重庆人民政府网,2020-05-06。
③ 《江津:助力农房抵押贷款改革》,《重庆政协报》,2017-06-30。
④ 《2017 年上半年重庆市普惠金融工作进展》,腾讯大渝网,2017-08-04。

有效增加了金融供给,提升了金融减贫工作效能。与此同时,强力推进政府责任制,将金融作为加大扶贫工作力度的一项重大举措,区(县)委、政府主要领导亲自抓,分管领导具体抓,相关部门共同抓;镇、村逐级落实领导责任,逐项落实帮扶干部和帮扶措施;金融机构履行社会责任,勇于担当,主动作为,形成了坚强的攻坚合力。建立专项督查、暗访督查和满意度调查"三位一体"的督查体系,实行督查、通报、约谈、整改常态化。

政府主动引导,形成各司其职、各尽其责的工作格局。一是建立周会商、月研判联席调度会,及时解决问题和化解风险。优化政府端贷款审批流程,指导贫困群众填写"两表一书一合同",经村、乡(镇)审核后统一交区(县)金融服务中心,再由区(县)财政局、扶贫办、金融服务中心会审后将资料交承贷银行并于7个工作日内放款到户。二是帮扶责任人与承贷银行联动,实时跟踪贷款银行卡激活情况。督促贷款贫困户在资金发放后立即投入使用,并认真填写"扶贫小额信贷资金使用记录表"。发现有未按规定及时使用信贷资金的,要求立即督促整改。三是干部作用发挥明显。充分发挥党员干部政策准、业务强、素质高、思想活的优势,通过专题业务培训,将帮扶干部、镇村干部等培养成扶贫小额信贷的宣传员、信贷员、监管员,降低金融机构贷款风险和工作成本,消除金融机构"不敢贷、不愿贷"的顾虑。四是组建项目调查管理团队,逐村逐社召开院坝会、发放入户宣传单、开设宣传橱窗等方式,提高贫困户对扶贫小额信贷的知晓率和参与度。

**2)发挥金融机构主体作用**

发挥金融主管部门的组织作用,突出政策性银行、大中型商业银行、村镇银行、保险公司的主体作用,形成多方参与、合力推进的普惠金融减贫工作格局。人民银行重庆营管部推行金融扶贫主办行制度,组织5家涉农和法人金融机构对重庆库区贫困县实行划片包干,打造普惠金融扶贫示范点,发挥了"大数据、主推进、全服务、总托底"职能。宜昌市人民银行支行、金融办对湖北库区金融扶贫开展专项集中治理,对扶贫工作进行情况通报。重庆银监局组织扶贫带头帮扶责任人,在重庆库区开展"金融扶贫+骨干产业+贫困户""金融扶贫+创新项目+贫困户""金融扶贫+到户产业+主导示范产业""金融扶贫+户带动贫困户""金融机构+集体经济带动贫困户"五类产融结合和利益联结模式[1]。湖北宜昌银监分局创造性开展普惠金融工作组和特惠民金融专班工作模式,对产业发展大户进行摸底调查,根据实际情况发放扶贫小额贷款,确保发挥最大效益[2]。

农业发展银行以"扶贫统揽业务发展"的定位,与金融办等部门在库区贫困县推行"政策性金融扶贫实验示范区",重点在贫困村提升工程、棚户区改造、农村人居环境改善、旅游扶贫、教育扶贫等重点领域和薄弱环节发力[3]。大中型商业银行以支农支小能力建设为重点,推进小微企业专营支行建设。农业银行、邮政储蓄银行围绕库区特色产业,发挥"三农金融事业部"作用,加强与小农户和贫困户精准对接,建立"风险基金增信、银政共同管理、银行

① 参见中国银监会重庆监管局网站,2018-06-29。
② 参见宜昌市扶贫办网站,2017-09-17。
③ 参见新华网,2017-12-19。

真心让利、财政全额贴息"的"精准扶贫贷"模式,实现扶贫贷款"免担保、全贴息"向建卡贫困户精准投放。农村商业银行、重庆银行、三峡银行、宜昌银行等地方银行充当普惠金融生力军,利用互联网、大数据等新技术,以"线上+线下""人工+机控"等业务创新为重点,推出无抵押、无保证、线上申请的纯信用贷款服务。村镇银行发挥"草根"金融优势,通过设立助农服务站,探索"劳模+农户""公司+专业合作社+贫困户"的普惠金融减贫模式。保险公司主推普惠性小额扶贫保险,助力脱贫。

**3)构建四方利益联动机制**

在运行过程中,三峡库区有关区县结合当地实际,研究落实"四位一体"的普惠金融减贫利益联动机制。其基本思想是,将政府、金融机构、公司和贫困户的利益诉求打通,找到核心利益契合点和"最大公约数",变松散关系为紧密伙伴,形成利益同盟。其中,政府的定位主要是提供财政资金作为风险补偿金,保险公司则是对贷款主体的贷款进行保险,商业银行的定位是提供信用支持即贷款,企业重在提供就业岗位或捐赠扶贫资金。而将四方串联在一起的是实实在在的"利益诉求",从而形成"四位一体"的联动机制。例如,习近平主席2019年4月视察石柱县中益乡,就要求贷款主体应将贷款金额的5%捐赠给推荐村社作为扶贫资金或每10万元带动1个贫困户就业,且就业时间不低于6个月,月工资不低于2 000元;贷款企业则吸纳部分贫困户,扣除吸纳贫困户人口(10万元/人)的贷款部分,按照剩余贷款额度的5%捐赠扶贫基金给乡镇①。

在利益联动的具体模式上,大致有四种类型:一是金融扶贫+户贷户用模式。贫困户将小额贷款与到户产业规划、本土主导产业相结合,因户制宜,实行户贷户用户还,发展适度规模经营。二是金融扶贫+股权量化模式。利用扶贫小额信贷资金、政府奖扶资金和村集体经济资金,引导吸纳贷款贫困户入股发展、量化股权,享受分红。三是金融扶贫+合伙抱团模式。整合扶贫政策,利用扶贫小额信贷资金,实现贫困户抱团发展,获得持续收入。四是金融扶贫+资产返租模式。积极引导龙头企业、专业大户通过资产返租方式,带动贫困户增收。但不论是哪一种模式,政府、金融机构、企业和贫困户等四方主体的能动性得到了发挥。政府通过设立风险金并全面贴息,银行则以基准利率发放贷款并建立绿色通道,贫困户依托扶贫小额信贷与企业/家庭农场合作经营的可行实践,企业牵头用于建设农业设施,发展种植业,带动贫困户参与生产经营,从而顺利实现增收脱贫。

四方利益联动机制的最大亮点就是"四跟四走":贷款跟着穷人走、穷人跟着能人走、能人跟着产业走、产业跟着市场走。鼓励、激励贫困户用好扶贫贷款、发挥聪明才干,大户能人围绕市场需求及本地优势特色产业,宜养则养、宜种则种,务实高效地发展家庭种养业、简单加工业,为实现普惠金融减贫探索出一条新路径。如奉节县冯坪乡百福村20户贫困户利用100万元扶贫小额信贷资金,与村集体经济发展相结合,共发展200亩(1亩=666.67平方米,下同)贝母,享受政府投入部分6%的保底分红和扶贫小额信贷资金投入部分4.75%的

---

① 《以产业扶贫为支点撬动石柱县中益乡脱贫增收》,腾讯大渝网,2019-09-18。

保底分红,实现户均年增收 2 350 元①。龙桥乡阳坝村贫困户刘学练利用危房改造补助并贷款 5 万元,开办"何客农家乐",仅 2 个月创收 2 万多元;又扩大经营规模因资金不足,引导吸纳本村 2 户贫困户各申请 5 万元贷款作为入股资金,每年以股金的 6% 予以保底分红,同时,在旺季对入股的贫困户优先用工,带动年户均增收 1 万元②。

### 5.2.2 下沉重心、强化体系

#### 1)机具下沉、人员下沉和服务下沉

针对库区贫困人口分布特点,大中型商业银行在稳定和优化县域网点的基础上,加大机具下沉、人员下沉和服务下沉,弥补了普惠金融覆盖不到乡镇、惠及不到贫困户的缺点。有的银行启动了银行卡助农取款服务点建设工作,通过在贫困地区布放电话转账机具,打造银行卡惠农支付服务点,为广大贫困户提供便利的银行卡助农取款服务,让金融服务的"最后一公里"不再空白。有的银行则利用遍布城乡的网络优势,开办代付烟叶款、代缴税金、代发教师工资、代发贫困学生补助款、代收水电气费、代收付"新农保"等数十项代收付业务,积极融入贫困地区的生产生活。以"新农保"为例,银行通过"代收付系统"与农保部门"新农保信息管理系统"互连互通,让贫困户"足不出户"即可参保;此外还减免代发账户年费、小额账户管理费等费用,向养老金账户叠加涉农补贴、扶贫款及水、电、燃气费等收付功能,以暖心服务惠及贫困户。

以农业银行为例,截至 2017 年 7 月,在库区 18 个深度贫困乡镇设置营业网点 112 个、自助银行 56 个、自助服务终端、转账电话等电子机具 5 091 台、惠农服务点 159 个,普惠金融服务覆盖 91% 的行政村③。邮政银行万州支行新增助农取款服务点 85 个,交易笔数达到 8.33 万笔,交易金额达到 0.38 亿元④。地方银行和村镇银行也积极响应"支农支小"号召,在库区设立三农金融事业部,在偏远贫困村改设或增设"普惠金融助农点""金融超市""农村金融综合服务站",实现对贫困群体基础金融服务的全覆盖。截至 2018 年,三峡库区银行类金融机构网点数已达 2 662 个,每平方公里网点数为 0.048 个,每万人拥有网点数达到 1.777 个,人均金融机构贷款余额为 6.195 万元⑤。在增加物理网点的同时,金融机构还加大了手机银行、微信银行、电话银行等多种线上服务的推出,贫困群体除了享受免费的基础性服务,还可在线申请业务,享受高品质金融体验。

#### 2)健全信用体系和金融服务体系

库区农村信用体系是普惠金融基础设施建设的长期工程,2014 年以来,库区以巴南、丰都为信用体系建设综合试点区,着力加强了农村信用体系建设。具体举措方面:一是出台指导文件,实施区县级信用体系建设联席会议制度,按照协调分工、合力推进的原则,制定信用

---

① 《金融扶贫措施精准 定向发力帮扶高效》,搜狐网,2018-06-20。
② 《从"输血"到"造血" 金融扶贫助力脱贫摘帽》,三峡传媒网,2018-11-07。
③ 数据引自重庆市扶贫办网,2017-10-17。
④ 数据引自万州扶贫办网,2019-04-01。
⑤ 根据中国银保监局网"金融许可证"统计而得。

体系建设时间表；二是根据"应归尽归、应示尽示""全覆盖、无遗漏"的总体要求，打破"信息壁垒"，强化信息归集共享和报送机制；三是探索信用产品运用，建立"红黑名单"制度和"绿色通道"激励方案，推动联合激励和联合惩戒行动；四是推进信用村评定工作，建立农户和企业信用档案，将个人公共信用信息与金融信用信息联网；五是基于信用户、信用村评级，对农户贷款、贫困户贷款给予贴息；六是针对贫困户采取科学合理的信用评级方式，适当降低"家庭收入""家庭财产"等在信用评级中的权重，更重视道德品质、遵纪守法、扶贫项目参与等指标，实施评级增信。

库区金融机构还积极完善金融服务体系，将普惠金融内嵌于县、乡、村三级便民服务体系，打造"基层党建+就业扶贫+普惠金融"三位一体服务平台，提供"4+X"金融服务。其中，"4"即贷前推荐和贷后协助管理、信用体系建设和失信联合惩戒、数字普惠金融推广和基础金融服务、金融消费权益保护和政策宣传；"X"即银行、保险机构特色金融服务，让老百姓足不出村即可享受便捷的金融服务。进一步健全普惠授信服务体系，将信贷前置，创新"信贷+信用"，推出普惠授信贷款，即对贫困户无差别、无条件普遍授信3万元。农户只要有正当生产经营项目、无不良信用记录、无不良嗜好即可给予授信。与此同时，金融机构还与通讯运营商、互联网电商、第三方支付公司合作推进移动金融服务体系、快捷支付服务体系的建设。如三峡农商银行搭建了金融服务网格化信息系统，将金融服务植入"市民E家"App和微信银行，打造客户在线推送、员工在线办理的移动金融服务体系。

### 3）完善金融扶贫风险防控体系

对于金融扶贫可能出现的风险，库区预先设立风险补偿金，捆绑帮扶责任，加强贷后管理，让银行、政府、保险、担保四方分段分担风险。在建立补偿基金方面，探索设立扶贫小额信贷风险补偿基金，以1：10的风险保证金比例放款，并根据贷款进度动态存入风险保证金，专项用于弥补坏账损失，目前设立风险补偿金5 000万元。在捆绑帮扶责任方面，将帮扶责任人纳入风险防范机制，将帮扶干部与贫困户进行"责任捆绑"，从贷款宣传、申请、推荐、担保、监督、指导、收回等工作进行全程"捆绑"。有的区县还捆绑相应的推荐责任风险金，1万~3万元承担1%、3万元以上承担5%的推荐责任风险金。在加强贷后管理方面，健全贷后管理体系，开展定期入户走访，每月2次将产业发展情况用照片、视频的形式上传至扶贫小额信贷中心的大数据平台，严密监控资金使用动向，实时跟踪贷款贫困户产业发展情况，确保贷款规范有效使用。

在推广保险担保方面，库区相关区县建立风险缓释机制。推出柑橘、龙眼、脆梨等13个地方特色农产品保险，探索"小贷款+小保险"新模式，发放小额信用贷款，引导贫困户购买小额贷款保险，分担信贷风险。库区积极发挥三峡融资担保集团、重庆市农业融资担保集团、宜昌市融资担保集团等骨干力量，设立扶贫贷款专项风险补偿基金，政府性融资担保公司、再担保集团、银行业金融机构和地方政府分别按照4：3：2：1的比例承担风险责任；投入专项资金用于扶贫小额贷款的保证保险，建立贫困户贷款利息补贴机制，财政出资设立贫困农户小额贷款利息奖补基金等，激发涉农金融机构发放小额贷款的内生动力。各金融机构针对农户突发情况不能按时还款等情况适当延长信贷期限，重庆市小微企业融资担保公司还建立起"公共就业服务机构+小微担保公司+合作承贷银行"的银政担三方合作机制。截至 2017 年 11 月,万州区共偿付金融机构农户贷款坏账 219.8 万元[1]。

忠州区在信贷担保方面进行了诸多尝试。一方面,激发本地商业性兴农融资担保公司,为带动群众发展的涉农小微企业、专业大户提供担保,已累计担保融资 1.42 亿元。另一方面,区政府与重庆市农业担保公司签订《农业项目融资担保贷款合作协议》,为适度规模经营的新型农业经营主体提供政策性信贷担保服务。以"农担贷"为例,农业信贷担保公司提供连带责任保证担保,区政府与市农业担保公司建立了 1 827 万元的担保贷款融资风险保证金,代偿比例 1∶1;单户额度最高 300 万元,既可支持涉农小微企业、专业合作社,也可支持种养大户、家庭农场[2]。同时,贷款实行一次调查、一次审查、一次审批,可得性和时效性明显提高。此外,还积极推进林权、集体土地所有权、土地承包经营权、集体建设用地使用权、宅基地使用权、农房所有权、小型水利工程产权等确权、流转、抵押贷款,全区农村产权抵押贷款 139 宗共计 3.92 亿元,其中贫困村 5 257 万元,将"沉睡"资源转化为发展资本。

### 5.2.3　创新产品、优化服务

#### 1)以扶贫小额信贷产品为重心

结合库区建卡贫困户生产发展特点,重点做好"免抵押、免担保、三年期、五万元、财政贴息、风险分担"的扶贫小额信贷产品。金融机构按照普惠性金融减贫要求,发挥自身经营优势,推出各自"精准扶贫"专属产品和服务,形成"一行一品"的普惠金融减贫专属产品和服务体系。具体而言,就是要实现"两个全覆盖"——对所有建档贫困户实行特惠金融服务全覆盖、对所有经营主体实行普惠金融全覆盖。推行"特惠服务+普惠服务",特惠金融服务主要面向建档贫困户,按照"贷款全覆盖、支持全链条、收费全减免"的原则,解决他们"贷款难、贷款贵"等问题,要实现有贷款意愿、符合条件的建档贫困户的 100% 覆盖。普惠金融服务主要面向所有经营主体,通过实施"服务需求全覆盖、准入门槛全降低、信贷规模全满足、贷款利率全优惠、银行收费全让利"的优惠政策,为各类经营主体提供一揽子普惠金融服务。

以开州区为例,辖区各类银行与扶贫办签订合作协议,大力推进扶贫小额信贷工作。一方面,创新扶贫信贷模式。各银行向建卡贫困户每户提供自用扶贫小额信贷;区政府相关部门向贫困户推荐经营实力较强、信用状况良好的市场经营主体,建卡贫困户采取带资入股合作模式,参与经营特色优势产业,以合同形式明确银行、企业、贫困户在产业项目发展中的责任和义务。另一方面,健全风险补偿机制。开州区政府出资 800 万元设立贷款风险补偿金,并根据放款进度继续增加,各银行按照补偿金 10 倍杠杆发放贷款。对建卡贫困户自用贷款出现的风险,由风险补偿金承担贷款损失本息的 70%。对带资入股贷款出现的风险,由风险补偿金承担贷款损失本息的 80%,企业在合作限额内提供连带责任保证。目前,邮政储蓄银行开州支行和重庆农商行开州支行共发放扶贫小额贷款 2 055.6 万元,占扶贫小额贷款

---

①　数据引自搜狐网,2017-12-20。

②　资料引自忠州新闻网,2019-07-31。

95%以上,惠及辖区 36 个乡镇街道办的 510 户①。

**2)以特色普惠金融产品为突破**

在推进扶贫小额信贷的基础上,库区金融机构还推出各类特色普惠金融产品。如表 5.3 所示,农业银行和重庆银行利用大数据技术筛选客户,分别开发出"快农贷"和"好企贷",可让贫困户享受"线上申请、快速放款、随借随用、自助循环"的金融便利。其中,"好企贷"为无抵押担保的纯信用贷,贷款最高 100 万元,月利率最低 0.7%,可实现"秒批"。万州中银富登村镇银行和建设银行瞄准种养殖贫困户、烟农贫困户,量身打造出与农业生产周期匹配的"欣农贷""金叶贷"信贷产品,贷款额度大,单笔上限可分别高达 20 万元、30 万元,贷款期限分别在 3~6 个月和 1 年,无须抵押。此外,三峡农商行还将普惠金融服务送到贫困户和困难企业,采取"农商行+新型经营主体+贫困户/困难企业"的模式,政府给予财政贴息,贫困户贷款上限为 10 万元,困难企业则高达 100 万元。

中国邮政储蓄银行石柱县支行还推出利益联动的"助农贷"特色信贷产品,其主要面对种植(养殖)、农产品加工农户、合作经济组织、家庭农场等发放贷款。其特点是利益捆绑、利率优惠,贫困户执行基准利率 4.35%;审批快捷,最长不超过 5 个工作日放款;最高授信额度 500 万元,目前单笔最高贷款金额 300 万元;贫困户担保金及相关费用全免,有效解决了贫困户融资担保抵押难题,带动贫困户脱贫产业发展。2017 年 9 月,石柱县龙沙辣椒专业合作社通过"助农贷"融资 100 万元,采用股权收益分红和种植回购两种模式,带动 140 余户贫困户生产就业,预计每户年均收入 3 500 元以上。截至 2018 年 5 月,石柱县共发放"助农贷"2 508 万元,直接惠及贫困户 600 户、农业经济合作社 8 个、家庭农场 18 个,让贫困户享受到扶贫政策的实惠,有了稳定的收入来源②。

表 5.3　库区特色普惠金融产品

| 银　行 | 特色产品 | 对　象 | 特　点 |
|---|---|---|---|
| 农业银行 | 快农贷 | 种养殖贫困户 | 运用大数据分析技术筛选客户,线上申请、快速放款、随借随用、自助循环,无抵押 |
| 万州中银富登村镇银行 | 欣农贷 | 种养殖贫困户 | 单笔限额 20 万元,3~6 个月期限,由长期合作稻谷收购商进行担保,无须抵押 |
| 建设银行 | 金叶贷 | 烟农贫困户 | 贷款上限 30 万元,期限最长 1 年,无抵押担保,最快只需 1 个工作日 |
| 重庆银行 | 好企贷 | 中小企业 | 利用大数据技术,无抵押担保的纯信用贷,贷款最高 100 万元,月利率最低 0.7%,可实现"秒批" |
| 三峡农商银行 | 扶贫贷 | 贫困户、困难企业 | 采取"农商行+新型经营主体+贫困户/困难企业"模式,政府贴息,贫困户贷款上限 10 万元,困难企业 100 万元 |

注:以上资料为作者整理。

---

① 数据引自华龙网,2017-12-22.
② 数据引自金融界网,2018-09-12.

### 3)创新"商业性+政策性"直融模式

此外,库区金融机构还整合理财、债券、租赁、保险、信托等分散资源,创新"商业性+政策性"直融模式。2017 年 3 月,建设银行独家主承销中国银行间市场首笔扶贫债券——重庆鸿业实业(集团)公司扶贫超短期融资券,金额 2 亿元,发行利率 5.3%,所募资金全部用于"黔江区易地扶贫搬迁项目"建设。该笔扶贫超短期融资券引入直接融资的市场力量,通过鼓励发挥市场化机制的作用精准对接扶贫个性化需求,为落实扶贫攻坚开辟了新的融资渠道和产品。此外,建设银行重庆市分行还向涪陵投放城市基金 9.9 亿元,向武隆投放股权收益权旅游项目 5 亿元、城乡企业债 1.8 亿元,向万州投放三峡产业投资私募债投资业务 2.5亿元,联合建信租赁为丰都县人民医院融资 1.3 亿元,为忠县人民医院融资 0.4 亿元,联动建信信托为奉节棚改项目投放信托贷款 0.2 亿元①。

2020 年 4 月,由重庆兴农担保集团提供全额 AAA 增信担保,上海银行主承销的酉阳县桃花源旅游投资集团 2020 年度第一期扶贫中期票据成功发行,金额 10 亿元,用于桃花源集团统筹开发酉阳县花田、菖蒲盖、龚滩红花村等地旅游扶贫项目建设和扶贫项目建设借款的偿还。项目建成后,将直接解决当地建卡贫困人口 1 431 人的务工需求,人均增收约 2 500元,间接带动周边近 20 万人增收创收②。2019 年 4 月,平安银行重庆分行成功中标 4.7 亿元政府债券,其中 2.2 亿元为平安银行的扶贫专项资金,该资金专项支持脱贫攻坚项目,惠及万州、开州、丰都、忠县、石柱等库区 5 个区县,涵盖石柱县脱贫攻坚基础设施项目、忠县农村人居环境整治工程等多个项目,这也成为平安银行创新金融扶贫模式的一个缩影。此外,平安银行还承销长江三峡集团 30 亿元扶贫融资券,本期债券惠及库区群众 85 万人,其中建档立卡贫困人口 10 万余人③。

# 5.3　三峡库区普惠金融减贫主要问题

## 5.3.1　短期参与、忙闲不均

### 1)金融机构存在短期参与倾向

库区扶贫任务重,各地金融机构都积极参与到金融减贫工作中。普惠性扶贫贷款要求低利率、免抵押、快服务,短期内不免加大了金融机构业务成本和贷款风险,如果业务模式传统,金融机构基本是保本微利,有时还可能搭上本金。一部分金融机构片面地将普惠金融减贫视为一项"政治任务",采取的是被动参与而不是主动作为,没有将其视为一项社会责任和

---

① 参见腾讯大渝网,2017-10-16.
② 《10 亿元! 重庆首单非金融企业扶贫中票成功发行》,《重庆商报》,2020-04-19。
③ 《平安银行重庆分行助力巴渝脱贫攻坚》,腾讯大渝网,2019-04-30。

战略布局而以市场化模式运作。尤其是深度贫困地区,贫困户对"530"式的小额扶贫贷款依赖程度较大,普惠金融减贫作为一项长期工程,贵在坚持、贵在创新。如果以被动的姿态参与,不免会导致一些实际问题。例如,个别金融机构以短期行为推进工作,一心想搞"大动作"、实施"大项目",从而"出政绩"。

与此同时,库区各类农业经营主体由于自身规模和农业产业的限制,没有足够的经营盈利能力和实力提供给足够多的劳务保障,这又在客观上加剧了贫困群体的脆弱性。对于金融机构而言,小额信贷扶贫具有财政贴息性质,风险较小,主要满足贫困农户需求,而无法解决贫困地区新型农业经营主体的资金需求。农村产权抵押扶贫贷款具有商业性质,但风险较大。根据西南大学课题组的调研,重庆市 30 家涉农信贷、担保金融机构愿意在库区持续开展农村产权抵押贷款的意愿不到 60%[①]。有的金融机构存在认识偏差,以应付的姿态消极工作,不注重服务对象的研究,不开展技术和管理创新,寄希望于保本(乃至亏本)完成任务即可,而忽略了贫困地区和贫困户的实际需求。

**2)压力倒逼下政府的短期行为**

在金融扶贫工作中,通过不完全市场竞争理论我们得知非市场因素的政府干预是必要的,当政府适当给予金融机构政策优惠来促使金融机构参与金融扶贫,对贫困户降低信贷门槛时,有助于带动地方经济稳定和可持续发展,扶贫成果显著,短期内解决了农户与金融机构之间的矛盾,但是长期来看,这种扶贫模式会破坏金融市场的稳定性,此时融资的流动性减弱,导致金融机构工作效率降低、不良信贷增加,使得金融机构在扶贫工作中的积极性和主动性受到损害,最终会严重影响金融扶贫的可持续发展。三峡库区作为两大集中连片贫困区交叠带,金融扶贫需要强有力的政府引导和行政干预,在这种模式下优势突出,不可替代,并取得了巨大的成就。但是,上级政府传导压力到下级政府,下级政府倒逼基层领导、扶贫干部和金融机构开展扶贫,仍然存在一些制约因素,在实践中也存在着不少问题。

金融扶贫任务艰巨,所有任务都压到了基层,似乎扶贫完全成了基层政府的天职。这种由政府包揽的金融扶贫会造成两大问题:其一是政府为完成扶贫贷款指标而产生短期行为;其二是政府包揽会培养贫困群众的懒惰心理,抑制脱贫主体的积极性。从政府自身的责任和领导的利益来看,在倒逼机制下,金融扶贫责任层层分解,任务各个分散,上级各个部门全部跑到基层去检查考核验收,都在对下级下任务定指标,基层干部和银行网点往往应接不暇。这种倒逼基层的压力型金融扶贫,容易造成地方政府的短期行为:为完成贷款任务而扶贫,甚至导致通过数字达标完成贷款目标的虚假行为。从政府包揽扶贫的效果来看,这种依靠地方政府和扶贫干部对贫困群众大包大揽的帮助贫困群众获贷,甚至不惜以自己和亲属名义提供融资担保,给贫困人口造成了一些错觉,以为只要贫困就可以贷款,逐渐养成了依赖思想,甚至有的出现集体性"借钱不还"成"老赖"的现象。

**3)少数金融机构充当"绝对主力"**

现行金融生态下,库区大中型商业性金融机构网点少,业务难下沉,真正以普惠性原则

---

① 李伶俐,周灿,王定祥.金融精准扶贫的现实困境与破解机制:重庆个案[J].农村金融研究,2018(1):70-74.

开展金融减贫就落在少数几家金融机构身上。其中,承担政策性金融业务的农业发展银行充当了扶贫贷款的"绝对主力"。以库首地区的夷陵区、兴山县和秭归县为例,农业发展银行宜昌市分行从 2016 年到 2018 年 6 月,共向三区县投放精准扶贫贷款 64.21 亿元,惠及建档贫困户 32 万人,一家银行的贷款规模即占整个宜昌市的 50% 以上[①];相比之下,三个区县的 20 家商业银行、176 个分支网点,合计发放的精准扶贫贷款仅 3.24 亿元。单从贷款指标来看,农业发展银行是其他商业银行的 19.82 倍,而同期全国农业发展银行、商业银行的精准扶贫贷款规模分别为 4 096 亿元、2 497 亿元,前者仅为后者的 1.64 倍[②],这显示了库首地区普惠金融减贫主体过于集中、商业银行参与不够的问题。另一个现象就是,大中型金融机构扶贫的积极性没有地方小型金融机构高。以夷陵区为例,三峡农商银行在辖区内投放扶贫小额贷款高达 1.18 亿元,其规模居全区金融机构之首[③]。

根据中国人民银行万州中心支行的数据,如表 5.4 所示,2018 年万州区政策性银行、国有商业银行、股份制商业银行、城市商业银行、邮政储蓄银行和农村中小金融机构等六类金融机构涉农贷款余额达到 1 993 亿元,比 2016 年大幅增长了 85.4%,金融机构"支农扶贫"的总体成效突出。但从各类型金融机构的贡献来看,表现不一。其中,政策性银行发放涉农贷款 1 373 亿元,占总的涉农贷款比例为 58.7%,"一家独大"的现象与库首地区的夷陵区、兴山县和秭归县较为类似。与此同时,农村中小金融机构发放涉农贷款 196 亿元,与城市商业银行、国有商业银行的 207 亿元、257 亿元旗鼓相当,显示了中小金融机构在金融扶贫中"勇挑重担"。从增长百分比来看,政策性银行和农村中小金融机构分别比上年暴增 110.5% 和 187.2%,也再次证实了它们的扶贫贡献得到强化,相反国有商业银行和股份制商业银行的积极性在弱化。

表 5.4  万州区各类金融机构涉农贷款情况

| 机构类别 | 余额(亿元) | 涉农贷款占比(%) | 同比增长(%) |
|---|---|---|---|
| 政策性银行 | 1 373 | 58.7 | 110.5 |
| 国有商业银行 | 257 | 11.4 | 14.8 |
| 股份制商业银行 | 22 | 1.7 | 10.1 |
| 城市商业银行 | 207 | 8.7 | 78.8 |
| 邮政储蓄银行 | 76 | 3.3 | 29.3 |
| 农村中小金融机构 | 196 | 9.4 | 187.2 |
| 全部金融机构 | 1 993 | 100 | 85.4 |

注:以上资料来源于中国人民银行万州中心支行,截至 2018 年。

---

① 数据引自《农业发展银行宜昌市分行 84 亿元助力脱贫攻坚》,宜昌政府网,2018-07-11。
② 数据引自中国银保监会编写的《中国普惠金融发展报告 2018》。
③ 数据引自《金融扶贫之四:金融扶贫润万家,真招实策出实效》,搜狐网,2018-05-31。

### 5.3.2 粗放单一、绩效不高

#### 1）以输血式减贫为主,成本较高

为了增强贫困户金融能力,库区金融机构从多个方面开展工作,补短板、夯基础、破难题。但库区金融体系以政府主导发展的组织化程度较高的正规金融机构为主体,它们大多数有国有背景,在行政考核驱动下,金融机构不易找到政府和市场合意的平衡点,存在"求快""求大"的粗放式发展思维。各大银行在原有涉农贷款基础上,加大了特惠性、普惠性、政策性以及商业性金融产品的开发和服务模式的创新,同时还推出了数以千计的普惠金融助农点、农村金融综合服务站等服务网络,相关保险公司、互联网公司等也加入队伍。一方面,多元主体的同质化发展、单一维度推进、重复开发的扶贫模式,虽让普惠金融减贫成效短期明显,但长期成本高,商业可持续也变得难以为继;另一方面,在缺乏深耕细作的专业精神和成熟业务模式的必要回报下,金融扶贫、普惠贷款主要以"输血式"的收入减贫为主,对能力贫困等多维贫困的减缓较为有限。

与此同时,当前三峡库区金融精准扶贫的供给成本仍然较高。首先,库区的贫困人口大都分布在位置偏僻、山峻沟深的地方,这使贫困区县贫困人口的金融需求较为分散,贫困户的金融服务供给成本较高,这加大了金融机构进行金融精准扶贫的难度。其次,贫困人口金融需求分散化、小型化和及时性的特点使金融机构在贫困地区的业务很难形成规模效应。最后,由于抵押物确权工作尚未彻底完成,贫困户的耕地、住宅、山林、矿山等资产难以当作抵押物用于贷款。同时,由于金融机构在提供金融服务时,需要评价客户的信用水平以及对贷款业务的金融风险进行评级,对贫困人口来说,因为没有固定工作单位和收入来源,金融业务接触较少,不能通过中国人民银行征信系统查阅征信信息,所以金融机构的信用信息搜寻成本较高或者难以获得贫困户的信息,这大大提升了金融机构从事金融精准扶贫业务的交易成本,同时也使金融机构处于不利地位,金融供给存在着较大的信用和道德风险。

#### 2）金融扶贫缺乏精细管理,风险隐现

在库区金融扶贫实际中,政府和金融机构比较重视"贷前"审查工作,而对"贷中"管理和"贷后"还贷的投入不够。一些骗取、挪用扶贫贷款的行为时有发生。在金融扶贫小额信贷案件中,被告人通过伪造各类金融凭证骗取、挪用扶贫补助资金及贷款贴息补助资金用于牟利,而犯罪主体往往是当地小型、微型企业法定代表人或合作社负责人,涉案金额一般从几万元到几十万元不等。由于此类案件赃款大多能追缴回来,因此一般以判处缓刑和罚金刑为主。如万州区人民法院受理的被告人廖某、柴某挪用贷款资金罪一案,廖某、柴某利用其分别担任村经济合作社资金互助合作社负责人、会计身份,结伙利用管理集体资金的职务便利,挪用集体资金20万元借贷给他人,获得违法所得1.5万余元,两人均被判处有期徒刑二年、缓刑三年。

同时,扶贫小额信贷逾期贷款问题逐渐显现。其原因既有贫困户金融意识薄弱、经营能力差、突发事件等因素,也有金融机构不重视过程跟踪等原因。如扶贫小额信贷期限一般为3年,但林果业等一些产业扶贫项目收益期则需5年以上,期限过长问题突出。如长寿区某

村扶贫资金互助会与魏某、董某小额借款合同纠纷一案中,魏某因种植业需要资金向扶贫资金互助会借款 2 万元,因逾期未还,借款一年后即被诉诸法院。扶贫小额信贷"户贷企用企还"模式引发纠纷。多地还未建立起长期有效的稳定带动脱贫机制,一旦资金到期或者企业经营出现问题,贫困户将会因为失去收入而返贫。同时,"户贷企用"本质上是以贫困户名义把贷款借来后,转贷给企业,一旦企业面临市场、经营等风险导致破产倒闭时,贷款无法追回,后续就有可能引发债务风险或者形成区域性甚至是系统性的金融风险。

### 3) 金融扶贫粗放式发展,绩效低下

粗放式发展直接带来的就是减贫绩效低下。以贫困村互助资金管理为例,根据 2019 年 1 月奉节县扶贫办发布的通知,全县有 58 个扶贫互助协会,涉及扶贫资金 1 068 万元,但由于缺乏有文化、懂技术的扶贫带头人和团队,其中 46 个将注销①。此外,在普惠金融减贫过程中,组织化的正规金融机构对贫困群体的信贷需求,特别是教育、医疗等非生产性贷款缺乏专业化运作经验,而使得普惠金融服务与职能存在缺位,使得其多维减贫作用弱化,进而不可避免地影响减贫绩效。而且,库区经济社会发展不平衡,非农、非贫领域和收入减贫方面的资金相对富余,而贫困领域和教育医疗等多维贫困方面普遍存在金融抑制,进一步造成金融减贫绩效损失。加上库区金融基础设施、外部经济环境、农村信用体系建设、中介服务体系、社会保障体系等金融生态建设滞后,金融扶贫与其他各类政策扶贫的合力还没有有效形成,外部的粗放式发展,也一定程度上影响了减贫绩效。

在"金融+产业扶贫"的模式下,贫困户将金融机构贷款资金入股当地的龙头企业,通过从企业得到一定分红。但该模式下,作为资金农业企业与贫困户作为利益相关体,企业的盈利关系贫困户的分红,当企业正常经营获得收益时,贫困户可以作为股东获得分红;但是如果企业经营不善,则无法正常给予贫困户分红;如果企业破产,贫困户将失去股权,此时不仅无法获得收益,还可能面临无法偿还金融机构贷款的风险,进而造成金融机构的不良贷款,引起信贷市场恶性发展。可见,金融机构不仅仅只充当资金供给者角色,还应加强利益联结下的供应链金融管理。例如在巫溪县某村,全村有半数以上农户是贫困户,当地龙头企业带头开辟了近 3 000 亩基地种植玫瑰香橙,贫困户获得重庆农商行扶贫贷款后入股企业,认筹股权 2 000 股,1 000 元一股。但由于农商行不重视贷款管理,以至龙头企业不按用途使用资金,项目效益低下,贫困户不仅未获得分红,入股资金险些出现问题。

## 5.3.3 动力不足、后继乏力

### 1) 金融扶贫机制以外生驱动为主

这主要指目前的普惠金融减贫机制不健全,以外生驱动为主,缺乏长效的内生机制。虽然各大金融机构在金融扶贫推进中,大多成立了"金融扶贫领导小组"或"金融精准扶贫工作室",实行责任到人。但扶贫是件"苦差事",考核指标不好确定,激励机制往往缺乏,有的

---

① 数据引自《丰都县扶贫开发办公室关于进一步规范贫困村互助资金管理使用的通知》,丰都县政府网,2019-01-24.

基层政府和金融机构只注重开展考核,而不给予激励,这使得金融扶贫人员积极性不高,扶贫进度和成效不及预期。金融机构在项目选择、业务开展和风险评估中,各有所图又各自为政,一些难度大、见效慢的项目参与度低,一些关键资源也难以共享,金融减贫存在内耗的现象,合力不足。加上一些贫困村和贫困户的基础条件差,收入不稳定,脱贫主动性不强,有的还款来源也得不到保证;扶贫贷款对金融机构而言吸引力也不大,放贷积极性不高,因而总体上内生脱贫动力和扶贫动力均不强。

此外,内生性风险补偿机制不健全。金融扶贫过分依赖财政资金,金融机构可能要"贴钱搞扶贫",难免会产生后顾之忧。如有些区县小额扶贫贷款风险补偿基金仅为500万元,贷款损失的分担上,银行责任过重,"拉郎配"式的被动参与时有发生。有些区县经济薄弱,政府财政困难,基础设施贷款可能能要偿还若干年,但也必须"勒紧裤腰带"搞金融脱贫,因而存在较大的偿还风险。尤其是随着国家不断强化地方政府购买服务项目和违规举债融资的管理,政府购买服务大量收窄,缺乏风险补偿机制的基础设施类贷款将难以拓展。此外,"政府+银行+企业+保险"的融资担保共建体系还不健全,面向贫困户、新型农业经营主体、小微企业的信贷风险共担模式还需加强,对于民营企业和"三农"的风险担保能力还比较弱,相关法律制度和配套政策还需进一步完善。

**2)金融扶贫产品"看起来很美"**

库区金融扶贫产品看似种类繁多,但真正契合贫困户的还不多。一方面,随着脱贫人口和整体收入水平的不断增加,贫困户消费性金融需求和生产性金融需求逐渐被激活,这对金融扶贫产品供给提出了更高的要求。另一方面,库区产业结构仍以一、三产业为主,金融机构提供的扶贫产品主要是小额贷款,缺乏更多的创新性金融产品的支持。而从金融需求角度看,只有精准识别扶贫对象的金融需求,才能精准利用脱贫资金和库区各项金融服务,金融需求的精准识别是金融精准扶贫工作的前提。从行为经济学角度看,贫困户获取金融信贷难,且信贷成本高,金融信贷需求意愿较为薄弱。加上一直以来,库区金融资金外流的现象较为明显,抑制了金融和经济发展,由于大量的储蓄资金流向城市和第二产业,贫困户获得普惠性信贷的难度会更大,这造成了有金融需求的贫困人口得不到满足。

一些好的金融扶贫产品受地方财力、承贷主体、准入门槛等因素影响,真正全部落地还有较大差距。例如,有些国家级贫困县经济发展落后,资源相对匮乏,地方财力不足,主要依靠转移支付,因而许多急需融资的农业项目特别是中长期基础设施项目无法准入。本来贫困县符合信贷范围的项目较少,涉及精准扶贫的产业项目更少,而许多有融资需求的企业又并非当地行业领域内具有领先地位或对产业格局占据主导地位的企业,与金融支持产业龙头示范取向不符,客户准入度明显不足。一些中长期项目强调承贷主体为国有或国有控股企业,对商业性贷款准入、审批及管理较严,而地方符合要求的承贷主体相对较少,一些积极参与政府项目的优质民营企业被排除在外。对于扶贫成效较大的新兴产业和行业,项目主体由于抵押担保瓶颈,难以取得有效的金融资金。

**3)正向激励的金融扶贫政策不多**

一方面,扶贫贷款办理流程烦琐,政策适用性不强。简化审批程序,优化流程环节也是正向激励金融扶贫工作的重要体现。但实际中监管部门对项目评级、授信、用信以及支付等较为苛刻,报批层级多、时间长,一定程度影响了金融扶贫的热情和效率。如有的机构要求新准入客户报总行审批,老客户也需要省级分行审批,审批权集中在总、省行,基层分支行自主权较小,业务运行效率较低。此外,一些银行的扶贫信贷政策执行和产品创新缺乏灵活性,与其他同类银行相比缺乏竞争力。如农发行与国开行相比,国开行在区县虽没有网点机构,但在市内有分行专营中长期项目,可根据项目本身实际,制定相应的信贷政策,特别是对政府购买服务类项目抵押担保条件宽松甚至无须抵押担保,2015 年巴南区仅棚户区改造贷款项目国开行就投贷 58 亿元,而农发行投放为零。

另一方面,金融扶贫的正向激励不足,"窗口"指导有待深入。地方人民银行、银保监局、金融办(地方金融监管局)虽连续出台信贷指导意见,但责权不对等,抑制了金融机构的主动性。例如,某区按照金融扶贫的有关要求,出台了《金融扶贫工作方案》,目的在于引导辖区金融机构扩大对贫困户和产业的信贷投放,但有关财政贴息和奖励政策仅一句话带过。实际中,该区 3 486 万元的财政贴息在 1 年半后才到账,涉农贷款增量奖励审核流程严格且办理复杂,奖励资金仅仅 473.6 万元,不足涉农贷款总额的十万分之三。在货币政策工具运用方面,地方人民银行综合运用差别存款准备金率、定向降准、合意贷款、再贷款、再贴现等货币政策工具的还不多,发放支农再贷款仅 15.3 亿元,办理再贴现不足 7 亿元,对符合条件的县域法人金融机构未实行执行存款准备金率下调的"窗口指导"。

## 5.4　本章小结

本章主要从三峡库区普惠金融减贫发展历程、基本经验和主要问题等三个方面进行了阐述分析。从库区金融减贫的发展历程来看,总体上以 2015 年前的信贷减贫为先导,之后逐步过渡到范围更广泛、种类更多样、对象更精准、效果更突出的金融精准减贫阶段。库区金融减贫的进程发生了历史性变化,形成了实践经验,具体包括:政府引导、机构参与,发挥主体作用;下沉重心、强化体系,推进基础设施建设;创新产品、优化服务,提升普惠金融减贫效能。但库区普惠金融减贫也存在着三方面问题,即有短期性参与倾向,忙闲不均;以粗放式、单一维度减贫为主,绩效不高;内生动力不足,后继乏力。

# 第6章　三峡库区普惠金融减缓多维贫困直接效应实证

第3章理论分析显示,普惠金融通过直接机制与间接机制共同作用于多维贫困缓减,其中,直接机制强调的是直接面向贫困群体的普惠金融服务带来的直接减贫效应,即直接效应。第5章研究亦初步表明,当前三峡库区通过发展普惠金融助推减贫事业迈出了可喜的步伐。那么,库区普惠金融对多维贫困减缓直接效应如何? 普惠金融不同维度的减贫作用是否存在差异? 普惠金融减缓多维贫困直接效应有无门槛特征? 这些问题还需进一步的实证检验。

## 6.1　研究假设和实证思路

### 6.1.1　研究假设

**1)普惠金融减缓多维贫困直接效应推导**

现假定贫困群体的初始货币财富为 $W$,原始存款为 $D_0$,存款利率为 $r$,若不发生扶贫贷款(含收入、教育和医疗有关贷款),其财富积累情况如下:

$$W_0 = D_0$$
$$W_1 = W_0(1+r) = D_0(1+r)$$
$$W_2 = W_1(1+r) = D_0(1+r)^2$$
$$\cdots\cdots$$

$$\text{那么}, W_n = W_{n-1}(1+r) = D_0(1+r)^n \tag{6.1}$$

若贫困群体向金融机构申请金额为 $L$ 的扶贫贷款,借贷后每期收入变化 $Y$,每期支付利息 $R$,$t$ 期后偿还本金。那么,其财富积累 $W_n'$ 如下:

$$W_0' = D_0$$
$$W_1' = W_0'(1+r) + Y - R = D_0(1+r) + Y - R$$
$$W_2' = W_1'(1+r) + Y - R = D_0(1+r)^2 + (Y-R)(1+r) + Y - R$$
$$\cdots\cdots$$

那么,在 $t$ 期偿还本金后:

$$W_t' = W_{t-1}'(1+r) + Y - R - L$$

$$= D_0(1+r)^t + (Y-R)(1+r)^{t-1} + (Y-R)(1+r)^{t-2} + \cdots + (Y-R)(1+r) + Y - R - L$$

$$W_{t+1}' = W_t'(1+r) + Y - R$$

$$= D_0(1+r)^{t+1} + (Y-R)(1+r)^t + (Y-R)(1+r)^{t-1} + \cdots + (Y-R)(1+r) + Y - R - L(1+r)$$

由此类推可知,在 $n$ 期财富积累为:

$$W_n' = W_{n-1}'(1+r) + Y - R$$

$$= D_0(1+r)^n + (Y-R)(1+r)^n + (Y-R)(1+r)^{n-1} + \cdots + (Y-R)(1+r) + Y - R - L(1+r)^{n-t} \quad (6.2)$$

分析普惠性扶贫信贷是否直接发挥了减缓多维贫困效应,只需比较式(6.2)中 $W_n'$ 与式(6.1)中 $W_n$ 的差是否大于 0 即可:

$$W_n' - W_n = (Y-R)\sum(1+r)^n + Y - R - L(1+r)^{n-t} \quad (6.3)$$

考虑到当前三峡库区扶贫贷款实行的是"530"政策,那么取 $L=5$、$t=3$ 时,式(5.3)可变为:

$$W_n' - W_n = (Y-R)\sum(1+r)^n + Y - R - 5(1+r)^{n-3}$$

$$= \frac{(Y-R)(1+r)^{n-2}[(1+r)^4 - 4r]}{r} \quad (6.4)$$

由于 $Y-R>0$,$r>0$,$(1+r)^4 - 4r = 1 + 6r^2 + 4r^3 + r^4 > 0$,因此式(6.4)>0,即普惠金融通过为贫困群体直接提供普惠性扶贫信贷,提高了其财富积累水平,产生了明显的减缓多维贫困效果。由此,本书提出第一个假设:

H1:普惠金融对多维贫困减缓具有直接效应。

从式(6.4)可知,普惠金融减缓多维贫困的直接效应大小主要受贫困群体每期收入变化 $Y$、每期支付利息 $R$ 以及存款利率为 $r$ 的影响。通常而言,存、贷款利率较为稳定,$R$ 将取决于 $L$ 的规模,即式(6.4)最终取决于 $Y$ 与 $L$。事实上,每个贫困户的 $Y$ 与 $L$ 是存在差异的,这既与经济基础、教育医疗保障等个体特征有关,也与普惠金融的渗透性、可得性和效用性有关。由此,本书提出以下两个子假设:

H1-1:普惠金融减缓多维贫困的直接效应存在个体异质性。

H1-2:不同维度下的普惠金融减缓多维贫困直接效应存在差异。

**2)普惠金融减缓多维贫困直接效应的门槛特征推导**

金融减贫直接效应存在门槛特征早在 Greenwood & Jovanovic (1990)[18]1105-1107、Ram (1999)[157] 等文献中即有提及,但他们多为理论或实证分析,本书则通过数学方法进行推导。

当贫困群体向金融机构申请金额为 $L$ 的扶贫贷款(含收入用途、教育用途和医疗用途贷款),用于总投资金额为 $K$ 的扶贫项目,为简化假定最低投资水平为 1 个单位。如果项目收

益为 $R$、成功率为 $p$，那么项目的期望投资收益为：

$$F(K)=\begin{cases} 0 & \text{当}\ 0<K<1 \\ (1-p)\times0+pRK & \text{当}\ K\geqslant1 \end{cases} \tag{6.5}$$

当贫困群体有意投资项目，以利率 $i$ 获得了扶贫贷款，此时有如下约束条件：

$$F(K)\geqslant L\cdot i\geqslant(K-W_t)i \tag{6.6}$$

结合式(5.5)和式(5.6)可得：

$$W_t\geqslant K-\frac{pRK}{i}=K\left(1-\frac{pR}{i}\right) \tag{6.7}$$

由于 $K\geqslant1$，因而式(5.7)可变为：

$$W_t\geqslant1-\frac{pR}{i}=H \tag{6.8}$$

由于扶贫项目成功率 $p$ 受制于贫困群体的投资经验，$i$ 由金融市场的资金供求决定，投资收益率恒定，可见期初自有财富 $W_t$ 并非金融机构外生给定，而是内生于金融机构的贷款约束 $pR/i$。也就是说，贫困群体要取得贷款并进行投资，期初自有财富 $W_t$ 必须满足大于 $H$ 的条件，$H$ 即贷款的"财富门槛"。如图6.1所示，$L_t$ 为随着 $t$ 变化的贫困线，$I_t$ 代表收入线，处于"财富门槛"（图中的垂直虚线）左边的贫困群体难以获贷，无法脱贫；但如果跨越了"财富门槛"，则可获得贷款进行项目投资，能以较快的财富增长速度在 A 点脱贫。

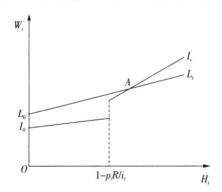

**图6.1　财富门槛对贫困群体脱贫的影响**

由于贫困群体的"财富门槛"受制于地区经济水平、人均收入水平、产业结构等多个外在因素影响[①]，因而本书将"财富门槛"具体化为地区经济水平门槛、人均收入水平门槛及产业结构门槛[②]。由此，本书提出第二个假设及系列子假设：

H2：普惠金融减缓多维贫困的直接效应具有门槛特征。

H2-1：普惠金融减缓多维贫困的直接效应存在地区经济水平门槛特征。

---

① 事实上，贫困群体的"财富门槛"还受制于内部因素影响，由于本书的实证是基于宏观视角，因此暂不考虑内部因素。

② 多个文献也证实，金融减贫存在地区经济水平门槛、人均收入门槛和产业结构门槛，具体参见 Jalilian & Kirkpatrick (2005)、师荣蓉等(2013)、王汉杰等(2018)等。

H2-2：普惠金融减缓多维贫困的直接效应存在人均收入水平门槛特征。

H2-3：普惠金融减缓多维贫困的直接效应存在产业结构门槛特征。

H2-4：不同维度下的普惠金融减缓多维贫困直接效应的门槛特征存在差异。

## 6.1.2 实证思路

### 1）代表性文献做法

目前，有关金融减贫直接效应方面的实证文献大致有以下三种思路（表6.1）：一是苏静和胡宗义（2015）[158]、谢婷婷和郭艳芳（2015）[159]基于时序数据，建立状态空间模型和VAR模型，对正规金融与非正规金融的直接减贫作用进行检验，研究得出非正规金融具有显著减贫效应，且强于正规金融。二是谭燕芝和张子豪（2017）[160]基于微观数据建立有序Probit模型，考察非正规金融对多维贫困的影响，结果发现非正规金融可直接缓解多维贫困。三是师荣蓉等（2013）[21]36-39、王汉杰等（2018）[23]31-35通过建立门槛模型，考察金融（规模、结构和效率）与贫困之间的关系，研究也发现，金融减贫具有人均收入门槛特征和产业结构门槛特征。

表 6.1　代表性文献做法

| 代表性文献 | 样本和数据 | 对　象 | 方　法 | 结　论 |
|---|---|---|---|---|
| 苏静和胡宗义（2015） | 全国时序数据 | 农村金融对贫困直接影响 | 状态空间模型 | 农村金融促进减贫 |
| 谢婷婷和郭艳芳（2015） | 新疆时序数据 | 正规金融、非正规金融对贫困直接影响 | VAR模型 | 非正规金融促进减贫，且强于正规金融 |
| 谭燕芝和张子豪（2017） | 2014年CFPS调查数据 | 非正规金融对多维贫困直接影响 | 有序Probit模型 | 非正规金融减缓了多维贫困 |
| 师荣蓉等（2013） | 西部12省市面板数据 | 金融规模、结构、效率对贫困直接影响 | 门槛模型 | 人均收入门槛特征 |
| 王汉杰等（2018） | 1 869个县域面板数据 | 农村金融对贫困直接影响 | 门槛模型 | 产业结构门槛特征 |

注：以上资料为作者整理。

第一种思路的优点在于方法简单、结果直观，状态空间模型和VAR模型能够捕捉到长期和短期的变量关系，挖掘其动态特征，可一定程度克服最小二乘回归只能观测变量平均效应的缺陷。但这两种模型均需要较长的时间跨度和较多的样本量，不适应短面板和小样本分析，且它们得到的结果有时稳健性较差。第二种思路的特点在于采用样本量较大的截面数据，从微观上检验非正规金融对多维贫困的直接影响，这既是对以往宏观实证的补充，又开辟了新的视角。第三种思路提出了门槛特征检验的思路，门槛变量不应局限于一个，应尽可能进行多个门槛变量的检验。后两种思路对本书有重要的参考价值，我们将予以借鉴。

### 2）本书的实证思路

本书的实证思路主要有两个：一是从线性模型和门槛模型的角度，考察普惠金融减缓多维贫困的直接效应及其门槛特征;二是按照"整体—不同维度"的思路,更加全面地检验普惠金融各维度对贫困各维度的影响(图6.2)。线性模型方面,首先采用面板数据,建立固定效应模型以控制时间和地区效应,使得估计结果更稳健;然后建立 Sys-GMM 动态面板模型规避反向因果问题,在考虑贫困的累积效应后,考察普惠金融对多维贫困减缓的直接作用;最后建立分位数模型,找出普惠金融对哪些贫困组具有更显著的直接减贫作用。门槛特征检验方面,以地区经济水平、人均收入水平和产业结构为门槛变量进行逐步检验,并对普惠金融减缓多维贫困是否存在"G–J 效应"展开讨论。而且,无论是线性模型还是门槛模型,均分整体估计和不同维度估计,这既让结果更加稳健,也能获得更多的发现。

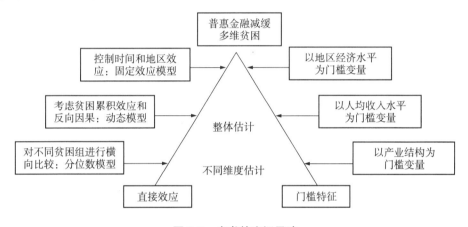

图6.2 本书的实证思路

# 6.2 三峡库区普惠金融减缓多维贫困直接效应实证:线性模型

## 6.2.1 模型与指标

### 1)模型构建

(1)固定效应模型

为了控制时间和地区效应,本书首先建立如下普惠金融对多维贫困直接影响的固定效应模型:

$$\ln P_{it} = \mu_0 + \alpha_0 \ln F_{it} + \beta_0 \ln Others + \kappa_t + \zeta_i + \varepsilon_{it} \qquad (6.9)$$

其中,$P$ 代表多维贫困程度,$F$ 为普惠金融发展水平,$Others$ 为控制变量,$\kappa$ 为时间固定效应,$\zeta$ 为地区固定效应,$i$ 代表地区,$t$ 代表年份,$\alpha_0$、$\beta_0$ 为待估系数,$\mu_0$ 为截距项,$\varepsilon$ 为随机扰动项。

由于对数化可减轻异方差影响(伍德里奇,2014)[161]176-177,所有变量均进行对数转换。当上述模型通过显著性检验,且 $\alpha_0 < 0$,则表明普惠金融发展水平有助于降低多维贫困程度,

即普惠金融减缓多维贫困的直接效应是存在的。

（2）动态面板模型

鉴于三峡库区属于深度贫困地区，贫困具有在时间上的持续性以及代际传递的特征，因此还需构建如下动态面板模型：

$$\ln P_{it} = \mu_1 + \gamma \ln P_{it-1} + \alpha_1 \ln F_{it} + \beta_1 \ln Others + \delta_{it} \qquad (6.10)$$

式（6.10）中 $P_{it-1}$ 为多维贫困程度的滞后项。该模型还可以规避两个问题：一是反向因果问题，即一个地区的多维贫困程度本身可能影响当地的普惠金融发展，而不仅仅是普惠金融影响多维贫困程度。二是控制变量的有限性，尽管影响贫困的因素很多，但受制于主观认识水平以及数据获取的困难，仍会存在控制变量的遗漏，后续我们分别运用差分广义矩估计（Diff-GMM）、系统广义矩估计（Sys-GMM）两种方法进行估计，以缓解以上问题。

（3）面板分位数模型

由于单纯的面板模型仅能提取库区各个区县普惠金融发展对多维贫困程度的平均影响，无法刻画处于不同贫困水平的地区普惠金融发展对多维贫困减缓的波动性影响，我们引入面板分位数模型，通过提取多个分位点的差异信息，来增强数据拟合能力，从而解决现实中存在的波动性影响问题。

以普惠金融为解释变量的面板分位数模型为：

$$Q_{\ln P_{it}}(\tau \mid \ln F_{it}) = \mu_2(\tau) + \alpha_2(\tau) \ln F_{it} + \beta_2(\tau) \ln Others + \eta_{it} \qquad (6.11)$$

式（6.11）中，$Q_{\ln P_{it}}(\tau \mid \ln F_{it})$ 代表的是在给定的普惠金融发展水平下，多维贫困程度在第 $\tau$ 个分位数上的值，$\alpha_2(\tau)$ 为普惠金融在第 $\tau$ 个分位数上的估计系数，$\beta_2(\tau)$ 为控制变量在第 $\tau$ 个分位数上的估计系数。

为了实现对参数的估计，先设定：

$$\mu_2(\tau) + \alpha_2(\tau) \ln F_{it} + \beta_2(\tau) \ln Others + \eta_{it} = f(\ln F_{it}) \qquad (6.12)$$

再使用惩罚最小二乘法求解下面的极小化问题：

$$\min \sum_{i: \ln P_{it} \geq f(\ln F_{it})}^{n} \tau \mid \ln P_{it} - f(\ln F_{it}) \mid + \sum_{i: \ln P_{it} < f(\ln F_{it})}^{n} (1-\tau) \mid \ln P_{it} - f(\ln F_{it}) \mid \qquad (6.13)$$

式（6.13）中，$n$ 为样本容量。通常而言，分位点代表着条件分布的信息量多寡，分位点越多，所代表的信息量也越全面。考虑到样本量和其他文献的做法，本书选取 25%、50% 和 75% 这三个代表性分位点进行分析检验。

**2）指标选择**

（1）核心变量

解释变量：普惠金融发展水平（$F$），涵盖渗透性（$F_1$）、可得性（$F_2$）和效用性（$F_3$）三个维度。根据前述"4.1.1 普惠金融测算"的方法，我们采用改进的 Critic 法进行赋权，可求得综合指数和三个维度指数，分别用于后续的整体回归和分维度回归。$F$ 越大，表明普惠金融发展水平越高。

被解释变量：多维贫困程度（$P$），涵盖经济贫困（$P_1$）、教育贫困（$P_2$）和医疗贫困（$P_3$）三个维度。根据前述"4.2.1 贫困测算"的有关方法，我们同样采用改进的 Critic 法进行赋权，可求得综合指数和三个维度指数,分别用于后续的整体回归和分维度回归。$P$ 越大,表明多维贫困程度越深。

（2）控制变量

借鉴国内外相关研究成果,结合三峡库区实际情况,我们将影响贫困的其他因素即控制变量划分为基础条件、政府支持、地区发展等三类。

基础条件:主要指贫困地区和家庭基本的生产条件,是贫困的重要诱因。主要包括三个方面:一是家庭规模($S$)。根据罗楚亮(2010)[162]等人的研究,家庭规模越大贫困发生率通常会更高一些;王磊和李聪(2019)[163]亦证实,人口越多的本地户的贫困指数越低,抚养比越高。可见,家庭规模不仅体现了劳动力多寡,也代表着潜在的经济、教育、医疗等负担,对贫困产生影响,本书用"户均人口数"指标表示。二是农业生产条件($A$)。贫困地区农业生产条件的改善,可以促进农业产业化发展,提高收入水平,减少贫困人口(王小林和 Alkire,2009)[164]。参照孙静雯等(2014)[165]研究,用"人均农作物播种面积"指标代表土地利用效率,通过影响生产收益而发挥减贫作用。三是交通密集度($T$)。交通条件和地理区位对贫困地区经济尤其是农业发展有着显著的影响,交通密集度可以起到积极的减贫作用(曲玮等,2012;崔艳娟 等,2012)[166],[9]121。参考张学良(2012)[167]等做法,用"人均公路里程"表示,它不仅影响农产品的流通贸易,还制约着农村的对外发展,"空间贫困论"就认为地理环境差会致贫,实际上深度贫困地区的交通也往往不便。

政府支持:无论是政策性扶贫,还是市场化扶贫都离不开政府的身影,因为扶贫是一种公共品或准公共品供给行为(雷望红,2017)[168]。政府支持对贫困程度的影响,主要体现在国家对经济社会建设的资金投入,主要包括:一是固定资产投资($I$)。固定资产投资最终会体现政府的基础设施建设能力,对反贫困有着积极作用,尽管这种效应可能会随着时间的推移而递减(鲁钊阳,2016)[169],本书用"人均固定资产投资额"指标表示。二是社会保障投入($C$)。社会保障是重要的公共财政减贫手段,对于贫困人口的兜底扶贫有着重要意义,尤其是农业生产面临着多种外部冲击,通过建立和改善农村社会保障体系可以降低暂时性贫困(章元 等,2013)[170]。借鉴周京奎和白极星(2017)的做法[171],本书用"福利单位床位数"指标表示。

地区发展:代表着各种要素的分布和集聚,尤其是与发展密切相关的产业、资金、管理、技术、人才等要素,更是脱贫增收的内生动力,只有不断提升地区发展质量,才能持续地打好脱贫攻坚战。本书将地区发展总结为两个方面:一是产业发展($D$)。产业是强县之本、致富之源、脱贫之基(钟得志,2018)[172],张凤华和叶初升(2011)[173]、汪三贵和胡联(2014)[174]的研究表明,在整体经济水平较低的改革开放初期,第一产业发展在减贫中起主要作用,但之后发生逆转,变成二、三产业。考虑到三峡库区的产业发展导向,本书用"一、三产业占比"指标表示。二是新型城镇化($U$)。新型城镇化与扶贫攻坚具有内在统一性,并都要结合到乡村振兴战略中(韩俊,2018)[175],通过发挥集聚效应、收入效应和转移效应三大功能,促进贫困人群减贫,但不同的城镇化模式对城乡减贫的影响存在异质效应(单德朋 等,2015)[176]。本书用"城镇化率"指标表示。

## 6.2.2 数据与检验

### 1）数据来源

根据前文对三峡库区的界定,实证部分的样本均为重庆和湖北库区 19 个区县,时间跨度 2003—2018 年。计算中用到的"固定资产投资额",我们在以 2003 年为基期的"全社会固定资产投资指数"基础上进行折算而成。相关指标 2003—2018 年的数据分别来自中国银保监会网站"金融许可证信息"系统、重庆市扶贫办、《重庆市统计年鉴》、《宜昌市统计年鉴》、《恩施州统计年鉴》以及各区县历年《国民经济和社会发展统计公报》,个别数据缺失的通过插值法补齐。

### 2）描述统计

表 6.2 展示了描述统计结果。从核心变量来看,普惠金融发展($F$)的均值为 0.239,数值较小,而最大值(0.993)与最小值(0.019)的差距大,表明库区普惠金融整体水平不高,且两极分化严重。多维贫困程度($P$)也有同样的特点,但标准差小于普惠金融发展($F$),在均值较大的条件下变异系数将较小,可见库区贫困是较为严重的,但各区县间的差距要弱于普惠金融。从普惠金融发展的三个维度来看,渗透性($F_1$)均值为 0.083,高于可得性($F_2$)、效用性($F_3$)的 0.079、0.078,且可得性的标准差高于其他两个维度,表明库区普惠金融渗透性的成效略好,可得性的离散程度较高。贫困程度的三个维度中,均值按"医疗贫困程度>教育贫困程度>经济贫困程度"排列,且经济贫困程度的标准差高于其他两个维度,说明医疗贫困程度最深,教育贫困程度其次,经济贫困程度最浅,三者内部差异较大。

表 6.2　描述统计结果

| 变　量 | mean | sd | min | max | p25 | p50 | p75 |
|---|---|---|---|---|---|---|---|
| 普惠金融发展($F$) | 0.239 | 0.195 | 0.019 | 0.993 | 0.131 | 0.194 | 0.275 |
| 普惠金融渗透性($F_1$) | 0.083 | 0.067 | 0.002 | 0.428 | 0.032 | 0.070 | 0.124 |
| 普惠金融可得性($F_2$) | 0.079 | 0.101 | 0.002 | 0.542 | 0.021 | 0.048 | 0.088 |
| 普惠金融效用性($F_3$) | 0.078 | 0.052 | 0.001 | 0.281 | 0.044 | 0.065 | 0.100 |
| 多维贫困程度($P$) | 0.435 | 0.152 | 0.126 | 0.914 | 0.330 | 0.417 | 0.532 |
| 经济贫困程度($P_1$) | 0.095 | 0.104 | 0.001 | 0.689 | 0.035 | 0.069 | 0.115 |
| 教育贫困程度($P_2$) | 0.141 | 0.069 | 0.001 | 0.479 | 0.098 | 0.135 | 0.181 |
| 医疗贫困程度($P_3$) | 0.199 | 0.084 | 0.034 | 0.392 | 0.141 | 0.197 | 0.257 |
| 家庭规模($S$) | 2.864 | 0.293 | 2.376 | 3.687 | 2.619 | 2.847 | 3.050 |
| 农业生产条件($A$) | 1 541.758 | 481.568 | 344.732 | 2 647.240 | 1 191.353 | 1 559.154 | 1 867.063 |
| 交通密集度($T$) | 67.130 | 34.609 | 15.926 | 194.380 | 39.936 | 65.740 | 83.755 |
| 固定资产投资($I$) | 2.434 | 2.178 | 0.106 | 11.310 | 0.629 | 1.886 | 3.607 |

续表

| 变　量 | mean | sd | min | max | p25 | p50 | p75 |
|---|---|---|---|---|---|---|---|
| 社会保障投入($C$) | 35.590 | 18.970 | 6.118 | 91.844 | 21.718 | 31.035 | 46.022 |
| 产业发展($D$) | 0.559 | 0.110 | 0.331 | 0.860 | 0.473 | 0.567 | 0.633 |
| 新型城镇化($U$) | 0.395 | 0.172 | 0.124 | 0.822 | 0.249 | 0.360 | 0.508 |

控制变量的描述统计显示,家庭规模($S$)的均值、最小值和最大值分别为2.864、2.376和3.687,且25%、50%和75%的分位数也比较接近,说明库区家庭人均人口数量较少(低于全国平均水平),可能与人口外流、持续移民以及早期的计划生育政策有关。农业生产条件($A$)、产业发展($D$)与家庭规模($S$)有相似的特点,可能与库区农业资源禀赋相近、产业结构同质化有关,这也一定程度限制了库区产业发展。与前述较大不同的是,交通密集度($T$)、固定资产投资($I$)、社会保障投入($C$)和新型城镇化($U$)的极差、变异系数均明显偏大,分位数之间的差距也较明显,显示了库区在交通发展、固定资产投资、社会保障以及新型城镇化四个方面存在较突出的不均衡现象。

### 3)多重共线性检验

在正式回归估计前,首先要检验上述多个变量之间可能存在的多重共线性问题,否则,将会影响模型中估计值的失真或错误。表6.3给出了整体回归、分维度回归后的多重共线性检验结果,各个回归类型变量的VIF(方差膨胀因子)均小于临界值10,VIF的均值未超过临界值3,这意味着各回归模型的变量之间不存在多重共线性问题,可以开展下一步分析。

表6.3　多重共线性检验

| 回归类型 | $F_i$ | $S$ | $A$ | $T$ | $I$ | $C$ | $D$ | $U$ | Mean $VIF$ |
|---|---|---|---|---|---|---|---|---|---|
| $P/F$ | 2.02 | 2.36 | 2.57 | 3.52 | 2.63 | 2.98 | 2.50 | 3.72 | 2.79 |
| $P1/F1$ | 2.20 | 2.43 | 2.46 | 3.52 | 2.63 | 2.87 | 2.53 | 3.20 | 2.73 |
| $P1/F2$ | 1.95 | 2.34 | 2.72 | 3.60 | 2.63 | 3.06 | 2.49 | 3.50 | 2.79 |
| $P1/F3$ | 1.15 | 2.34 | 2.46 | 3.55 | 2.63 | 2.87 | 2.46 | 3.11 | 2.57 |
| $P2/F1$ | 2.80 | 2.43 | 2.46 | 3.52 | 2.63 | 2.87 | 2.53 | 3.20 | 2.81 |
| $P2/F2$ | 1.95 | 2.34 | 2.72 | 3.60 | 2.63 | 3.06 | 2.49 | 3.50 | 2.79 |
| $P2/F3$ | 1.15 | 2.34 | 2.46 | 3.55 | 2.63 | 2.87 | 2.46 | 3.11 | 2.57 |
| $P3/F1$ | 2.80 | 2.43 | 2.46 | 3.52 | 2.63 | 2.53 | 2.53 | 3.20 | 2.81 |
| $P3/F2$ | 1.95 | 2.34 | 2.72 | 3.60 | 2.63 | 3.06 | 2.49 | 3.50 | 2.79 |
| $P3/F3$ | 1.15 | 2.34 | 2.46 | 3.55 | 2.63 | 2.87 | 2.46 | 3.11 | 2.57 |

注:$P/F$及所在行表示的是,以$P$为被解释变量、$F$为解释变量、$S \sim U$为控制变量进行回归求得的方差膨胀因子,Mean $VIF$为平均方差膨胀因子,其他行可类推。

### 4)面板单位根检验

对于面板数据还需要进行单位根检验,以观察面板是否为平稳过程。通常面板单位根检验方法有 LLC、IPS、Hadri LM 以及 Fisher-ADF 等检验法,我们分别运用这些方法得到表 6.4 的结果。易知,四种检验法下各变量一阶差分的 $p$ 值基本都小于 0.05,也即在 5% 显著水平下,它们均拒绝了存在单位根的原假设,即本书所使用的面板数据是平稳的,各变量都是一阶单整的。

表 6.4　面板单位根检验

| Variable | LLC | IPS | Hadri LM | Fisher-ADF |
|---|---|---|---|---|
| $\triangle \ln P$ | $-3.186[0.00]$ | $-3.762[0.00]$ | $10.976[0.00]$ | $-8.677[0.00]$ |
| $\triangle \ln P_1$ | $-3.137[0.00]$ | $-3.215[0.00]$ | $2.210[0.01]$ | $-3.233[0.00]$ |
| $\triangle \ln P_2$ | $-3.564[0.00]$ | $-4.369[0.00]$ | $2.314[0.01]$ | $-5.891[0.00]$ |
| $\triangle \ln P_3$ | $-5.170[0.00]$ | $-4.087[0.00]$ | $7.330[0.00]$ | $-5.113[0.00]$ |
| $\triangle \ln F$ | $-3.287[0.00]$ | $-2.197[0.01]$ | $24.448[0.00]$ | $-4.110[0.00]$ |
| $\triangle \ln F_1$ | $-6.999[0.00]$ | $-3.836[0.00]$ | $16.999[0.00]$ | $-5.548[0.00]$ |
| $\triangle \ln F_2$ | $-7.057[0.00]$ | $-6.944[0.00]$ | $28.599[0.00]$ | $-7.010[0.00]$ |
| $\triangle \ln F_3$ | $-3.613[0.00]$ | $-1.533[0.06]$ | $19.239[0.00]$ | $-2.034[0.02]$ |
| $\triangle \ln S$ | $-7.611[0.00]$ | $-3.762[0.00]$ | $35.628[0.00]$ | $-1.702[0.04]$ |
| $\triangle \ln A$ | $-3.594[0.00]$ | $-3.703[0.00]$ | $33.652[0.00]$ | $-1.805[0.03]$ |
| $\triangle \ln T$ | $-2.478[0.00]$ | $-2.855[0.00]$ | $36.121[0.00]$ | $-3.135[0.00]$ |
| $\triangle \ln I$ | $-2.420[0.00]$ | $-3.504[0.00]$ | $35.820[0.00]$ | $-3.172[0.00]$ |
| $\triangle \ln C$ | $-3.134[0.00]$ | $-3.931[0.00]$ | $36.103[0.00]$ | $-3.163[0.00]$ |
| $\triangle \ln D$ | $-4.913[0.00]$ | $-2.636[0.00]$ | $27.072[0.00]$ | $-2.108[0.02]$ |
| $\triangle \ln U$ | $-5.458[0.00])$ | $-2.293[0.00]$ | $38.554[0.00]$ | $-1.871[0.03]$ |

注:△表示变量的一阶差分,中括号内为 $p$ 值,上表仅报告了一阶差分的检验结果。

### 5)协整检验

为了考察普惠金融发展($F$)与多维贫困程度($P$)之间,以及普惠金融发展各维度与贫困程度各维度之间是否存在长期均衡关系,本书进一步开展协整检验。如表 6.5 的结果所示,Gt、Ga、Pt、Pa 分别为四种不同的协整检验统计量,它们基本能通过显著性检验,因此可以拒绝不存在协整关系的原假设,解释变量和被解释变量之间存在一个稳定的协整关系,即普惠金融发展与多维贫困程度有长期协整关系,可进行下一步回归分析。

表 6.5　面板数据协整检验

| | $P/F$ | $P1/F1$ | $P1/F2$ | $P1/F3$ | $P2/F1$ | $P2/F2$ | $P2/F3$ | $P3/F1$ | $P3/F2$ | $P3/F3$ |
|---|---|---|---|---|---|---|---|---|---|---|
| Gt | $-2.439$ $[0.00]$ | $-2.094$ $[0.00]$ | $-3.029$ $[0.00]$ | $-2.293$ $[0.00]$ | $-2.221$ $[0.00]$ | $-2.910$ $[0.00]$ | $-2.424$ $[0.00]$ | $-2.160$ $[0.03]$ | $-2.080$ $[0.00]$ | $-1.542$ $[0.01]$ |
| Ga | $-4.621$ $[0.32]$ | $-11.091$ $[0.00]$ | $-8.007$ $[0.99]$ | $-25.557$ $[0.00]$ | $-6.115$ $[0.01]$ | $-7.739$ $[0.31]$ | $-9.301$ $[0.04]$ | $-5.286$ $[0.93]$ | $-3.996$ $[0.42]$ | $-3.246$ $[0.69]$ |

续表

| | P/F | P1/F1 | P1/F2 | P1/F3 | P2/F1 | P2/F2 | P2/F3 | P3/F1 | P3/F2 | P3/F3 |
|---|---|---|---|---|---|---|---|---|---|---|
| Pt | −6.415 [0.01] | −6.726 [0.00] | −12.307 [0.00] | −6.694 [0.00] | −7.677 [0.00] | −9.991 [0.00] | −10.722 [0.00] | −9.348 [0.00] | −5.585 [0.00] | −4.959 [0.01] |
| Pa | −4.742 [0.07] | −2.287 [0.23] | −8.506 [0.61] | −3.881 [0.00] | −3.792 [0.00] | −7.682 [0.00] | −9.770 [0.00] | −5.900 [0.05] | −1.669 [0.16] | −2.033 [0.06] |
| C | N | N | Y | Y | N | Y | Y | Y | N | N |
| T | N | N | Y | Y | N | N | N | N | N | N |

注:P/F 及所在列表示的是以 $P$ 为被解释变量、$F$ 为解释变量的误差修正模型(ECM)求出的协整检验统计量,其他列可类推。C 代表常数项,T 代表趋势项,N 为"否",Y 为"是"。方括号内为 $p$ 值。

## 6.2.3　整体回归结果

### 1)固定效应模型回归结果

控制时间和地区效应后,我们首先进行混合效应模型和固定效应模型的估计。从表6.6第2列和第3列可知,倒数第3行的 $F$ 检验显示,$p$ 值为 0.00,强烈拒绝原假设,即固定效应模型优于混合效应模型,说明存在个体效应。由于个体效应仍可能以随机效应的形式存在,因此有必要作进一步的随机效应估计。从表中第3列倒数第3行的 LM 检验可知,"不存在个体随机效应"的原假设被强烈拒绝,即随机效应模型与混合效应模型之间应选择随机效应模型。实际上,从 Adj R-squared 及变量显著性也会发现,固定效应和随机效应均优于混合效应。那么,最终选择固定效应还是随机效应还需要进行 Hausman 检验,第3列倒数第2行的 $p$ 值为 0.00,因此使用个体固定效应模型更合适。表中第4列报告了包含所有变量的个体固定效应回归结果,第5列则报告了剔除不显著变量后的估计结果。

从表中第4列可知,在控制了时间和地区因素后,普惠金融发展($F$)的回归系数为 −0.107,且在5%水平下显著,这意味着普惠金融发展每提升1个百分点,多维贫困程度($P$)将下降0.107个百分点,假设 H1 成立。剔除了不显著变量后重新估计,第5列的结果同样显示在5%显著水平下,普惠金融发展($F$)的回归系数仍然为负,贡献弹性达到了 −0.111。可见,总体而言,三峡库区普惠金融减缓多维贫困的直接效应确实是存在的,这有力地证实了第4章的理论分析和前述 H1 假设。由此,通过构建完善的普惠金融体系,提高普惠金融服务覆盖率和可得性,将有利于减缓三峡库区多维贫困程度。

**表6.6　固定效应模型回归结果**

| 变　量 | 混合效应 | 随机效应 | 固定效应 | 固定效应 |
|---|---|---|---|---|
| ln $F$ | −0.151 *** (−4.23) | −0.147 *** (−3.71) | −0.107 ** (−2.42) | −0.111 ** (−2.55) |
| ln $S$ | −0.756 * (−1.85) | −0.7001 * (−1.79) | −0.892 ** (−1.92) | −0.829 * (−1.82) |
| ln $A$ | −0.421 *** (−3.94) | −0.427 *** (−4.18) | −0.691 *** (−5.27) | −0.677 *** (−5.23) |
| ln $T$ | −0.237 *** (−2.95) | −0.188 ** (−2.30) | −0.269 *** (−3.24) | −0.277 *** (−3.37) |

续表

| 变　量 | 混合效应 | 随机效应 | 固定效应 | 固定效应 |
|---|---|---|---|---|
| $\ln I$ | 0.081*(1.81) | 0.135***(2.89) | 0.189***(3.90) | 0.188***(3.89) |
| $\ln C$ | -0.099*(-1.84) | -0.102**(-2.19) | -0.109**(-1.99) | -0.077*(-1.73) |
| $\ln D$ | -0.099(-1.20) | -0.056(-0.46) | -0.093(-0.70) | |
| $\ln U$ | -0.358***(-2.91) | -0.541***(-5.01) | -0.779***(-5.20) | -0.783***(-5.24) |
| _Cons | 2.347**(2.43) | 2.185**(1.98) | 2.951***(2.61) | 2.793**(2.52) |
| 时间和地区控制 | YES | YES | YES | YES |
| Adj R-squared | 0.506 2 | 0.522 9 | 0.542 9 | 0.548 6 |
| F 检验(LM 检验) | | 319.40[0.00] | 17.62[0.00] | 18.60[0.00] |
| Hausman test | | 47.46[0.00] | | |
| Obs. | | 304 | 304 | 304 |

注:圆括号内为 $t$ 值,方括号内为 $p$ 值,\*$p<0.1$;\*\*$p<0.05$;\*\*\*$p<0.01$。

　　第5列的估计结果还报告了控制变量的估计结果。易知,家庭规模($S$)、农业生产条件($A$)、交通密集度($T$)、社会保障投入($C$)和新型城镇化($U$)的回归系数分别为-0.829、-0.677、-0.277、-0.077和-0.783,均通过了显著性检验,说明这五大因素对库区多维贫困程度有较强的减缓作用。尤其是家庭规模($S$)、农业生产条件($A$)和新型城镇化($U$)的回归系数较大,表明适当增加三峡库区户均人口(或减少人口外流),不断改善农业生产基本条件,以及加快推进新型城镇化建设对脱贫攻坚有较大的促进作用。当然,交通设施覆盖率、社会保障兜底等也对多维贫困程度产生了减缓作用。

　　需要注意的是,虽然第4列中产业发展($D$)的回归系数达到了-0.093,但没有通过显著性检验,说明一、三产业的发展没能有效地发挥减缓多维贫困的作用。事实上,三峡库区"产业空虚"问题由来已久,在"生态优先、绿色发展"战略引领下,地方政府一直谋求做强做优一、三产业,但受制于多种原因,库区产业总体实力仍然薄弱,就业吸纳能力不足,产业与贫困群体利益联结不紧,因而产业减缓多维贫困成效还不显著①。固定资产投资($I$)的系数为正,意味着固定资产投资加剧了贫困,原因在于它的"城市化"倾向,没有提高广大农村特别是贫困群体的人均资本,相反还可能拉大收入差距,让一些人致贫(傅鹏 等,2018)[10]125。

　　**2)动态面板模型回归结果**

　　运用 Diff-GMM 和 Sys-GMM 估计时,我们均采用两步法,得到了表6.7的动态面板模型回归结果。从表中倒数第3行 Arellano-Bond AR(1)的 $p$ 值来看,它们在10%、5%水平下显著,表明扰动项的差分均存在一阶自相关,而 Arellano-Bond AR(2)的 $p$ 值较大,未通过检验,

---

① 事实上,从2019年1月17日"中央第四巡视组向重庆市委反馈脱贫攻坚专项巡视情况"来看,"产业发展与贫困户利益联结不够紧密……产业和就业支撑不足"是当前重庆扶贫最主要的问题之一,可见库区产业扶贫确存在短板。具体参见中央纪委监委网站,2019-01-30。

意味着扰动项的差分不存在二阶自相关,Sargan 检验也显示所有工具变量外生,可见 Diff-GMM 法和 Sys-GMM 法都能对变量的参数进行估计。但从大多数变量的显著性来看,Sys-GMM 估计比 Diff-GMM 估计更胜一筹,以下我们将以 Sys-GMM 法的估计结果进行分析。

表 6.7　动态面板模型回归结果

| 变　量 | Diff-GMM | Sys-GMM | Sys-GMM |
|---|---|---|---|
| $L.$ | 0.248 * * * (4.59) | 0.289 * * * (6.35) | 0.288 * * * (6.34) |
| $\ln F$ | −0.044 * (−1.93) | −0.049 * * (−1.96) | −0.043 * (−1.93) |
| $\ln S$ | −0.621 * * (−2.23) | −0.779 * * (−2.49) | −0.835 * * (−2.25) |
| $\ln A$ | −0.398 * * (−2.19) | −0.239 * (−1.74) | −0.241 * (−1.75) |
| $\ln T$ | −0.202 * * (−2.16) | −0.271 * * * (−2.83) | −0.270 * * * (−2.82) |
| $\ln I$ | 0.026 (0.50) | 0.139 * * * (3.12) | 0.137 * * * (3.10) |
| $\ln C$ | −0.083 * (−1.82) | −0.133 * * (−2.13) | −0.135 * * (−2.16) |
| $\ln D$ | −0.119 (−0.49) | −0.056 (−0.41) | |
| $\ln U$ | −0.786 * * * (−3.68) | −0.715 * * * (−6.02) | −0.703 * * * (−6.09) |
| _Cons | 1.744 * * (2.17) | 1.822 * * (2.35) | 1.807 * * (2.23) |
| Sargan Test | [0.372] | [0.437] | [0.422] |
| Arellano-Bond AR(1) | [0.053] | [0.042] | [0.043] |
| Arellano-Bond AR(2) | [0.211] | [0.345] | [0.338] |
| Obs. | 266 | 285 | 285 |

注:$L.$ 代表滞后一期的被解释变量,圆括号内为 $t$ 值,中括号内为 $p$ 值,* $p<0.1$;* * $p<0.05$;* * * $p<0.01$。

首先,我们观察表 6.7 中第 2 行 $L.$ 的估计结果,三个回归模型均显示滞后一期的被解释变量回归系数在 1% 水平下显著为正,这说明上一期的多维贫困程度会加重本期的多维贫困程度。其原因在于,贫困会受到自身的影响而具有明显的"棘轮效应",一些地区戴上贫困县"帽子"后往往具有不可逆转性,在国家重新调整贫困县名单时,它们易于延续既有贫困县身份而较难退出(郭君平 等,2016)[177]。可见,在这种贫困陷阱下,库区脱贫攻坚注定是一场"硬仗"。从表 6.7 第 4 列的回归系数来看,上一年的多维贫困程度每变化 1 个百分点,本年的多维贫困程度将同方向变化 0.288 个百分点,可见只有今天脱真贫、真脱贫,明天才会不返贫、不掉队,脱贫攻坚要"绵绵用力,久久为功"。

表 6.7 第 4 列中"普惠金融发展"($F$)的回归系数达到了 −0.043,并在 10% 水平下显著,同样得出了三峡库区普惠金融发展对多维贫困程度有着直接减缓作用的结论,假设 H1 不仅成立,还印证了前述模型设定的合理性。与固定效应模型估计结果相比,普惠金融减缓多维贫困的直接效应有所下降,也说明了普惠金融活动和发展水平相对于多维贫困程度而言的确具有一定的内生性。当然,就回归系数大小而言,相比卢盼盼和张长全(2017)得出的 −0.0879[52]39,以及马彧菲和杜朝运(2017)得出的 −0.014 3[117]51,库区普惠金融减缓多维贫困的直接效应有待进一步提高。这也告诉我们,有必要将库区解决多维贫困和 2020 年后相

对贫困问题,与普惠金融体系建设与深化结合起来,以实现两者的同步发展。

控制变量方面,它们的回归系数在方向上均与固定效应模型保持一致,不同的是参数绝对量的大小差异。Sys-GMM 法估计显示,三峡库区的家庭规模($S$)、农业生产条件($A$)、交通密集度($T$)、社会保障投入($C$)和新型城镇化($U$)对多维贫困减缓的贡献弹性分别为 0.835、0.241、0.270、0.135 和 0.703,其中家庭规模($S$)和新型城镇化($U$)的回归系数继续保持较大,社会保障投入($C$)的回归系数有所提高,再次显示了这三个方面对库区减缓多维贫困的重要性。固定资产投资($I$)的回归系数方向和大小,与固定效应模型类似,说明它加剧多维贫困程度具有结论上的稳定性和可靠性。

3)面板分位数模型回归结果

本书选择三个具有代表性的分位点,即 25%、50% 和 75%,以代表不同贫困阶层的群体,分别对应的是低度贫困组、中度贫困组和高度贫困组,通过分位数回归法(QR)得出了如表 6.8 的结果。三个分位点的 Pseudo $R^2$(伪可决系数)分别为 0.589、0.616 和 0.626,高于固定效应模型,显示了分位数模型的拟合性较好。而且,从各变量回归系数方向和大小来看,在控制时间和地区因素后,估计结果与固定效应模型、动态面板模型的结果较为类似,说明这三种模型具有较好的稳健性。

表6.8　分位数模型回归结果

| 变　量 | 25%分位数 | 50%分位数 | 75%分位数 |
|---|---|---|---|
| ln $F$ | −0.141***(−2.62) | −0.120**(−2.24) | −0.085(−1.44) |
| ln $S$ | −0.882**(−1.98) | −0.721*(−1.74) | −0.469(−0.97) |
| ln $A$ | −0.726***(−4.28) | −0.671***(−3.88) | −0.772***(−5.97) |
| ln $T$ | −0.364**(−2.97) | −0.319***(−2.84) | −0.298***(−2.22) |
| ln $I$ | 0.178**(2.26) | 0.194**(2.56) | 0.209***(2.82) |
| ln $C$ | −0.132**(−2.54) | −0.084*(−1.76) | −0.074*(−1.69) |
| ln $D$ | −0.168(−1.01) | −0.154(−0.84) | −0.064(−0.37) |
| ln $U$ | −0.868***(−3.59) | −0.882***(−3.67) | −0.637***(−2.85) |
| _Cons | 2.387*(1.90) | 2.874**(2.39) | 3.249**(2.87) |
| 时间和地区控制 | YES | YES | YES |
| Pseudo $R^2$ | 0.589 | 0.616 | 0.626 |
| Obs. | 304 | 304 | 304 |

注:圆括号内为 $t$ 值,中括号内为 $p$ 值,* $p<0.1$;** $p<0.05$;*** $p<0.01$。

通过比较不同分位点下普惠金融发展($F$)的估计系数易知,随着分位数条件分布由低端向高端变动,即由低度贫困组向高度贫困组变动,普惠金融发展($F$)的估计系数也发生了明显的变化。在分位点 $q=25\%$、50% 时,普惠金融对多维贫困减缓的贡献弹性为 0.141、0.120,而在分位点 $q=75\%$ 时,普惠金融对多维贫困减缓的贡献弹性下降到 0.085,且不显著,说明普惠金融对低度和中度贫困组的作用较大,减缓多维贫困的直接效应更为明显,而对高度贫困组的作用较小,且减贫的直接效应不明显。可见,假设 H1-1 成立。事实上,极度贫困者在扶贫后期更容易存在"财富门槛"和"风险门槛",作为金融机构即使实施了"瞄准",但也可能由于成本收益比以及贷后偿息等问题,减缓支持力度,从而引起普惠金融减缓多维贫困效应的异化。

可见,即使对多维贫困程度深乃至集中连片贫困地区,也应加强多维贫困程度的分类,从低、中和高三个贫困阶层出发,分类施策,以差异化路径,推动普惠金融减缓多维贫困的一体化进程,减少异化现象的发生。因此,在金融减缓多维贫困初中期,应将瞄准对象重点锁定在低度和中度贫困组,实施更为科学的精准滴灌,先让这一部门群体实现减贫脱贫。事实也证明,多维贫困程度较轻的群体从库区普惠金融发展中的获益要高于处于多维贫困程度较高的群体,他们能获取更稳固的融资收益。当然,这并不是忽视高度贫困群体,而仅仅是瞄准机制的调整。高度贫困组作为深度贫困群体,也是最难啃的"骨头",应按照脱贫安排梯次退出,避免在金融减缓多维贫困初中期"被动瞄准""乱瞄准",而应本着量身定做的原则,在金融减缓多维贫困的中后期加强重点瞄准,开发出脱贫效果更稳固的普惠金融产品和服务。

控制变量也基本随着分位数条件分布发生了同样的变化。但农业生产条件($A$)略有不同,在分位点 $q=25\%$、$50\%$ 和 $75\%$ 时,回归系数分别为 $-0.726$、$-0.671$、$-0.772$,高度贫困组的减缓多维贫困效应较强,低度贫困组的居中,中度贫困组的较弱,这证实了农业生产条件对于高度贫困组的相对重要性。家庭规模($S$)对低度和中度贫困组贫困减缓的贡献弹性分别为 $0.882$、$0.721$,且通过显著性检验,但对高度贫困组却产生了 $0.469$ 的不显著减贫贡献。其原因在于,低度和中度贫困组的家庭规模带来的劳动力正效应强于经济负担的负效应,而高度贫困组可能出现了异化,以至增加户均人口没能显著地降低多维贫困程度,而是出现了"主观贫困下降"的错觉(田雅娟 等,2019)[178]。此外,无论是对于哪个贫困组,产业发展($D$)的减缓多维贫困作用依然没有通过显著性检验。

### 6.2.4　不同维度回归结果

考虑到普惠金融发展($F$)与多维贫困程度($P$)均是综合指数,前述模型也主要作整体性实证分析,没有从普惠金融的不同维度、贫困的不同维度分别开展检验,以下将从三个部分进行讨论。

**1)普惠金融对不同维度贫困的影响**

表 6.9 报告了普惠金融发展($F$)对经济贫困($P_1$)、教育贫困($P_2$)和医疗贫困($P_3$)的直接影响。从固定效应估计可知,普惠金融对不同纬度贫困均具有显著的直接减缓作用,直接效应分别为 $0.888$、$0.721$ 和 $0.240$,Sys-GMM 结果类似,可见假设 H1 继续成立。普惠金融对经济贫困的减缓作用最强,教育贫困其次,医疗贫困最后,普惠金融对不同维度贫困的作用存在差异,印证了假设 H1-2。分位数回归显示,不同贫困组的经济贫困、教育贫困和医疗贫困的减缓作用同样存在差异,假设 H1-1 继续成立。其中,对于经济贫困而言,三个贫困组的直接减缓多维贫困效应分别为 $0.720$、$0.565$ 和 $0.544$,且"低度贫困组>中度贫困组≈高度

贫困组"。对于教育贫困而言,三个贫困组的直接减缓多维贫困效应分别为 0.355、0.282 和 0.227,且"低度贫困组>中度贫困组>高度贫困组"。对于医疗贫困而言,低度和中度贫困组的直接减缓多维贫困效应分别为 0.226、0.137,且前者大于后者;高度贫困组的直接减缓多维贫困效应比较微弱,仅 0.034,且没有通过显著检验,表明普惠金融对高度贫困组的医疗贫困减缓作用不明显。

表 6.9　普惠金融对不同维度贫困的影响

| 不同维度 | 固定/混合效应 | Sys-GMM | 25%分位数 | 50%分位数 | 75%分位数 |
|---|---|---|---|---|---|
| $\ln F/\ln P_1$ | $-0.888^{***}$<br>$(-7.23)$ | $-0.103^{*}$<br>$(-1.81)$ | $-0.720^{***}$<br>$(-4.16)$ | $-0.565^{***}$<br>$(-3.33)$ | $-0.544^{***}$<br>$(-3.81)$ |
| $\ln F/\ln P_2$ | $-0.721^{***}$<br>$(-3.87)$ | $-0.505^{**}$<br>$(-2.43)$ | $-0.355^{***}$<br>$(-3.45)$ | $-0.282^{***}$<br>$(-3.99)$ | $-0.227^{***}$<br>$(-3.64)$ |
| $\ln F/\ln P_3$ | $-0.240^{***}$<br>$(-3.65)$ | $-0.061$<br>$(1.68)$ | $-0.226^{***}$<br>$(-3.06)$ | $-0.137^{**}$<br>$(-2.10)$ | $-0.034$<br>$(-0.61)$ |

注:$\ln F/\ln P_1$ 估计中运用的是混合效应模型,其他均为固定效应模型。所有回归均包含控制变量,上表仅报告了核心变量的回归结果,圆括号内为 $t$ 值,$^*p<0.1$;$^{**}p<0.05$;$^{***}p<0.01$。

### 2)不同维度普惠金融对多维贫困的影响

表 6.10 报告了普惠金融的渗透性($F_1$)、可得性($F_2$)和效用性($F_3$)对多维贫困程度($P$)的直接影响。从固定效应估计可知,普惠金融渗透性、可得性对多维贫困有显著的直接减缓作用,直接效应分别为 0.077 和 0.043,且前者减缓多维贫困的直接效应大于后者。这有力地说明了渗透性的重要性,事实上,《推进普惠金融发展规划》也将渗透性作为普惠金融建设的首要工作。但普惠金融效用性的 $t$ 值没有通过检验,意味着效用性没能发挥显著的减缓多维贫困作用,这可能与三峡库区普惠金融效用性水平较低有关。分位数结果也与前面有所不同:对于渗透性维度,低度和中度贫困组的减缓多维贫困效应没有通过检验,只有高度贫困组通过检验,表明普惠金融渗透性对高度贫困组的重要性,如果深度贫困地区提高金融服务的覆盖率,将能有效助推其多维贫困减缓。对于可得性维度,结果与前述类似,呈现"低度贫困组>中度贫困组>高度贫困组"的规律。对于效用性维度,所有贫困组的 $t$ 值均未通过检验,进一步说明普惠金融效用性没有发挥明显的多维贫困减缓作用。

表 6.10　不同维度普惠金融对多维贫困的影响

| 不同维度 | 固定/混合效应 | Sys-GMM | 25%分位数 | 50%分位数 | 75%分位数 |
|---|---|---|---|---|---|
| $\ln F_1/\ln P$ | $-0.077^{***}$<br>$(-3.46)$ | $-0.034^{*}$<br>$(-1.65)$ | $-0.029$<br>$(-0.69)$ | $-0.033$<br>$(-0.86)$ | $-0.079^{*}$<br>$(-1.71)$ |
| $\ln F_2/\ln P$ | $-0.043^{*}$<br>$(-1.95)$ | $-0.109^{***}$<br>$(-3.14)$ | $-0.185^{***}$<br>$(-11.06)$ | $-0.144^{***}$<br>$(-8.68)$ | $-0.109^{***}$<br>$(-9.35)$ |
| $\ln F_3/\ln P$ | $-0.022$<br>$(-0.97)$ | $-0.013$<br>$(-0.35)$ | $-0.004$<br>$(-0.09)$ | $-0.013$<br>$(-0.26)$ | $-0.016$<br>$(-0.41)$ |

注:$\ln F_1/\ln P$ 估计中运用的是混合效应模型,其他均为固定效应模型。所有回归均包含控制变量,上表仅报告了核心变量的回归结果,圆括号内为 $t$ 值,$^*p<0.1$;$^{**}p<0.05$;$^{***}p<0.01$。

### 3）不同维度普惠金融对不同维度贫困的影响

表 6.11 中第一部分展示的是不同维度普惠金融对经济贫困（$P_1$）的直接影响。其中，混合效应和 Sys-GMM 估计结果均显示，无论是普惠金融渗透性、可得性，还是效用性均对经济贫困产生了显著的减缓作用，但它们的表现存在差异，假设 H1-2 成立。其中，普惠金融效用性贡献弹性最大，可见提高三峡库区普惠金融的效用性是推进经济贫困减缓的关键一环。实际上，效用性也是普惠金融服务实体经济最显著的特征之一，通过服务下沉让更多的贫困群体享有金融发展权，从而促产增收，实现经济贫困减缓。分位数回归显示，不同贫困组的经济贫困减缓作用同样存在差异，假设 H1-1 继续成立。其中，渗透性作为普惠金融基础性功能，对经济贫困的减缓作用呈现出"低度贫困组<中度贫困组<高度贫困组"变化，作为核心功能的可得性表现为"低度贫困组>中度贫困组>高度贫困组"变化。而且，仅有高度贫困组的普惠金融效用性对经济贫困产生了显著影响。

表 6.11　不同维度普惠金融对不同维度贫困的影响

| 不同维度 | 固定/混合效应 | Sys-GMM | 25% 分位数 | 50% 分位数 | 75% 分位数 |
|---|---|---|---|---|---|
| $\ln F_1/\ln P_1$ | −0.290*** <br> (−3.59) | −0.084** <br> (−2.42) | −0.174*** <br> (−3.39) | −0.182*** <br> (−2.84) | −0.312*** <br> (−2.80) |
| $\ln F_2/\ln P_1$ | −0.370*** <br> (−6.44) | −0.130* <br> (−1.72) | −0.324*** <br> (−5.90) | −0.282*** <br> (−5.70) | −0.246*** <br> (−5.55) |
| $\ln F_3/\ln P_1$ | −0.387*** <br> (−4.15) | −0.131* <br> (−1.75) | −0.227 <br> (−1.56) | −0.214 <br> (−1.60) | −0.200* <br> (−1.67) |
| $\ln F_1/\ln P_2$ | −0.120 <br> (−1.56) | −0.095 <br> (−1.05) | −0.133 <br> (−1.22) | −0.055 <br> (−0.70) | −0.067 <br> (−0.84) |
| $\ln F_2/\ln P_2$ | −0.308*** <br> (−3.30) | −0.141** <br> (−2.20) | −0.204** <br> (−5.12) | −0.142*** <br> (−4.35) | −0.120* <br> (−3.18) |
| $\ln F_3/\ln P_2$ | −0.306*** <br> (−3.16) | −0.238* <br> (−1.77) | −0.157* <br> (−1.93) | −0.125** <br> (−2.38) | −0.181*** <br> (−3.78) |
| $\ln F_1/\ln P_3$ | −0.025 <br> (−0.78) | −0.062 <br> (−1.64) | −0.019 <br> (−0.44) | −0.062 <br> (−1.51) | −0.005 <br> (−0.09) |
| $\ln F_2/\ln P_3$ | −0.087*** <br> (−2.61) | −0.145** <br> (−2.29) | −0.139*** <br> (−4.70) | −0.099*** <br> (−4.40) | −0.050** <br> (−2.17) |
| $\ln F_3/\ln P_3$ | −0.074** <br> (−2.17) | −0.064** <br> (−2.07) | −0.101* <br> (−1.82) | −0.025 <br> (−0.52) | −0.074 <br> (−1.58) |

注：$\ln F_1/\ln P_1$、$\ln F_2/\ln P_1$、$\ln F_3/\ln P_1$ 估计中运用的是混合效应模型，其他均为固定效应模型。所有回归均包含控制变量，上表仅报告了核心变量的回归结果，圆括号内为 $t$ 值，* $p<0.1$；** $p<0.05$；*** $p<0.01$。

表 6.11 中第二部分报告了不同维度普惠金融对教育贫困（$P_2$）的影响。其中，固定效应和 Sys-GMM 估计结果表明，普惠金融可得性和效用性同样减缓了教育贫困。其背后的原因在于，普惠金融服务的可获得和使用，切实提升了人们参与教育投资、教育储蓄和助学贷款的机会和能力，缩小了地区和群体之间受教育程度的差距，从而缓解了教育贫困。回归系数大小上，普惠金融可得性与效用性十分接近，充分说明了普惠金融的落地生根，可发挥更大

的减缓教育贫困作用。值得注意的是,渗透性对教育贫困的减缓作用没有通过显著性检验,这意味着普惠金融覆盖率的提高并没有明显减少教育差距,促进教育贫困减缓。进一步的分位数回归显示,不同贫困组的教育贫困减缓作用同样存在差异。其中,可得性呈现出"低度贫困组>中度贫困组>高度贫困组"变化,而效用性呈现出"中度贫困组<低度贫困组<高度贫困组"变化,这说明普惠金融可得性对于低度贫困组教育脱贫更为重要,效用性对于高度贫困组教育脱贫更为重要。实际上深度贫困地区教育落后,也与当地金融生态环境有关(初本德,2014)[179]。

表6.11中第三部分展示了不同维度普惠金融对医疗贫困($P_3$)的影响。与教育贫困的结果类似,固定效应和Sys-GMM估计中,仅有普惠金融可得性和效用性对医疗贫困的影响显著,渗透性依然没有通过显著性检验。从回归系数比较来看,可得性对医疗贫困的减缓作用较大,效用性则次之,这与三峡库区的实际情况基本相符。近年来,库区普惠金融不仅让普惠性保险走入库区千家万户,为他们的生病、养老保驾护航,也在推动医疗互助、新医疗金融等方面发挥了积极作用。目前,库区的新型农村合作医疗覆盖率近100%,且已与城镇居民医疗保险合并为城乡居民基本医疗保险,保险机构还为贫困户设立了扶贫保险。但对医疗贫困产生显著影响的,仍主要是可得性和效用性,只有切实享受到保险的"保驾护航"作用,才能一定程度上缓解因病致贫的状况。分位数回归进一步显示,可得性的减缓多维贫困效应呈现出"低度贫困组>中度贫困组>高度贫困组",效用性则仅有低度贫困组通过显著性检验,可见深度贫困地区仍是普惠金融减缓多维贫困的主战场。

4)小结

考虑到前述实证结果的复杂性,我们以图6.3绘制箭头的形式进行梳理归纳。易知,不同维度普惠金融减缓多维贫困的直接效应存在差异。首先,普惠金融对不同维度贫困均有减缓作用,经济贫困和教育贫困减缓的直接效应较强。其次,不同维度普惠金融对多维贫困的减缓作用存在差异,渗透性和可得性减缓多维贫困的直接效应较强,效用性的减缓多维贫困的作用不显著。再次,普惠金融渗透性对经济贫困的减缓作用明显,但对教育贫困和医疗贫困的减缓作用不明显。第四,普惠金融可得性对各维度贫困均有显著的减缓作用,其中,经济贫困和教育贫困减缓的直接效应较强。最后,普惠金融效用性对各维度贫困同样也具有明显的减缓作用,其中,经济贫困和教育贫困减缓的直接效应高于医疗贫困减缓的直接效应。

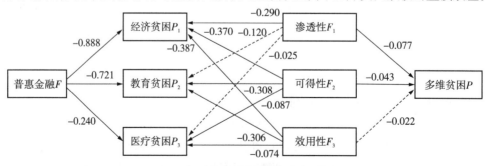

注:图中实线箭头表示显著的直接效应,虚线箭头表示不显著的直接效应。

**图6.3  不同维度下普惠金融减缓多维贫困的直接效应**

## 6.3　三峡库区普惠金融减缓多维贫困直接效应实证:门槛模型

### 6.3.1　模型与变量

**1)模型设定**

为检验普惠金融对多维贫困减缓的直接效应是否依赖于其他因素(即门槛变量),需要将三者置于统一的框架中进行分析。根据 Hansen(2000)提出的方法[180],我们以普惠金融发展($F$)为解释变量,多维贫困程度($P$)为被解释变量,$V$ 为门槛变量,设定如下门槛模型:

$$\ln P_{it} = \mu' + \alpha'_1 \ln F_{it} I(V_{it} \leq \gamma_1) + \alpha'_2 \ln F_{it} I(\gamma_1 < V_{it} \leq \gamma_2) + \cdots +$$
$$\alpha'_n \ln F_{it} I(\gamma_{n-1} < V_{it}) + \beta' \ln Others + \varepsilon'_{it} \tag{6.14}$$

其中,$I(\cdot)$ 为指示函数,$\gamma_i$ 表示第 $i$ 个门槛值,$\alpha'_i$、$\beta'$ 为待估参数,$\varepsilon'_{it}$ 为随机误差项,且 $\varepsilon'_{it} \sim I(0)$。

首先,要对门槛模型进行显著性检验,以考察以门槛值划分的 $n$ 组样本及其估计参数是否显著不同。不存在门槛值的零假设 $H_0: \alpha_1 = \alpha_2 = \cdots$,构造统计量:

$$F = \frac{S_0 - S_n(\hat{\gamma})}{\hat{\sigma}^2}, \hat{\sigma}^2 = \frac{S_n(\hat{\gamma})}{n} \tag{6.15}$$

式(6.15)中,$S_0$ 表示在零假设下的残差项平方和加总,$S_n$ 为存在门槛效果下的残差项平方和加总。但对该式进行统计检验将会遇到一个严重障碍,即在零假设下 $\hat{\gamma}$ 是无法识别的,可采用"自主抽样法"来克服这一问题。

其次,要进一步确定门槛值的置信区间,即对零假设 $H_0: \gamma = \gamma_0$ 进行检验,似然比统计量可表示为:

$$LR_n(\gamma_0) = \frac{S_n(\gamma) - S_n(\hat{\gamma})}{\hat{\sigma}^2}, \hat{\sigma}^2 = \frac{S_n(\hat{\gamma})}{n} \tag{6.16}$$

$LR_n(\gamma_0)$ 同样为非标准正态分布,可计算其置信区间,即在显著水平为 $\alpha$ 时,当 $LR_n(\gamma_0) \leq c(\alpha) = -2\ln[1 - \sqrt{(1-\alpha)}]$ 时,不能拒绝的零假设 $\gamma = \gamma_0$。其中,在95%的置信水平下 $c(\alpha) = 7.35$。

**2)门槛变量**

从已有研究来看,中外学者 Greenwood & Jovanovic(1990)[18]1105-1107、崔艳娟和孙刚(2012)[9]121等证实的"G-J效应",即显示了不同经济发展水平下金融减贫的先恶化后改善效应,因此我们将"地区经济水平"($G$)作为第一个门槛变量。此外,有实证分析得出对于不同的人均收入水平和产业结构而言,普惠金融作用于贫困减缓的效果也有明显差异(罗斯丹等,2016;王汉杰 等,2018)[51]90-93,[23]31-35,这样本书再选择第二个门槛变量"居民人均收入"($B$),以及第三个门槛变量"产业结构"($D$)。

### 3）指标选择和数据来源

普惠金融发展（$F$）、多维贫困程度（$P$）以及控制变量家庭规模（$S$）、农业生产条件（$A$）、交通密集度（$T$）、固定资产投资（$I$）、社会保障投入（$C$）、新型城镇化（$U$）的指标均与前面一致。门槛变量"地区经济水平"（$G$）用"人均 GDP"指标表示，门槛变量"居民人均收入"（$B$）和"产业结构"（$D$）则分别用"全体居民人均可支配收入""一、三产业占比"指标表示。由于"全体居民人均可支配收入"的统计口径产生了变化，2014 年前用"（城镇常住居民人均可支配收入×城镇常住人口数+农村常住居民人均可支配收入或纯收入×农村常住人口数）÷常住人口总数"换算，2014 年后可直接获取。人均 GDP 或 GDP 在以 2003 年为基期的"地区生产总值指数"基础上折算而成，"一、三产业占比"指标与前述 5.2 部分相同。为了与前面指标保持统一，三个门槛变量均取对数，各数据均来源于《重庆市统计年鉴》《宜昌市统计年鉴》《恩施州统计年鉴》以及自各区县历年《国民经济和社会发展统计公报》。

## 6.3.2 门槛效果检验

我们先以整体样本进行实证分析。本书通过运行 Stata SE15.1，采用"自抽样法"反复抽样 300 次，得到门槛效应检验结果。如表 6.12 第 2～4 行显示的是门槛变量"地区经济水平"（$G$）的检验结果，从 $F$ 统计量和 $P$ 值易知，$G$ 的单一门槛效果在 1% 水平下非常显著，相应的自抽样 $P$ 值为 0.0400，而双重门槛、三重门槛效果并不显著，说明 $G$ 仅存在单一门槛。这就是说，三峡库区普惠金融减缓多维贫困存在"地区经济水平"单一门槛特征，初步证明了假设 H2-1。

表 6.12　整体样本门槛效果检验

| ln $G$ | RSS | MSE | Fstat | Prob | Crit10 | Crit5 | Crit1 |
|---|---|---|---|---|---|---|---|
| Single | 13.670 0 | 0.047 5 | 28.63 | 0.040 0 | 23.853 8 | 28.294 2 | 33.578 3 |
| Double | 13.150 0 | 0.045 7 | 11.39 | 0.320 0 | 16.441 3 | 20.098 3 | 26.392 0 |
| Triple | 12.921 5 | 0.044 9 | 5.09 | 0.980 0 | 22.948 8 | 27.020 2 | 33.790 1 |
| ln $B$ | RSS | MSE | Fstat | Prob | Crit10 | Crit5 | Crit1 |
| Single | 13.642 1 | 0.047 4 | 29.28 | 0.196 7 | 34.304 3 | 38.671 4 | 45.922 8 |
| Double | 13.104 2 | 0.045 5 | 11.82 | 0.636 7 | 27.015 7 | 30.362 1 | 36.135 4 |
| Triple | 12.819 7 | 0.044 5 | 6.39 | 0.810 0 | 16.961 9 | 20.038 2 | 29.651 1 |
| ln $D$ | RSS | MSE | Fstat | Prob | Crit10 | Crit5 | Crit1 |
| Single | 14.309 8 | 0.049 7 | 14.48 | 0.140 0 | 15.668 3 | 19.098 4 | 26.529 2 |
| Double | 13.799 2 | 0.047 9 | 10.66 | 0.250 0 | 12.993 7 | 14.766 1 | 21.288 1 |
| Triple | 13.584 2 | 0.047 2 | 4.56 | 0.906 7 | 15.169 1 | 17.372 6 | 21.676 9 |

注：Bootstrap 抽样 300 次。

但从表 6.12 中的 5～7 行和 9～11 行的 Prob 值可知，"居民人均收入"（$B$）和"产业结构"（$D$）均没有通过任一门槛效应检验，即三峡库区普惠金融减缓多维贫困不存在"居民人均收入"门槛和"产业结构"门槛，假设 H2-2 和 H2-3 不成立。这与罗斯丹等（2016）、王汉杰等(2018)的结论不同,其原因可能在于:一方面库区的人均收入和一、三产业占比均较低,引起突变的拐点尚未出现。2018 年库区人均收入水平为 25 794 元,分别比重庆、湖北和全国低 592 元、929 元和 2 434 元,一、三产业占比也分别低 6.4%、3.9%和 6.3%。另一方面库区发展较大程度依赖于政策倾斜,在外生因素的冲击下,人均收入和产业结构的突变作用可能削弱,以至没有引起普惠金融减缓多维贫困效应的突变。

表 6.13 进一步报告了"地区经济水平"($G$)门槛值不同区间包含的区县。易知,"地区经济水平"($G$)的单一门槛值为 10.055 1。借助图 6.4 和图 6.5 绘制的似然比函数图,我们可以更为清晰地理解门槛值的估计和置信区间的构造过程。门槛参数的估计值是指似然比检验统计量 LR 为零时 $\gamma$ 的取值,在我们的单一门槛模型中为 10.055 1(图 6.5)。门槛估计值的 95% 置信区间是所有 LR 值小于 5% 显著水平下的临界值 7.35(对应图中虚线)的 $\gamma$ 构成的区间。

表 6.13　门槛值不同区间包含的区县

| 门槛值区间 | 2005 年 | 2010 年 | 2018 年 |
|---|---|---|---|
| $\ln G_{it} \leqslant 10.055\,1$ | 渝北、万州、涪陵、长寿、巴南、江津、丰都、武隆、忠县、开州、云阳、奉节、巫山、巫溪、石柱、夷陵、秭归、兴山、巴东 | 丰都、武隆、忠县、开州、云阳、奉节、巫山、巫溪、石柱、秭归、巴东 | 巴东 |
| $\ln G_{it} > 10.055\,1$ | | 万州、涪陵、渝北、巴南、长寿、江津、夷陵、兴山 | 万州、涪陵、渝北、巴南、长寿、江津、丰都、武隆、忠县、开州、云阳、奉节、巫山、巫溪、石柱、夷陵、秭归、兴山 |

注:以上资料为作者整理。

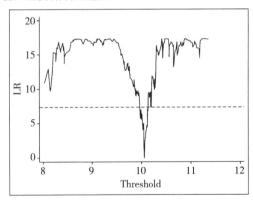

图 6.4　单一门槛 LR 图

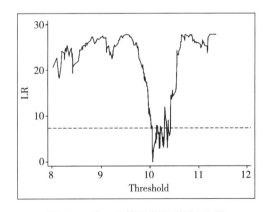

图 6.5　单一门槛重新识别后 LR 图

我们可以根据表 6.13 中的门槛值,将区县分成经济发展水平相对落后($\ln G_{it} \leqslant$ 10.055 1)和经济发展水平相对发达($\ln G_{it} > 10.055$ 1)两种类型。从表 6.13 中可知,2005 年 19 个区县全部落在经济相对落后区间;到了 2010 年,处于经济相对落后区间的区县减少到 11 个,而有 8 个区县进入经济相对发达区间;2018 年 18 个区县处于经济相对发达区间,仅库首的巴东县处于相对落后区间。显而易见,随着时间的推移,处于经济相对落后区间的区县数量明显减少,而经济相对发达区间内的区县数目逐步增加,这说明了库区经济发展水平不断提升,并逐渐向经济相对发达区间跨越的趋势。

### 6.3.3　整体回归结果

#### 1)门槛模型估计结果

表 6.14 第 2 列报告了单一门槛模型估计结果。从普惠金融发展($F$)的回归系数来看,当"地区经济水平"($G$)的对数低于单一门槛值 10.055 1 时,普惠金融对多维贫困减缓的作用弹性为−0.020,但未通过显著检验,说明当经济处于相对落后区间内,普惠金融虽对多维贫困减缓有直接效应,但是并不明显。此时,受"财富门槛"和"风险门槛"的作用,一部分群体受到条件排斥,普惠金融的可及性和可得性不足,加上政府政策激励相对不足,引发金融机构瞄准偏误,以至普惠金融减缓多维贫困效应有所削弱。可见,低于单一门槛值 10.055 1 的估计结果,印证了普惠金融减缓多维贫困效应可能存在削弱或异化的观点。但 $\ln G$ 大于单一门槛值 10.055 1 后,普惠金融对多维贫困减缓的作用弹性为−0.124,在 5% 水平上显著,因此在经济跨入处于相对发达阶段后,普惠金融能够发挥明显的减缓多维贫困作用,前述假设 H2-1 成立。上述结论表明,在不同的经济发展水平下,普惠金融减缓多维贫困的直接效应不同,当经济发展水平跨入较高的区间后,普惠金融减缓多维贫困的直接效应也变得更加显著和强劲。

表 6.14　门槛模型回归结果

| 变　量 | 门槛模型估计 | 个体固定效应估计 | Sys-GMM 估计 |
|---|---|---|---|
| $\ln F(\ln G \leqslant 10.055\ 1)$ | −0.020(−0.30) | | |
| $\ln F(\ln G > 10.055\ 1)$ | −0.124**(−2.27) | | |
| $L.$ | | | 0.286***(6.30) |
| $\ln F$ | | −0.112**(−2.52) | −0.044*(−1.75) |
| $(\ln F)^2$ | | −0.004(−1.10) | −0.001(−0.26) |
| $\ln S$ | −0.649*(−1.70) | −0.904*(−1.94) | −0.789**(−1.98) |
| $\ln A$ | −0.554***(−3.11) | −0.679***(−5.17) | −0.240*(−1.74) |
| $\ln T$ | −0.167**(−1.98) | −0.280***(−3.35) | −0.267***(−2.74) |
| $\ln I$ | 0.121**(2.23) | 0.187***(3.87) | 0.137***(3.07) |
| $\ln C$ | −0.092(−1.63) | −0.062(−1.34) | −0.135**(−2.13) |
| $\ln U$ | −0.855***(−3.51) | −0.786***(−5.24) | −0.710***(−5.91) |
| _cons | 2.519**(2.46) | 2.846**(2.51) | 1.871**(2.40) |
| Adj R-squared | 0.3352 | 0.5450 | |
| F(Wald) | 12.23[0.00] | 14.12[0.00] | 146.00[0.00] |
| Obs. | 304 | 304 | 285 |

注:圆括号内为 $t$ 值,中括号内为 $p$ 值,* $p<0.1$;** $p<0.05$;*** $p<0.01$。

结合三峡库区普惠金融的发展实际来看,当经济发展水平较低时,低收入群体获得的普惠金融服务主要是储蓄、支付和结算等基础性服务,而信贷、投资、保险等能较快提升资本积累率的拓展性金融服务供给不足,负担的成本也较高,因而服务的可及性不强。而当经济发展水平突破门槛值后,人们的收入水平普遍增加,拓展性金融服务需求不断增强,在金融渗透性、可得性和效用性水平明显提高后,即使是贫困群体亦可获得多种普惠金融服务。此时农业大户、合作社、家庭农场等经营主体获贷,将创造更多的自雇和他雇机会;贫困群体与低收入群体获贷,他们的再生产能力、收入水平、教育医疗保障能力将大幅增加,普惠金融的"造血"功能得到发挥,金融对多维贫困的减缓效应逐渐增强。由于普惠金融减缓多维贫困效应随着经济发展水平的提高而增强,而2018年库区19个区县有18个跨入了经济相对发达区间,此时如果在普惠金融体系建设与深化上发力,加速提升普惠金融的渗透性、可得性和效用性水平,必将产生更强的减缓多维贫困效应。

### 2)"G-J效应"的检验与讨论

考虑到普惠金融减缓多维贫困存在单一门槛特征,本书借鉴崔艳娟和孙刚(2012)的做法[9]121-122,在线性模型中加入普惠金融发展($F$)对数的平方项,当$F$对数的回归系数显著为负,而$F$对数平方项回归系数显著为正,那么普惠金融减缓多维贫困的"G-J效应"将存在。为了保证结果的稳健性,我们分别采用了个体固定效应模型估计和动态Sys-GMM估计。从表6.14的第3~4列来看,普惠金融发展($F$)对数的估计系数均显著为负,但平方项的回归系数为趋近于0的负数,且没有通过显著性检验,这意味着普惠金融发展与多维贫困减缓之间不存在倒"U"形的"G-J效应"。这似乎与以往的结论相悖,可能与所选样本有关。本书考察的三峡库区为两个连片贫困区的结合带,普惠金融发展进程缓慢,但起点较高(见图4.1),因此有可能已跨越了拐点,直接步入能改善贫困的倒"U"形右边区域。无独有偶,中国人民银行兰州中心支行课题组和姜再勇(2016)对甘肃省58个国定贫困县的研究[181],结论与本书高度相似。

## 6.3.4　不同维度回归结果

### 1)普惠金融对不同维度贫困影响的门槛检验

表6.15的门槛检验显示,普惠金融($F$)对不同维度贫困的影响均存在门槛特征,但同时彼此又存在差异,因而假设H2-4成立。首先,经济贫困($P_1$)存在人均收入水平($B$)单一门槛,假设H2-2成立。当$\ln B < 8.6674$时,$F \Rightarrow P_1$的作用为-0.406,当$\ln B \geqslant 8.6674$时,$F \Rightarrow P_1$的作用变化为-0.694,即随着人均收入水平向高区间迈进,普惠金融对经济贫困的减缓作用在增强。其次,教育贫困($P_2$)存在地区经济水平($G$)单一门槛,假设H2-1成立。当$\ln G < 9.4632$时,$F \Rightarrow P_2$的作用为-0.659,当$\ln G \geqslant 9.4632$时,$F \Rightarrow P_2$的作用变化为-0.847,可见随着地区经济水平向高区间迈进,普惠金融对教育贫困的减缓作用在增强。最后,医疗贫困($P_3$)存在人均收入水平($B$)双重门槛:当$\ln B < 8.3691$时,$F \Rightarrow P_3$的影响为不显著的-0.308,当$8.3691 \leqslant \ln B < 9.7961$时,$F \Rightarrow P_3$的影响为-0.409,而当$\ln B > 9.7961$时,$F \Rightarrow P_3$的影响变化为-0.448,即随着人均收入水平向高区间迈进,普惠金融对医疗贫困的减缓作用也在不断增强。

表 6.15　普惠金融对不同维度贫困影响的门槛检验

| $\ln F/\ln P_1$ | 门槛检验 | $\ln P_1$ | 回归系数 |
|---|---|---|---|
| 门槛变量 | $\ln B$ | $\ln F(\ln B \leqslant 8.6674)$ | $-0.406^*(-1.93)$ |
| 单一门槛 | $17.50[0.0158]$ | $\ln F(\ln B > 8.6674)$ | $-0.694^{***}(-3.74)$ |
| $\ln F/\ln P_2$ | 门槛检验 | $\ln P_2$ | 回归系数 |
| 门槛变量 | $\ln G$ | $\ln F(\ln G \leqslant 9.4632)$ | $-0.659^{***}(-3.54)$ |
| 单一门槛 | $15.01[0.0267]$ | $\ln F(\ln G > 9.4632)$ | $-0.847^{***}(-4.19)$ |
| $\ln F/\ln P_3$ | 门槛检验 | $\ln P_3$ | 回归系数 |
| 门槛变量 | $\ln B$ | $\ln F(\ln B \leqslant 8.3691)$ | $-0.308^{**}(-2.27)$ |
| 单一门槛 | $22.62[0.0067]$ | $\ln F(8.3691 < \ln B \leqslant 9.7961)$ | $-0.409^{***}(-2.92)$ |
| 双重门槛 | $17.83[0.0144]$ | $\ln F(\ln B > 9.7961)$ | $-0.448^{***}(-4.40)$ |

注:圆括号内为 $t$ 值,中括号内为 $p$ 值, $^*p<0.1$; $^{**}p<0.05$; $^{***}p<0.01$。

### 2)不同维度普惠金融对多维贫困的门槛检验

表 6.16 展示了不同维度普惠金融对多维贫困的门槛检验结果,易知它们彼此不同,因此假设 H2-4 成立。首先,普惠金融渗透性($F_1$)既存在人均收入水平($B$)单一门槛,又存在地区经济水平($G$)单一门槛。当 $\ln B < 8.7258$ 时,$F_1 \Rightarrow P$ 的作用显著,为-0.465,当 $\ln B \geqslant 8.7258$ 时,$F_1 \Rightarrow P$ 的作用变化为-0.741,即随着人均收入水平向高区间迈进,普惠金融渗透性对多维贫困的减缓作用在增强。同时,当 $\ln G < 10.3356$ 时,$F_1 \Rightarrow P$ 的作用明显,为-0.438,当 $\ln G \geqslant 10.3356$ 时,$F_1 \Rightarrow P$ 的作用变化为-0.852,可见随着地区经济水平向高区间迈进,普惠金融渗透性对多维贫困的减缓作用在增强。

其次,普惠金融可得性($F_2$)存在地区经济水平($G$)单一门槛。即当 $\ln G < 10.0671$ 时,$F_2 \Rightarrow P$ 的影响为-0.569,而当 $\ln G > 10.0671$ 时,$F_2 \Rightarrow P$ 的影响变化为-0.841,即随着人均收入水平向高区间迈进,普惠金融可得性对多维贫困的减缓作用也在不断增强。最后,普惠金融效用性($F_3$)存在人均收入水平($B$)双重门槛。即当 $\ln B < 8.3057$ 时,$F_3 \Rightarrow P$ 的影响通过 10% 显著性检验,为-0.185,当 $8.3057 \leqslant \ln B < 10.1948$ 时,$F_3 \Rightarrow P$ 的影响仍然明显,为-0.449,而当 $\ln B > 10.1948$ 时,$F_3 \Rightarrow P$ 的影响变化为显著的-0.914,可见,随着人均收入水平向高区间迈进,普惠金融效用性对多维贫困的减缓作用也在不断增强。

表 6.16　不同维度普惠金融对多维贫困影响的门槛检验

| $\ln F_1/\ln P$ | 门槛检验 | $\ln P$ | 回归系数 |
|---|---|---|---|
| 门槛变量 | $\ln B$ | $\ln F_1(\ln B \leqslant 8.7258)$ | $-0.465^*(-1.85)$ |
| 单一门槛 | $17.71[0.0126]$ | $\ln F_1(\ln B > 8.7258)$ | $-0.741^{**}(-2.41)$ |
| 门槛变量 | $\ln G$ | $\ln F_2(\ln G \leqslant 10.3356)$ | $-0.438^{***}(-2.74)$ |
| 单一门槛 | $15.89[0.0183]$ | $\ln F_2(\ln G > 10.3356)$ | $-0.852^{***}(-3.40)$ |
| $\ln F_2/\ln P$ | 门槛检验 | $\ln P$ | 回归系数 |
| 门槛变量 | $\ln G$ | $\ln F_2(\ln G \leqslant 10.0671)$ | $-0.569^{**}(-2.17)$ |

续表

| 单一门槛 | 15.53[0.025 7] | $\ln F_2(\ln G>10.067\ 1)$ | $-0.841^{***}(-2.80)$ |
| --- | --- | --- | --- |
| $\ln F_3/\ln P$ | 门槛检验 | $\ln P$ | 回归系数 |
| 门槛变量 | $\ln B$ | $\ln F_3(\ln B\leqslant8.305\ 7)$ | $-0.185^{*}(-1.94)$ |
| 单一门槛 | 20.88[0.013 3] | $\ln F_3(8.305\ 7<\ln B\leqslant10.194\ 8)$ | $-0.449^{***}(-2.92)$ |
| 双重门槛 | 15.36[0.067 4] | $\ln F_3(\ln B>10.194\ 8)$ | $-0.914^{***}(-4.47)$ |

注:圆括号内为 $t$ 值,中括号内为 $p$ 值, $^{*}p<0.1$ ; $^{**}p<0.05$ ; $^{***}p<0.01$ 。

### 3)不同维度普惠金融对不同维度贫困的门槛检验

从表6.17的门槛检验可知,普惠金融渗透性($F_1$)和效用性($F_3$)对经济贫困($P_1$)的影响均存在人均收入水平($B$)门槛,且前者是单一门槛,后者是双重门槛,假设 H2-2 成立。对于前者,当 $\ln B<8.232\ 0$ 时, $F_1\Rightarrow P_1$ 的作用为$-0.228$,当 $\ln B\geqslant8.232\ 0$ 时, $F_1\Rightarrow P_1$ 的作用变化为$-0.771$,可见随着人均收入水平的区间变化,普惠金融渗透性对经济贫困的减缓作用在增强。对于后者,当 $\ln B<8.443\ 8$ 时, $F_3\Rightarrow P_1$ 的影响为不显著的$-0.201$,当 $8.443\ 8\leqslant\ln B<9.796\ 1$ 时, $F_3\Rightarrow P_1$ 的影响为$-0.500$,而当 $\ln B>9.796\ 1$ 时, $F_3\Rightarrow P_1$ 的影响变化为$-0.966$,即人均收入水平在低等区间时,普惠金融效用性对经济贫困有减缓作用,但不明显,当人均收入水平进入中等区间和高等区间后,普惠金融效用性的减缓多维贫困作用得到发挥,并呈明显增强的趋势。

表6.17　普惠金融渗透性和效用性对经济贫困影响的门槛检验

| $\ln F_1/\ln P_1$ | 门槛检验 | $\ln P_1$ | 回归系数 |
| --- | --- | --- | --- |
| 门槛变量 | $\ln B$ | $\ln F_1(\ln B\leqslant8.232\ 0)$ | $-0.228^{**}(-1.98)$ |
| 单一门槛 | 14.69[0.030 0] | $\ln F_1(\ln B>8.232\ 0)$ | $-0.771^{***}(-8.92)$ |
| $\ln F_3/\ln P_1$ | 门槛检验 | $\ln P_1$ | 回归系数 |
| 门槛变量 | $\ln B$ | $\ln F_3(\ln B\leqslant8.443\ 8)$ | $-0.201(-1.00)$ |
| 单一门槛 | 33.68[0.000 0] | $\ln F_3(8.443\ 8<\ln B\leqslant9.796\ 1)$ | $-0.500^{*}(-3.22)$ |
| 双重门槛 | 15.10[0.026 7] | $\ln F_3(\ln B>9.796\ 1)$ | $-0.966^{**}(-6.85)$ |

注:圆括号内为 $t$ 值,中括号内为 $p$ 值, $^{*}p<0.1$ ; $^{**}p<0.05$ ; $^{***}p<0.01$ 。

表6.18是普惠金融渗透性($F_1$)对教育贫困($P_2$)影响的门槛检验结果。易知, $F_1$ 对 $P_2$ 的作用既存在地区经济水平($G$)双重门槛,又存在人均收入水平($B$)双重门槛,假设 H2-2 同样成立。对于前者,当 $\ln G<10.720\ 0$ 时, $F_1\Rightarrow P_2$ 的作用为$-0.301$,当 $10.720\ 0\leqslant\ln G<11.350\ 0$ 时, $F_1\Rightarrow P_2$ 的作用为$-0.457$, $\ln G\geqslant11.350\ 0$ 时, $F_1\rightarrow P_2$ 的作用变化为$-0.728$,均通过1%显著水平检验,可见随着经济发展水平由低等区间向中高等区间变化时,普惠金融渗透性对教育贫困的减缓作用依次增强。对于后者,当 $\ln B\leqslant7.940\ 6$ 时, $F_1\Rightarrow P_2$ 的影响为$-0.203$,当 $7.940\ 6\leqslant\ln B<8.388\ 5$ 时, $F_1\Rightarrow P_2$ 的影响为$-0.279$,而当 $\ln B>8.388\ 5$ 时, $F_1\Rightarrow P_2$ 的影响变化为$-0.712$,与前者类似,随着人均收入水平的区间变化,三峡库区普惠金融渗透性对教育贫困的减缓作用呈不断增强趋势。需指出的是,前述6.2.4部分显示渗透性对教育贫困没有

直接的减缓多维贫困作用,其原因在于两者之间存在较复杂的门槛特征。

表 6.18　普惠金融渗透性对教育贫困影响的门槛检验

| $\ln F_1/\ln P_2$ | 门槛检验 | $\ln P_2$ | 回归系数 |
|---|---|---|---|
| 门槛变量 | $\ln G$ | $\ln F_1(\ln G \leqslant 10.7200)$ | $-0.301^{***}(-3.76)$ |
| 单一门槛 | $16.82[0.0167]$ | $\ln F_1(10.7200 < \ln G \leqslant 11.3500)$ | $-0.457^{***}(-4.21)$ |
| 双重门槛 | $33.07[0.0233]$ | $\ln F_1(\ln G > 11.3500)$ | $-0.728^{***}(-5.68)$ |
| 门槛变量 | $\ln B$ | $\ln F_1(\ln B \leqslant 7.9406)$ | $-0.203^{***}(-3.18)$ |
| 单一门槛 | $18.51[0.0233]$ | $\ln F_1(7.9406 < \ln B \leqslant 8.3885)$ | $-0.279^{***}(-4.67)$ |
| 双重门槛 | $41.04[0.0000]$ | $\ln F_1(\ln B > 8.3885)$ | $-0.712^{***}(-10.62)$ |

注:圆括号内为 $t$ 值,中括号内为 $p$ 值, $^*p<0.1$; $^{**}p<0.05$; $^{***}p<0.01$。

普惠金融各维度对医疗贫困($P_3$)影响的门槛检验如表 6.19 所示。首先,渗透性既存在地区经济水平($G$)单一门槛,又存在人均收入水平($B$)双重门槛。当 $\ln G < 10.8112$ 时,$F_1 \Rightarrow P_3$ 的作用为不显著的 $-0.062$,当 $\ln G \geqslant 10.8112$ 时,$F_1 \Rightarrow P_3$ 的作用变化为 $-0.162$;当 $\ln B < 7.8787$ 时,$F_1 \Rightarrow P_3$ 的影响为不显著的 $0.012$,当 $7.8787 \leqslant \ln B < 8.1516$ 时,$F_1 \Rightarrow P_3$ 的影响为 $-0.076$,而当 $\ln B > 8.1516$ 时,$F_1 \Rightarrow P_3$ 的影响变化为 $-0.125$。可见,在经济发展水平和人均收入水平均处于低等区间内,普惠金融渗透性对医疗贫困减缓作用不明显,但当它们跨入中等或高等区间后,普惠金融渗透性对医疗贫困减缓作用将变得较为突出。无独有偶,前述 6.2.4 部分显示渗透性对医疗贫困没有直接的减缓多维贫困作用,其原因应与两者之间存在较复杂的门槛特征有关。

表 6.19　不同维度普惠金融对医疗贫困影响的门槛检验

| $\ln F_1/\ln P_3$ | 门槛检验 | $\ln P_3$ | 回归系数 |
|---|---|---|---|
| 门槛变量 | $\ln G$ | $\ln F_1(\ln G \leqslant 10.8112)$ | $-0.062(-1.34)$ |
| 单一门槛 | $11.67[0.0833]$ | $\ln F_1(\ln G > 10.8112)$ | $-0.162^{***}(-2.76)$ |
| 门槛变量 | $\ln B$ | $\ln F_1(\ln B \leqslant 7.8787)$ | $0.012(0.53)$ |
| 单一门槛 | $15.48[0.0300]$ | $\ln F_1(7.8787 < \ln B \leqslant 8.1516)$ | $-0.076^{***}(-2.44)$ |
| 双重门槛 | $10.90[0.0767]$ | $\ln F_1(\ln B > 8.1516)$ | $-0.125^{***}(-2.80)$ |
| $\ln F_2/\ln P_3$ | 门槛检验 | $\ln P_3$ | 回归系数 |
| 门槛变量 | $\ln B$ | $\ln F_2(\ln B \leqslant 8.1561)$ | $-0.021(-0.68)$ |
| 单一门槛 | $17.86[0.0033]$ | $\ln F_2(\ln B > 8.1561)$ | $-0.076^{***}(-4.10)$ |
| $\ln F_3/\ln P_3$ | 门槛检验 | $\ln P_3$ | 回归系数 |
| 门槛变量 | $\ln B$ | $\ln F_3(\ln B \leqslant 7.8164)$ | $-0.053(-1.45)$ |
| 单一门槛 | $18.79[0.0233]$ | $\ln F_3(7.8164 < \ln B \leqslant 9.3568)$ | $-0.076^*(-1.76)$ |
| 双重门槛 | $16.05[0.0233]$ | $\ln F_3(\ln B > 9.3568)$ | $-0.154^{***}(-4.07)$ |

注:圆括号内为 $t$ 值,中括号内为 $p$ 值, $^*p<0.1$; $^{**}p<0.05$; $^{***}p<0.01$。

其次，普惠金融可得性($F_2$)对医疗贫困的作用存在人均收入水平($B$)单一门槛：如表6.19所示，当 $\ln B < 8.1561$ 时，$F_2 \Rightarrow P_3$ 的作用为不显著的$-0.021$，当 $\ln B \geq 8.1561$ 时，$F_2 \Rightarrow P_3$ 的作用变化为$-0.076$，在人均收入水平处于低等区间时，普惠金融可得性无法有效发挥减缓医疗贫困的作用，而只有当人均收入水平步入高等区间时，普惠金融可得性才有明显的减缓医疗贫困作用。最后，普惠金融效用性($F_3$)还存在人均收入水平($B$)双重门槛；当 $\ln B < 7.8164$ 时，$F_3 \Rightarrow P_3$ 的影响为不显著的$-0.053$，当 $7.8164 \leq \ln B < 9.3568$ 时，$F_3 \Rightarrow P_3$ 的影响为$-0.076$，当 $\ln B \geq 9.3568$ 时，$F_3 \Rightarrow P_3$ 的作用变化为$-0.154$。可见，随着人均收入水平的提升，普惠金融效用性对医疗贫困的减缓作用在不断增强。

# 6.4 本章小结

本章的线性模型回归显示，三峡库区普惠金融发展对多维贫困程度有直接的减缓作用。在控制时间和地区因素后，固定效应模型估计显示，普惠金融减缓多维贫困的直接效应为0.111；进一步的动态面板 Sys-GMM 估计得出，在考虑 0.288% 的贫困累积效应后，普惠金融减缓多维贫困的直接效应为 0.043，假设 H1 成立。在考虑贫困组的异质性基础上，进一步的分位数回归显示，普惠金融对低度和中度贫困组的减缓多维贫困作用较大，分别达到了0.141、0.120，但对高度贫困组的作用较小且没有通过显著性检验，假设 H1-1 成立。不同维度的实证显示，普惠金融减缓多维贫困的直接效应存在差异，假设 H1-2 成立。其中，普惠金融对各维度贫困均有减缓作用，普惠金融渗透性和可得性减缓多维贫困的直接效应较强，普惠金融渗透性对经济贫困的减缓作用明显，普惠金融可得性和效用性对各维度贫困均有显著的减缓作用，其他维度的直接效应则没有通过显著性检验。

与此同时，三峡库区普惠金融减缓多维贫困的直接效应具有门槛特征，假设 H2 成立。整体实证显示，普惠金融减缓多维贫困的直接效应受地区经济水平单一门槛影响：当门槛值低于 10.0551 时，直接效应不显著；当门槛值大于 10.0551 时，直接效应显著，假设 H2-1 成立。不同维度的检验显示，门槛特征存在差异，假设 H2-4 成立。首先，普惠金融对经济贫困的影响存在人均收入水平单一门槛特征，对教育贫困的影响存在地区经济水平单一门槛特征，对医疗贫困的影响存在人均收入水平双重门槛特征。其次，普惠金融渗透性对贫困的影响存在人均收入水平和地区经济水平单一门槛特征，可得性存在地区经济水平单一门槛特征，效用性存在人均收入水平双重门槛特征。最后，普惠金融渗透性、效用性对经济贫困的影响分别存在人均收入水平单一门槛、双重门槛；渗透性对教育贫困、医疗贫困的影响均存在地区经济水平双重门槛和人均收入水平双重门槛；可得性对医疗贫困的影响存在人均收入水平单一门槛，效用性则存在人均收入水平双重门槛。

# 第7章　三峡库区普惠金融减缓多维贫困间接效应实证

从第3章理论分析可知,普惠金融减缓多维贫困间接机制强调的是,非直接面向贫困群体的普惠金融服务通过促进经济增长、收入分配和平滑消费这三大中介进而间接带来的减缓多维贫困效应,即间接效应。第6章的实证检验亦显示,三峡库区普惠金融具有直接的减缓多维贫困效应,且存在门槛特征。那么,普惠金融对库区多维贫困减缓是否存在间接效应?普惠金融的不同维度有无差异?本章将揭开这些面纱,并且得到一些新的发现。

## 7.1　研究假设与实证思路

### 7.1.1　研究假设

本书假定一个理想路径,如图7.1所示,普惠金融对多维贫困减缓的间接效应在于,以普惠金融为解释变量,发挥经济增长、收入分配和平滑消费等中介变量的作用机制,从而间接促进被解释变量——多维贫困的减缓,产生间接效应。

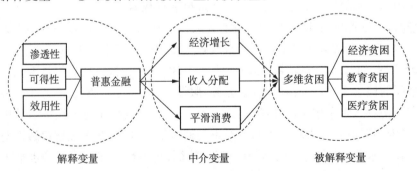

图7.1　普惠金融减缓多维贫困间接效应的理想路径

首先,普惠金融及其各个维度通过助推区域经济增长,发挥经济增长的"滴涓效应"和边际渗透效应,带动贫困群体收入增长、教育医疗保障能力提高,从而产生间接减缓多维贫困效应。由此,本书提出第三个假设和子假设:

假设 H3:普惠金融通过经济增长机制产生间接减缓多维贫困效应。

假设 H3-1:不同维度下经济增长机制减缓多维贫困的间接效应存在差异。

其次,普惠金融通过优化收入分配、调节收入差距,减小贫富鸿沟,实现"提低、限高、稳中",促进贫困人口收入增长、教育医疗保障能力提高,从而产生间接减缓多维贫困效应。由此,本书提出第四个假设和子假设:

假设 H4:普惠金融通过收入分配机制产生间接减缓多维贫困效应。

假设 H4-1:不同维度下收入分配机制减缓多维贫困的间接效应存在差异。

最后,普惠金融通过调整储蓄和贷款,降低非预期的经济冲击,维持消费平稳并管理风险,以提高个体经济福利、教育福利和医疗保障福利水平,进而产生间接减缓多维贫困效应。由此,本书提出第五个假设和子假设:

假设 H5:普惠金融通过平滑消费机制产生间接减缓多维贫困效应。

假设 H5-1:不同维度下平滑消费机制减缓多维贫困的间接效应存在差异。

## 7.1.2　实证思路

### 1)代表性文献做法

目前,有关金融减贫间接机制与效应检验方面的文献,大致采用了以下三种方法(表7.1):一是崔艳娟和孙刚(2012)[9]123-124、邵汉华和王凯月(2017)[142]70-72采用的"多个方程依次回归"方法,通过找出金融发展、贫困、经济增长和收入分配两两之间的关系,绘制影响路径图以确定普惠金融减贫机制。二是刘芳(2016)[182]、朱一鸣和王伟(2017)[57]51使用的"中介效应模型",通过检验三个方程中解释变量回归系数的显著性、系数乘积的方向,以观测金融减贫机制的总效应、直接效应和间接效应,并能识别完全中介效应还是部分中介效应。三是陈银娥和张德伟(2018)[39]110-112建立的"结构方程模型",通过整体适配度检验、测量模型和结构模型的参数估计检验,以观测县域金融通过经济增长与收入分配对贫困减缓产生的间接机制与效应。

表 7.1　代表性文献做法

| 代表性文献 | 样　本 | 对　象 | 方　法 | 结　论 |
|---|---|---|---|---|
| 崔艳娟和孙刚 (2012) | 全国 28 个省市 | 金融、贫困 | 多个方程依次回归 | 经济增长、收入分配机制与效应存在 |
| 刘芳 (2016) | 集中连片特困区 435 个贫困县 | 金融、贫困 | 中介效应模型 | 经济增长、收入分配机制与效应存在 |
| 邵汉华和王凯月 (2017) | 全球 90 个国家 | 普惠金融、贫困 | 多个方程依次回归 | 收入分配机制与效应存在 |
| 朱一鸣和王伟 (2017) | 全国 2018 个县域 | 普惠金融、贫困 | 中介效应模型 | 经济增长机制与效应存在 |
| 陈银娥和张德伟 (2018) | 湖南省 51 个贫困县 | 县域金融、多维贫困 | 结构方程模型 | 经济增长、收入分配机制与效应存在 |

注:以上资料为作者整理。

第一种方法源于 Baron & Kenny(1986)提出的逐步法[183],使用较多,其原因在于方法简单,容易理解和解释,但该方法缺乏整体性计量检验,变量间的层级关系也挖掘不够;检验力在各种方法中是较低的,而且不容易检验到中介效应显著(温忠麟 等,2014)[184]。第二种方法的优点在于详细地揭示各种间接机制与效应状况,尤其是 Bootstrap 法的使用,使得中小样本量也同样适用,而且具有更高的检验力,这使得中介效应模型得到广泛使用。第三种方法可同时处理多个被解释变量,且允许解释变量和被解释变量含有一定的测量误差,并将这种误差纳入模型进行分析,使其估计结果更为准确,是常用的实证方法。

### 2)本文的实证思路

结构方程模型和中介效应模型在间接效应检验方面具有公认的优势,且可相互印证和补充,因此是目前主流的实证方法。由于本文的核心变量普惠金融发展($F$)和多维贫困程度($P$)已采用改进的 Critic 确定,各中介变量也选用单一维度的指标衡量,即所有变量均为显变量,此时结构方程的因子分析优势不再,因此,本书的实证部分将采用中介效应模型。通常,中介效应等于自变量 $X$ 对中介变量 $M$ 的效应 $a$,与控制自变量 $X$ 后中介变量 $M$ 对因变量 $Y$ 的效应 $b$ 的乘积。以图 7.2 为例,$a_1 b_1$ 即是普惠金融通过经济增长机制产生的间接减缓多维贫困效应。

需要指出的是,中介效应都是间接效应,但间接效应并不一定是中介效应(温忠麟 等,2004)[185]。间接效应是指自变量 $X$ 通过一个或多个中介变量 $M$ 对因变量 $Y$ 的间接影响,它等于所有从自变量 $X$ 出发,通过一个或多个中介变量 $M$ 结束于因变量 $Y$ 的"箭头链"上的路径系数乘积之和(Develis,2003;陆娟 等,2006)[186][187]。因此,在只有一个中介变量的情形,间接效应等于中介效应;但当中介变量不止一个时,间接效应既可以指经过某个特定中介变量的中介效应,也可以指部分或所有中介效应之和(卢谢峰 等,2007)[188]。

从图 7.2 可知,本书需运用并行多重中介效应模型进行间接效应检验。此时,就某个中介变量而言,间接效应为 $a_i b_i$;对于所有中介变量,间接效应则为 $\sum a_i b_i$。同样地,我们仍按照整体视角和不同维度视角分别进行实证分析。

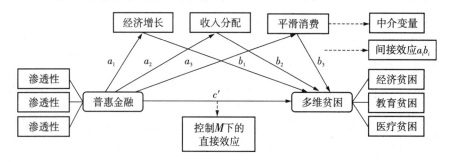

图 7.2　本书的实证思路

## 7.2　三峡库区普惠金融减缓多维贫困间接效应实证:整体视角

### 7.2.1　模型与变量

**1)并行多重中介效应模型**

根据前文实证思路,我们参考温忠麟和叶宝娟(2014)对中介效应模型的相关研究经验[184]732,构建如下并行多重中介效应模型,如图7.3所示。

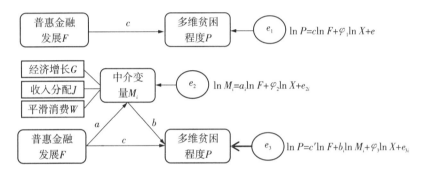

**图7.3　并行多重中介效应模型**

图7.3中系数 $c$ 为普惠金融发展对多维贫困程度的总效应;系数 $a_i$ 为普惠金融发展对中介变量 $M_i$ 的效应;系数 $b_i$ 是在控制了普惠金融发展的影响后,中介变量 $M_i$ 对多维贫困程度的效应;系数 $c'$ 是控制了中介变量 $M_i$ 后,普惠金融发展对多维贫困程度的直接效应;系数 $a_i$ 与 $b_i$ 的乘积 $a_i b_i$ 为普惠金融发展对多维贫困程度的间接效应。$\varphi_1 \sim \varphi_3$ 为控制变量回归系数,$e_1$、$e_{2i}$、$e_{3i}$ 为回归残差。

**2)相关变量与数据**

(1)解释变量

普惠金融发展($F$),涵盖渗透性($F_1$)、可得性($F_2$)和效用性($F_3$)三个维度,采用改进的Critic法进行赋权,可求得综合指数和三个维度指数,分别用于后续的整体中介效应检验和分维度中介效应检验。

(2)被解释变量

多维贫困程度($P$),涵盖经济贫困($P_1$)、教育贫困($P_2$)和医疗贫困($P_3$)三个维度,同样采用改进的Critic法进行赋权,可求得多维贫困指数和三个维度指数,分别用于后续的整体中介效应检验和分维度中介效应检验。

(3)中介变量($M$)

包括经济增长($G$)、收入分配($J$)和平滑消费($W$)。

经济增长($G$)：考虑到其他指标都进行了人均化处理，因而用"人均 GDP"指标表示，计算时 GDP 在以 2003 年为基期的"地区生产总值指数"基础上进行折算而成。

收入分配($J$)：用"城乡居民可支配收入泰尔指数"表示：

$$J = \sum_{i=1}^{2}\left( \frac{B_i}{B} \times \ln \frac{\dfrac{B_i}{B}}{\dfrac{Pe_i}{Pe}} \right) \tag{7.1}$$

式中，$J$ 是城乡居民可支配收入泰尔指数，$B_i$ 是居民可支配收入，$B$ 是全体居民人均可支配收入；$Pe_i$ 为常住人口数，$Pe$ 是常住人口总数；当 $i=1$ 代表城镇，当 $i=2$ 代表农村。$J$ 越大，代表收入分配越不合理。

平滑消费($W$)：根据 Townsend(1994)提出的平滑消费检验框架[189]，我们定义平滑消费的计算方法为：

$$W = \frac{\ln Cn_{it}}{\ln G_{it}} \tag{7.2}$$

其中，$Cn$ 代表全体居民人均生活消费水平，$G$ 为人均 GDP。$W$ 越大，代表平滑消费的程度越不好。

(4)控制变量

家庭规模($S$)、农业生产条件($A$)、交通密集度($T$)、固定资产投资($I$)、社会保障投入($C$)、产业发展($D$)和新型城镇化($U$)。

以上变量涉及的指标数据来源于《重庆市统计年鉴》《宜昌市统计年鉴》《恩施州统计年鉴》以及各区县历年《国民经济和社会发展统计公报》，个别数据缺失的通过插值法补齐。样本与前述 6.2 一致，时间跨度为 2003—2018 年。

### 7.2.2　相关检验

#### 1)各变量相关性分析

如表 7.2 所示，根据相关性检验可知，在 1% 水平下多维贫困程度($P$)、普惠金融发展($F$)、经济增长($G$)、收入分配($J$)和平滑消费($W$)之间的相关系数在 0.3～0.6 之间波动，有较强的相关性，但不存在多重共线性。其中，多维贫困程度($P$)与普惠金融发展($F$)、经济增长($G$)呈负相关，与收入分配($J$)、平滑消费($W$)呈正相关，说明普惠金融与经济增长水平越高，多维贫困程度将越低，收入差距越小、消费平滑能力越强，多维贫困程度也将越低。这初步印证了前述理论分析，为后续中介效应检验提供了预设前提。

**表 7.2　各相关变量相关性检验**

| | $\ln P$ | $\ln F$ | $\ln G$ | $\ln J$ | $\ln W$ |
|---|---|---|---|---|---|
| $\ln P$ | 1 | | | | |
| $\ln F$ | -0.530*** | 1 | | | |

续表

| | ln $P$ | ln $F$ | ln $G$ | ln $J$ | ln $W$ |
|---|---|---|---|---|---|
| ln $G$ | $-0.336^{***}$ | $0.377^{***}$ | 1 | | |
| ln $J$ | $0.344^{***}$ | $-0.481^{***}$ | $-0.561^{***}$ | 1 | |
| ln $W$ | $0.338^{***}$ | $-0.565^{***}$ | $-0.261^{***}$ | $0.474^{***}$ | 1 |

注:$^{*} p<0.1$;$^{**} p<0.05$;$^{***} p<0.01$。

**2)模型的主要拟合指数**

考虑到本书对普惠金融减缓多维贫困的间接效应检验较为复杂,模型的外在质量就显得极为重要。我们运用 Stata/SE15.1 软件按照最大似然法则(ML),采用 Bootstrap 检验法作抽样 1 000 次,可得到中介效应模型的主要拟合指数的相关结果。如表 7.3,$\chi^2/\mathrm{df}$ 受样本量影响较大,一般样本量越大数值就越大,本书的样本量共计 6 100 条,拟合值为 7.141,在可接受范围内。与此同时,近似误差均方根 RMSEA 为 0.048,标准化残差均方根 SRMR 为 0.049,均低于临界值 0.05;而相对拟合指数 CFI、非规范拟合指数 TLI 的数值分别为 0.905、0.918,在临界值 0.9 以上,这些表明本书假设模型与样本间拟合程度良好。

**表 7.3 模型的主要拟合指数**

| 指标名称 | 指标性质 | 范 围 | 判断值 | 本文拟合值 |
|---|---|---|---|---|
| $\chi^2/\mathrm{df}$ | 考虑模型复杂度后的卡方值 | / | 越小越好 | 7.141 |
| RMSEA | 近似误差均方根 | 0 ~ 1 | <0.05 | 0.048 |
| SRMR | 标准化残差均方根 | 0 ~ 1 | <0.05 | 0.049 |
| CFI | 相对拟合指数 | 0 ~ 1 | >0.9 | 0.905 |
| TLI | 非规范拟合指数 | 0 ~ 1 | >0.9 | 0.918 |

注:Stata/SE15.1 软件 Bootstrap 抽样 1 000 次。

## 7.2.3 整体实证结果

**1)经济增长机制的间接效应**

我们运用 Stata/SE15.1 软件的 sgmediation 命令,首先对经济增长机制的间接效应进行检验,结果如表 7.4 所示。易知,普惠金融发展对多维贫困程度的总效应($c$)显著,达到了 $-0.261$,普惠金融发展对中介变量经济增长的效应($a$),以及经济增长作为中介变量对多维贫困程度的效应($b$)均在 1% 水平下显著,分别达到了 0.451、$-0.066$。由此,普惠金融发展可通过促进经济增长,间接地减缓多维贫困程度,即经济增长发挥了中介作用。根据温忠麟和叶宝娟(2014)的中介效应检验流程,此时不需运用 Bootstrap 法作抽样检验,但出于稳健考虑,我们还是抽样 1000 次。从表中倒数三行的结果可知,Bootstrap 的 $Z$ 统计量在 1% 水平下显著,且 95% 置信区间也不含 0,再次证实了中介效应(间接效应)的存在。

**表7.4　经济增长机制的间接效应检验**

| | ln $P$ | ln $G$ | ln $P$ |
|---|---|---|---|
| ln $F$ | $-0.261^{***}(-10.85)$ | $0.451^{***}(7.07)$ | $-0.231^{***}(-9.03)$ |
| ln $G$ | | | $-0.066^{***}(-3.07)$ |
| 控制变量 | YES | YES | YES |
| $F$ 统计量 | $117.710[0.00]$ | $49.920[0.00]$ | $65.200[0.00]$ |
| Adj R-squared | 0.278 | 0.139 | 0.298 |
| 间接效应 | $-0.030^{***}(-2.81)$ | 间接效应占比 | 11.340% |
| eff | Bootstrap $Z$ | 95% Conf. Interval | [95% Conf. Interval] |
| _bs_1 | $-2.690^{***}[0.00]$ | $-0.0511$ | $-0.0080$ |
| _bs_2 | $-6.990^{***}[0.00]$ | $-0.2962$ | $-0.1664$ |

注:圆括号内为 $t$ 值,中括号内为 $p$ 值, $^{*}p<0.1$; $^{**}p<0.05$; $^{***}p<0.01$。

从表7.4的中间一行可知,经济增长机制的间接效应在1%水平下显著,达到了$-0.030$,占总效应的比例为11.340%,假设 H3 成立。这表明,三峡库区普惠金融发展对多维贫困程度的影响中,经济增长的间接机制与效应存在,并且呈现出"普惠金融发展→经济增长→多维贫困程度"的作用路径。具体来看,随着普惠金融发展水平的提升,库区经济实现了较快增长,带来的大量资源和利益将自发地对穷人起到"涓滴"作用,从而一定程度上减缓了多维贫困程度。但与刘芳(2016)[182]134-138、朱一鸣和王伟(2017)[57]52-53得出的结论相比,三峡库区经济增长机制的间接效应作用还相对有限,这也从侧面证实了前文理论分析中提及的"逆效应"。正是因为这些"逆效应"的存在,使得经济增长机制的间接效应减弱、作用路径不畅,这在库区后续发展中应予以重视。

**2)收入分配机制的间接效应**

采用同样的方法对收入分配机制的间接效应进行检验,结果如表7.5所示。易知,普惠金融发展对中介变量收入分配的效应($a$),以及收入分配作为中介变量对多维贫困程度的效应($b$)分别在1%、5%水平下显著,达到了$-1.184$、0.023,这说明普惠金融发展可通过优化收入分配,间接地促进多维贫困程度的减缓,即收入分配发挥了中介作用。出于稳健考虑,我们同样进行 Bootstrap 检验,抽样1 000次后得到表中倒数后三行的结果。易知,此时Bootstrap 的 $Z$ 统计量分别为$-2.08$、$-7.55$,在5%和1%置信水平下显著,同时95%置信区间也不含0,再次说明中介效应(间接效应)确实存在。

**表7.5　收入分配机制的间接效应检验**

| | ln $P$ | ln $J$ | ln $P$ |
|---|---|---|---|
| ln $F$ | $-0.261^{***}(-10.85)$ | $-1.184^{***}(-9.54)$ | $-0.233^{***}(-8.55)$ |
| ln $J$ | | | $0.023^{**}(2.10)$ |
| 控制变量 | YES | YES | YES |

续表

| | ln $P$ | ln $J$ | ln $P$ |
|---|---|---|---|
| $F$ 统计量 | 117. 710[0. 00] | 90. 97[0. 00] | 61. 72[0. 00] |
| Adj R-squared | 0. 278 | 0. 229 | 0. 286 |
| 间接效应 | −0. 028 * * (−2. 05) | 间接效应占比 | 10. 556% |
| eff | Bootstrap $Z$ | 95% Conf. Interval | 95% Conf. Interval |
| _bs_1 | −2. 08 * * [0. 03] | −0. 053 5 | −0. 001 6 |
| _bs_2 | −7. 55 * * * [0. 00] | −0. 293 9 | −0. 172 8 |

注:圆括号内为 $t$ 值,中括号内为 $p$ 值, * $p$<0. 1; * * $p$<0. 05; * * * $p$<0. 01。

从表7.5可知,收入分配的间接效应在5%水平下显著,达到了−0.028,占总效应的比例为10.556%,假设H4成立。这表明,三峡库区普惠金融发展对多维贫困程度的影响中,收入分配的间接机制与效应存在,并且呈现出"普惠金融发展→收入分配→多维贫困程度"的作用路径。具体来看,随着普惠金融发展水平的提升,库区金融资源进一步向农村地区、贫困群体覆盖,便利可得的普惠金融服务助推了这些群体的收入增长,缩减了收入差距,普惠金融发展对收入分配的优化,给穷人提供了更多的经济利益和教育医疗福利,一定程度上减缓了多维贫困程度。与前述经济增长的间接效应相比,收入分配略有下降,这意味着收入分配间接机制的发挥虽不尽如意,但它在推进普惠金融减缓多维贫困中的重要性可与经济增长相提并论,在推进库区经济增长的同时,也应关注收入分配问题。

**3）平滑消费机制的间接效应**

表7.6报告了平滑消费机制的间接效应有关检验结果。不难看出,普惠金融发展对中介变量平滑消费的效应($a$)在1%水平下显著,达到了−0.021;平滑消费作为中介变量对多维贫困程度的效应($b$)虽达到了0.738,但没有通过显著性检验。根据温忠麟和叶宝娟(2014)提出的中介效应检验"五步法",此时需要运用Bootstrap法作进一步检验。本书采取抽样1 000次,得到了相应结果(如表中倒数三行),易知,此时Bootstrap的 $Z$ 统计量分别为−2.05、−7.56,在5%、1%置信水平下通过显著性检验,同时95%的置信空间并没有包含0,证实了中介效应(间接效应)仍然是存在的。

**表7.6　平滑消费机制间接效应检验**

| | ln $P$ | ln $W$ | ln $P$ |
|---|---|---|---|
| ln $F$ | −0. 261 * * * (−10. 85) | −0. 021 * * * (−11. 89) | −0. 245 * * * (−8. 41) |
| ln $W$ | | | 0. 738(0. 96) |
| 控制变量 | YES | YES | YES |
| $F$ 统计量 | 117. 710[0. 00] | 141. 46[0. 00] | 59. 30[0. 00] |
| Adj R-squared | 0. 278 | 0. 317 | 0. 278 |
| 间接效应 | −0. 016 * (−1. 96) | 间接效应占比 | 6. 059% |

续表

| eff | ln $P$ | ln $W$ | ln $P$ |
|---|---|---|---|
| | Bootstrap $Z$ | 95% Conf. Interval | 95% Conf. Interval |
| _bs_1 | $-2.05^{**}[0.03]$ | $-0.045\,3$ | $-0.013\,7$ |
| _bs_2 | $-7.56^{***}[0.00]$ | $-0.308\,6$ | $-0.181\,5$ |

注:圆括号内为 $t$ 值,中括号内为 $p$ 值, $^*P<0.1$ ; $^{**}P<0.05$ ; $^{***}P<0.01$ 。

从表7.6中间一行报告的结果可知,平滑消费机制的间接效应在10%水平下显著,达到了 $-0.016$ ,占总效应的比例为 $6.059\%$ ,假设H5成立。这表明,三峡库区普惠金融发展对多维贫困程度的影响中,平滑消费的间接机制与效应存在,并且呈现出"普惠金融发展→平滑消费→多维贫困程度"的作用路径。具体来看,随着普惠金融发展水平的提升,贫困群体进入金融市场的门槛有所降低,储蓄和小额信贷等金融服务的规模不断增加,而这一定程度上平滑了居民消费,让消费的波动趋稳,减轻了大额支出、突发性支出对贫困群体的冲击,避免陷入贫困境地。平滑消费机制犹如一副"缓冲剂",对于那些处于贫困边缘的群体有着积极意义。尤其是在一些深度贫困地区,脱贫工作还不稳固,返贫风险比较大,更需在普惠金融减缓多维贫困中强化消费平滑机制,提高其间接效应。

4)小结

从图7.4可知,经济增长( $G$ )、收入分配( $J$ )和平滑消费( $W$ )三大机制均在普惠金融减缓多维贫困中产生了间接效应,分别构成了" $F\nearrow \Rightarrow G\nearrow \Rightarrow P\searrow$ "" $F\nearrow \Rightarrow J\searrow \Rightarrow P\searrow$ "" $F\nearrow \Rightarrow W\searrow \Rightarrow P\searrow$ "的作用路径,假设H3、H4和H5均成立。间接效应的存在意味着,在推进三峡库区普惠金融减缓多维贫困中,应积极借助中介变量,发挥经济增长、收入分配和平滑消费的作用,提升库区减缓多维贫困效果。与以往的文献相比,本书的结论不仅支持了经济增长、收入分配两大机制间接效应的存在,还肯定了平滑消费的重要意义,这是我们的重要发现。

从间接效应的大小来看,经济增长机制最大(0.030),收入分配机制其次(0.028),平滑消费机制最小(0.016),三者之和为0.074,即总体上普惠金融减缓多维贫困的间接效应为0.074。由于控制中介变量后的总效应为0.709(0.231+0.233+0.245),因而间接效应占总效应的比重为10.437%,与崔艳娟和孙刚(2012)、陈银娥和张德伟(2018)测算的结果相比偏小。这意味着,一方面应按照"强优势、补短板"的思路,进一步强化库区经济增长的"涓滴效应"和收入分配的"调剂效应",补齐平滑消费的"缓冲效应",提升三大机制的间接效应。

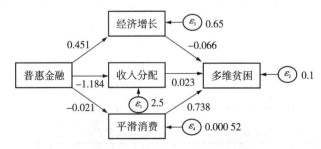

图7.4 整体视角下普惠金融减缓多维贫困间接效应

另一方面,三大间接机制在传导路径上还可能存在较多的障碍因素,以致推动普惠金融减缓多维贫困的力量还不强,从而使得减贫的间接效应仍较为薄弱。三峡库区作为典型的集中连片贫困区结合带,普惠金融减缓多维贫困的成效不仅取决于直接效应,还与错综复杂的间接效应密切相关。因此,在处理两大效应间的关系时,既要着力于各自数量上的提升,做大总效应;也要根据库区实际,在普惠金融发展不成熟的地方优先提升间接效应,在相对成熟的地方则采取协调推进的策略,从而形成更为持续恒久的普惠金融减缓多维贫困效果。

## 7.3 三峡库区普惠金融减缓多维贫困间接效应实证:不同维度视角

与前述实证类似,本书需对不同维度下普惠金融减缓多维贫困间接效应作进一步检验。由于普惠金融和贫困各有三个维度,且普惠金融与贫困各个维度显著相关、普惠金融各个维度亦与贫困显著相关,为突出重点、展示核心部分,本书在此主要讨论普惠金融各个维度对贫困各个维度的间接效应。

### 7.3.1 相关检验

#### 1)各变量相关性分析

如表7.7所示,从相关性检验来看,在10%水平下各变量之间的相关系数均通过显著性检验,并在0.6以下波动,具有较强的相关性,但不存在多重共线性。其中,经济贫困($P_1$)与贫困的其他两个维度——教育贫困($P_2$)、医疗贫困($P_3$)正相关,与普惠金融发展三个维度——渗透性($F_1$)、可得性($F_2$)和效用性($F_3$)负相关,与中介变量——经济增长($G$)负相关,与平滑消费($W$)、经济增长($G$)正相关。相比经济贫困($P_1$),教育贫困($P_2$)略有不同,它与普惠金融渗透性($F_1$)正相关,与收入分配($J$)负相关;医疗贫困($P_3$)的结果则与经济贫困($P_1$)相似。此处相关性检验,与前述6.2.4章节的实证分析和3.4中的部分理论分析相一致,这为下一步中介效应分析提供预设前提。

**表7.7 各相关变量相关性检验**

| | $\ln P_1$ | $\ln P_2$ | $\ln P_3$ | $\ln F_1$ | $\ln F_2$ | $\ln F_3$ | $\ln G$ | $\ln J$ | $\ln W$ |
|---|---|---|---|---|---|---|---|---|---|
| $\ln P_1$ | 1 | | | | | | | | |
| $\ln P_2$ | -0.164*** | 1 | | | | | | | |
| $\ln P_3$ | -0.064* | 0.338*** | 1 | | | | | | |
| $\ln F_1$ | -0.582*** | 0.371*** | -0.08* | 1 | | | | | |
| $\ln F_2$ | -0.585*** | -0.163*** | -0.325*** | 0.481*** | 1 | | | | |
| $\ln F_3$ | -0.344*** | -0.196*** | -0.127** | 0.169*** | 0.628*** | 1 | | | |
| $\ln G$ | -0.336*** | 0.010* | -0.136** | 0.287*** | 0.318*** | 0.250*** | 1 | | |

续表

| | $\ln P_1$ | $\ln P_2$ | $\ln P_3$ | $\ln F_1$ | $\ln F_2$ | $\ln F_3$ | $\ln G$ | $\ln J$ | $\ln W$ |
|---|---|---|---|---|---|---|---|---|---|
| $\ln J$ | 0.573*** | -0.133** | 0.112* | -0.487*** | -0.380*** | -0.233*** | -0.561*** | 1 | |
| $\ln W$ | 0.448*** | -0.086 | 0.206*** | -0.557*** | -0.446*** | -0.332*** | -0.261*** | 0.474*** | 1 |

注：* $p<0.1$；** $p<0.05$；*** $p<0.01$。

### 2）模型的主要拟合指数

考虑到本书不同维度视角下的中介效应检验较为复杂，我们运用 Stata/SE15.1 软件按照最大似然法则（ML），进行 Bootstrap 检验法作抽样 1 000 次，可得到中介效应模型的主要拟合指数的相关结果。如表 7.8 所示，首先，普惠金融渗透性、可得性和效用性的 $\chi^2/df$ 拟合值分别为 6.622、6.208 和 5.457，在可接受范围内。其次，三者的近似误差均方根 RMSEA 分别为 0.039、0.043 和 0.046，标准化残差均方根 SRMR 分别为 0.038、0.040 和 0.044，均低于临界值 0.05。最后，三者的相对拟合指数 CFI 分别为 0.922、0.914 和 0.909，非规范拟合指数 TLI 的数值分别为 0.939、0.930 和 0.918，均在临界值 0.9 以上。以上各项拟合指数显示，本书假设模型与样本间拟合程度良好，可确保模型的外在质量。

表 7.8　模型的主要拟合指数

| 自变量 | $\chi^2/df$ | RMSEA | SRMR | CFI | TLI |
|---|---|---|---|---|---|
| 普惠金融渗透性 $F_1$ | 6.622 | 0.039 | 0.038 | 0.922 | 0.939 |
| 普惠金融可得性 $F_2$ | 6.208 | 0.043 | 0.040 | 0.914 | 0.930 |
| 普惠金融效用性 $F_3$ | 5.457 | 0.046 | 0.044 | 0.909 | 0.918 |

注：运用 Stata/SE15.1 软件 Bootstrap 抽样 1 000 次。

## 7.3.2　普惠金融渗透性对不同维度贫困间接效应

### 1）普惠金融渗透性对经济贫困间接效应

表 7.9 报告了普惠金融渗透性（$F_1$）对经济贫困（$P_1$）的间接效应检验结果。易知，中介变量经济增长（$G$）通过了 1% 水平的显著检验，间接效应为 -0.049，占总效应的比例为 11.243%，这就是说普惠金融渗透性促进了经济增长，经济增长又减缓了经济贫困，形成了 "$F_1\uparrow\Rightarrow G\uparrow\Rightarrow P_1\downarrow$" 的经济增长机制。中介变量收入分配（$J$）和平滑消费（$W$）分别通过 1%、5% 水平检验，间接效应为 -0.039 和 -0.022，占应分别为 9.441% 和 8.460%，这就是说普惠金融渗透性通过降低收入差距和消费平滑能力，而降低了经济贫困程度，形成了 "$F_1\uparrow\Rightarrow J\downarrow\Rightarrow P_1\downarrow$" 的收入分配机制，以及 "$F_1\uparrow\Rightarrow W\downarrow\Rightarrow P_1\downarrow$" 的平滑消费机制。

表 7.9　惠金融渗透性对经济贫困间接效应检验

| 检验系数 | $\ln G$ | $\ln J$ | $\ln W$ |
|---|---|---|---|
| $a$ | 0.201***(3.81) | -0.401***(-9.69) | -0.012*(-11.66) |

续表

| 检验系数 | $\ln G$ | $\ln J$ | $\ln W$ |
|---|---|---|---|
| $b$ | -0.245***(-5.85) | 0.097***(7.76) | 1.847***(8.25) |
| $c'$ | -0.438***(-6.08) | -0.412***(-8.10) | -0.261***(-3.68) |
| 控制变量 | YES | YES | YES |
| 间接效应 | -0.049***(-3.06) | -0.039***(-2.73) | -0.022*(-1.89) |
| 间接效应占比 | 11.243% | 9.441% | 8.492% |

注:圆括号内为 $t$ 值, * $p<0.1$; ** $p<0.05$; *** $p<0.01$。

从间接效应大小和占比来看,经济增长($G$)的作用效果较好,平滑消费($W$)的效果其次,收入分配($J$)的效果较差。可见,在普惠金融渗透性对经济贫困减缓的间接效应中,经济增长的重要性强于平滑消费,平滑消费强于收入分配,这与整体视角的结果较为类似。与此同时,三个中介变量的间接效应之和为-0.110,即普惠金融渗透性对经济贫困的间接效应为-0.110,由于总效应为-1.111(即 $c'$ 加总),那么此时的间接效应占比达到9.929%,即普惠金融渗透性对经济贫困的减缓作用中,有9.929%的比例来自间接机制,略低于整体视角。

**2)普惠金融渗透性对教育贫困间接效应**

表7.10展示的是普惠金融渗透性($F_1$)对教育贫困($P_2$)的间接效应检验结果。不难看出,中介变量经济增长($G$)的检验系数 $a$、$b$ 虽在1%水平下显著,但 $c'$ 未通过检验,此时直接效应不显著。而间接效应通过了5%水平的显著检验,恰好也说明此时存在的是完全间接效应,大小为-0.041,即普惠金融渗透性对教育贫困的影响是完全通过经济增长这一间接机制实现的。同样地,中介变量收入分配($J$)和平滑消费($W$)的系数 $c'$ 也没有通过显著性检验,此时同样存在的是完全间接效应,大小分别为-0.041 和-0.030。

表7.10 普惠金融渗透性对教育贫困间接效应检验

| 检验系数 | $\ln G$ | $\ln J$ | $\ln W$ |
|---|---|---|---|
| $a$ | 0.201***(3.81) | -0.401***(-9.69) | -0.012***(-11.66) |
| $b$ | -0.204***(-3.99) | 0.105***(8.03) | 1.491***(5.75) |
| $c'$ | -0.033(-1.25) | -0.015(-0.95) | -0.028(-1.17) |
| 控制变量 | YES | YES | YES |
| 间接效应 | -0.041**(-2.19) | -0.042**(-2.72) | -0.018*(-1.88) |
| 间接效应占比 | 100% | 100% | 100% |

注:圆括号内为 $t$ 值, * $p<0.1$; ** $p<0.05$; *** $p<0.01$。

与经济贫困的结论相比,收入分配的间接作用有了较大提高,说明在普惠金融渗透性对医疗贫困的影响中,收入分配的作用相对突出(原因在于其检验系数 $b$ 上升较快)。由于三个中介变量均表现为完全间接效应,意味着渗透性是完全通过经济增长、收入分配和平滑消费三大间接机制来实现对教育贫困减缓的,间接效应总和为−0.101,这就确立了三者的主导地位。事实上,前述章节6.3.4固定效应模型和动态Sys-GMM模型结果显示,渗透性对教育贫困不具有显著的直接减缓作用,而此处完全间接效应可以解释其中之原因。

### 3)普惠金融渗透性对医疗贫困间接效应

表7.11报告了普惠金融渗透性($F_1$)对医疗贫困($P_3$)的间接效应检验结果。从中可知,中介变量经济增长($G$)的检验系数$a$、$b$在1%、5%水平下显著,但$c'$没有通过检验,此时直接效应不显著,只有间接效应,大小为−0.018。收入分配($J$)的检验系数$a$在1%水平下显著,但$b$没有通过检验,运用Bootstrap法抽样1 000次显示间接效应显著。但由于$c'$同样没有通过检验,这表明存在的是完全间接效应,大小为−0.020。中介变量平滑消费($W$)的检验结果与经济增长($G$)、收入分配($J$)较为类似,也属于完全间接效应,大小为−0.026。

**表7.11 普惠金融渗透性对医疗贫困间接效应检验**

| 检验系数 | $\ln G$ | $\ln J$ | $\ln W$ |
|---|---|---|---|
| $a$ | 0.201***(5.21) | −0.401***(−9.69) | −0.012***(−11.66) |
| $b$ | −0.091**(−2.08) | 0.051(1.45) | 2.206***(6.75) |
| $c'$ | −0.015(−0.74) | −0.013(−0.51) | −0.020(−0.97) |
| 控制变量 | YES | YES | YES |
| 间接效应 | −0.018**(−1.98) | −0.020**(−2.08) | −0.026**(−2.27) |
| 间接效应占比 | 100% | 100% | 100% |

注:圆括号内为$t$值,*$p<0.1$;**$p<0.05$;***$p<0.01$。

从横向比较来看,平滑消费的间接作用大于收入分配和经济增长,说明在普惠金融渗透性对医疗贫困的影响中,平滑消费的作用相对突出,这与经济贫困、教育贫困的结论不同。三个中介变量均表现为完全间接效应,意味着渗透性是完全通过经济增长、收入分配和平滑消费三大间接机制来实现对医疗贫困减缓的,其间接效应总和为−0.065。无独有偶,前述章节6.3.4固定效应模型和动态Sys-GMM模型结果显示,普惠金融渗透性对医疗贫困不具有显著的直接减缓作用,而此处完全间接效应可解释其中原因。

## 7.3.3 普惠金融可得性对不同维度贫困间接效应

### 1)普惠金融可得性对经济贫困间接效应

表7.12展示的是普惠金融可得性($F_2$)对经济贫困($P_1$)的间接效应检验结果。易知,中介变量经济增长($G$)通过了1%水平的显著检验,间接效应为−0.049,占总效应的比例为11.194%,形成了"$F_2\uparrow \Rightarrow G\uparrow \Rightarrow P_1\downarrow$"的经济增长机制。但相比渗透性维度,可得性维度的经济增长间接效应要稍弱。中介变量收入分配($J$)和平滑消费($W$)也通过了1%水平检验,间接效应分别为−0.048、−0.015,占总效应的比例分别为9.793%、9.181%,同样形成了"$F_2\uparrow \Rightarrow J\downarrow \Rightarrow P_1\downarrow$"的收入分配机制,以及"$F_2\uparrow \Rightarrow W\downarrow \Rightarrow P_1\downarrow$"的平滑消费机制。

表7.12　普惠金融可得性对经济贫困间接效应检验

| 检验系数 | $\ln G$ | $\ln J$ | $\ln W$ |
|---|---|---|---|
| $a$ | 0.194***(5.82) | −0.478***(−7.14) | −0.009***(−8.65) |
| $b$ | −0.251***(−3.45) | 0.101***(9.19) | 1.672***(3.65) |
| $c'$ | −0.435***(−6.99) | −0.493***(−9.59) | −0.164**(−2.51) |
| 控制变量 | YES | YES | YES |
| 间接效应 | −0.049***(−2.97) | −0.048***(−5.64) | −0.016**(−2.10) |
| 间接效应占比 | 11.194% | 9.793% | 9.181% |

注:圆括号内为 $t$ 值,中括号内为 $p$ 值, $^*p<0.1$ ; $^{**}p<0.05$ ; $^{***}p<0.01$ 。

　　三个中介变量均发挥了间接作用,间接效应总和为−0.113,占总效应−1.092 的比重为10.259%,无论是效应值还是比重均大于渗透性维度。从中介变量的横向对比来看,经济增长和收入分配在普惠金融可得性减缓经济贫困中的间接效应均较大,平滑消费则较小,其原因在于经济增长和收入分配的检验系数 $b$ 出现了较大幅度提升。从间接效应占比来看,三个中介变量的排序仍然为经济增长较高、收入分配其次、平滑消费较小。但与渗透性维度相比,经济增长的比重出现了下降,而收入分配和平滑消费均一定程度上提升。

　　**2)普惠金融可得性对教育贫困间接效应**

　　表7.13 报告了普惠金融可得性( $F_2$ )对教育贫困( $P_2$ )的间接效应检验结果。从中可知,中介变量经济增长( $G$ )通过了10%水平的显著检验,间接效应为−0.049,占总效应的比例为11.335%,形成了" $F_2\uparrow\Rightarrow G\uparrow\Rightarrow P_2\downarrow$ "的经济增长机制。中介变量收入分配( $J$ )和平滑消费( $W$ )在1%水平上显著,间接效应分别为−0.058 和−0.031,占总效应的比例分别为11.408%和10.878%,同样形成了" $F_2\uparrow\Rightarrow J\downarrow\Rightarrow P_2\downarrow$ "的收入分配机制,以及" $F_2\uparrow\Rightarrow W\downarrow\Rightarrow P_2\downarrow$ "的平滑消费机制。易知,三个中介变量的间接效应之和为−0.138,即普惠金融可得性对教育贫困的间接总效应为−0.138。

表7.13　普惠金融可得性对教育贫困间接效应检验

| 检验系数 | $\ln G$ | $\ln J$ | $\ln W$ |
|---|---|---|---|
| $a$ | 0.194***(5.82) | −0.478***(−7.14) | −0.009***(−8.65) |
| $b$ | −0.253***(−3.14) | 0.121***(9.79) | 3.493***(8.17) |
| $c'$ | −0.433***(−3.08) | −0.507***(−9.15) | −0.289***(−3.01) |
| 控制变量 | YES | YES | YES |
| 间接效应 | −0.049*(−1.82) | −0.058***(−3.35) | −0.031***(−2.97) |
| 间接效应占比 | 11.335% | 11.408% | 10.878% |

注:圆括号内为 $t$ 值,中括号内为 $p$ 值, $^*p<0.1$ ; $^{**}p<0.05$ ; $^{***}p<0.01$ 。

　　从横向对比来看,收入分配的间接效应较大,经济增长其次,平滑消费较小,显示了收入分配在普惠金融可得性减缓教育贫困中的重要性,这与经济贫困的结论有所不同。在间接效应占比上,收入分配的比重仍然较高,经济增长与其相当,平滑消费较小,但三者之间的差距明显缩小,尤其是平滑消费的比重有了积极提升。与此同时,与渗透性维度相比,经济增长、收入分配和平滑消费对教育贫困的间接效应在大小上均有了一定程度提升,说明三者在普惠金融可得性减缓教育贫困中发挥了更大的间接作用。

3)普惠金融可得性对医疗贫困间接效应

表7.14 展示了普惠金融可得性($F_2$)对医疗贫困($P_3$)的间接效应检验结果。不难看出,中介变量经济增长($G$)的检验系数 $a$ 在 1% 水平下显著,但 $b$ 没有通过检验,需用 Bootstrap 法抽样 1 000 次作进一步检验,结果显示间接效应显著。$c'$ 通过显著性检验,$ab$ 的符号为负,与 $c'$ 符号同号,存在部分中介效应(间接效应),效应大小为 −0.010,占总效应比例为 9.611%,形成了 "$F_2 \uparrow \Rightarrow G \uparrow \Rightarrow P_3 \downarrow$" 的经济增长机制。同样地,中介变量收入分配($J$)的检验系数 $b$ 没有通过显著性检验,通过 Bootstrap 法抽样 1 000 次发现间接效应显著,$c'$ 通过显著性检验,间接效应为 −0.009,占总效应比例为 7.897%,形成了 "$F_2 \uparrow \Rightarrow J \uparrow \Rightarrow P_3 \downarrow$" 的经济增长机制。

表7.14 普惠金融可得性对医疗贫困间接效应检验

| 检验系数 | $\ln G$ | $\ln J$ | $\ln W$ |
| --- | --- | --- | --- |
| $a$ | 0.194***(5.82) | −0.478***(−7.14) | −0.009***(−8.65) |
| $b$ | −0.054(−0.65) | 0.019(0.23) | 1.272***(4.26) |
| $c'$ | −0.109**(−2.44) | −0.115***(−2.60) | −0.105***(−2.78) |
| 控制变量 | YES | YES | YES |
| 间接效应 | −0.010**(−1.96) | −0.009*(−1.94) | −0.012*(−1.74) |
| 间接效应占比 | 9.611% | 7.897% | 10.903% |

注:圆括号内为 $t$ 值,中括号内为 $p$ 值,$*p<0.1$;$**p<0.05$;$***p<0.01$。

中介变量平滑消费($W$)的检验结果与经济增长($G$)、收入分配($J$)较为类似,为间接效应,大小为 −0.012,占比为 10.903%,同样形成了 $F_2 \uparrow \Rightarrow W \downarrow \Rightarrow P_3 \downarrow$ 的平滑消费机制。可见,三个中介变量均产生了间接作用,间接效应之和为 −0.031,总占比为 9.424%。从横向对比来看,平滑消费和经济增长的间接效应及其占比均较大,其原因可能在于贫困群体的医疗保障能力的改善,更依赖于消费平滑与经济增长水平的提升。同时,与经济贫困、教育贫困相比,平滑消费对医疗贫困减缓的间接效应占比明显要高,凸显了其重要性。

### 7.3.4 普惠金融效用性对不同维度贫困间接效应

#### 1)普惠金融效用性对经济贫困间接效应

表7.15 展示的是普惠金融效用性($F_3$)对经济贫困($P_1$)的间接效应检验结果。从中可知,中介变量经济增长($G$)的检验系数 $a$、$b$、$c'$ 均在 1% 水平下显著,且 $ab$ 的符号与 $c'$ 符号同号,说明存在间接效应,大小为 −0.079,占总效应比例为 10.820%,形成了 "$F_3 \uparrow \Rightarrow G \uparrow \Rightarrow P_1 \downarrow$" 的经济增长机制。相比渗透性维度、可得性维度,效用性维度的经济增长间接效应明显要

强。中介变量收入分配($J$)和平滑消费($W$)也通过了1%水平检验,间接效应分别为
$-0.063$、$-0.033$,占总效应的比例分别为10.740%、8.856%,同样形成了"$F_3\uparrow\Rightarrow J\downarrow\Rightarrow P_1\downarrow$"
的收入分配机制,以及"$F_3\uparrow\Rightarrow W\downarrow\Rightarrow P_1\downarrow$"的平滑消费机制。

表7.15　普惠金融效用性对经济贫困间接效应检验

| 检验系数 | $\ln G$ | $\ln J$ | $\ln W$ |
|---|---|---|---|
| $a$ | 0.290***(4.48) | $-0.556$***($-4.16$) | $-0.012$***($-6.13$) |
| $b$ | $-0.272$***($-4.96$) | 0.113***(8.14) | 2.775***(7.07) |
| $c'$ | $-0.729$***($-5.17$) | $-0.585$***($-4.76$) | $-0.376$***($-4.13$) |
| 控制变量 | YES | YES | YES |
| 间接效应 | $-0.079$***($-3.33$) | $-0.063$***($-3.90$) | $-0.033$***($-4.63$) |
| 间接效应占比 | 10.820% | 10.740% | 8.856% |

注:圆括号内为$t$值,中括号内为$p$值,*$p<0.1$;**$p<0.05$;***$p<0.01$。

与前渗透性、可得性维度相比,效用性维度下的经济增长、收入分配和平滑消费间接效
应在数值上均有了明显增加,达到了$-0.175$,占比为10.356%,显示了它们在普惠金融效用
性减缓经济贫困中发挥了更大的间接作用。但从效应占比来看,效用性维度下经济增长的
重要性有所削弱,收入分配则有一定提升,平滑消费变动较小,这凸显了收入分配在普惠金
融效用性减缓经济贫困中的重要性。从中介变量的横向对比来看,效应值大小和占比上均
呈现了"经济增长>收入分配>平滑消费"的规律,这与前两个维度的结论类似。

**2)普惠金融效用性对教育贫困间接效应**

表7.16报告了普惠金融效用性($F_3$)对教育贫困($P_2$)的间接效应。不难看出,中介变
量经济增长($G$)的各项检验中,检验系数$a$、$b$均在1%水平下显著,表明间接效应显著,$c'$亦
通过检验,由此间接效应为$-0.068$,占总效应的比例为9.680%。中介变量收入分配($J$)的
结果也显示,检验系数$a$、$b$、$c'$均通过了$t$检验,间接效应在1%置信水平下显著,大小为
$-0.060$,占总效应的比例为10.371%。中介变量平滑消费($W$)的间接效应检验结果与收入
分配($J$)较为类似,间接效应为$-0.028$,占总效应的比例为9.258%。

表7.16　普惠金融效用性对教育贫困间接效应检验

| 检验系数 | $\ln G$ | $\ln J$ | $\ln W$ |
|---|---|---|---|
| $a$ | 0.290***(4.48) | $-0.556$***($-4.16$) | $-0.012$***($-6.13$) |
| $b$ | $-0.235$***($-3.07$) | 0.105***(6.31) | 2.299***(5.88) |
| $c'$ | $-0.704$***($-4.63$) | $-0.579$***($-4.20$) | $-0.298$***($-4.27$) |
| 控制变量 | YES | YES | YES |
| 间接效应 | $-0.068$**($-1.99$) | $-0.060$***($-2.59$) | $-0.028$***($-2.60$) |
| 间接效应占比 | 9.680% | 10.371% | 9.258% |

注:圆括号内为$t$值,中括号内为$p$值,*$p<0.1$;**$p<0.05$;***$p<0.01$。

由此,普惠金融效用性对教育贫困的减缓作用中,存在"$F_3\uparrow\Rightarrow G\uparrow\Rightarrow P_2\downarrow$"的经济增长机制、"$F_3\uparrow\Rightarrow J\downarrow\Rightarrow P_2\downarrow$"的收入分配机制以及"$F_3\uparrow\Rightarrow W\downarrow\Rightarrow P_2\downarrow$"的平滑消费机制。从效应占比大小来看,收入分配最高,经济增长其次,平滑消费最后,这与前述可得性维度的结果类似,但与经济贫困不同。总体来看,三个中介变量的间接效应之和为−0.156,即普惠金融效用性对教育贫困的间接效应为−0.156,高于渗透性维度(−0.101)和可得性维度(−0.138),再次证实了在间接机制下普惠金融效用性对教育贫困减缓的突出贡献。

### 3)普惠金融效用性对医疗贫困间接效应

表7.17展示了普惠金融效用性($F_3$)对医疗贫困($P_3$)的间接效应检验结果。从中可知,中介变量经济增长($G$)的检验系数$a$、$b$、$c'$在10%水平下显著,且$ab$的符号为负,与$c'$符号同号,说明存在间接效应,大小为−0.039,占总效应比例为10.244%,"$F_3\uparrow\Rightarrow G\uparrow\Rightarrow P_3\downarrow$"成立。中介变量收入分配($J$)的检验系数$a$在1%水平下显著,但$b$没有通过检验,需用Bootstrap法抽样1 000次作进一步检验,结果显示间接效应显著;$c'$亦通过显著性检验,此时间接效应为−0.013,占总效应比例为10.507%,"$F_3\uparrow\Rightarrow J\downarrow\Rightarrow P_3\downarrow$"成立。

表7.17 普惠金融效用性对医疗贫困间接效应检验

| 检验系数 | $\ln G$ | $\ln J$ | $\ln W$ |
|---|---|---|---|
| $a$ | 0.290***(4.48) | −0.556***(−4.16) | −0.012***(−6.13) |
| $b$ | −0.136**(−2.19) | 0.024(1.48) | 1.723***(3.05) |
| $c'$ | −0.385***(−2.86) | −0.127**(−2.02) | −0.153**(−2.10) |
| 控制变量 | YES | YES | YES |
| 间接效应 | −0.039**(−2.57) | −0.013*(−1.65) | −0.021***(−2.75) |
| 间接效应占比 | 10.244% | 10.507% | 13.514% |

注:圆括号内为$t$值,中括号内为$p$值,*$p<0.1$;**$p<0.05$;***$p<0.01$。

中介变量平滑消费($W$)的检验系数$a$、$b$在1%水平下显著,$c'$在5%水平下显著,说明此时存在间接效应,大小为−0.021,占比为13.514%。可见,三个中介变量均发挥了间接作用,总的间接效应为−0.073,占总效应的比重为11.047%,既大于经济贫困和教育贫困的结果,亦比渗透性维度(−0.065)、可得性维度(−0.031)的医疗贫困间接效应大,这表明效用性维度下平滑消费对于医疗贫困减缓的作用更为突出。从中介变量的横向对比来看,平滑消费的间接效应占比较高,收入分配和经济增长相对较低,这与渗透性、可得性维度保持一致。

## 7.4 本章小结

本章首先提出三个研究假设和子假设,给出实证思路,然后利用并行多重中介效应模型从整体和不同维度两个视角,对三峡库区普惠金融减缓多维贫困的间接效应进行了实证分析。整体视角显示,普惠金融通过经济增长、收入分配和平滑消费三大机制产生了间接减缓多维贫困效应,假设 H3、H4 和 H5 均成立。其中,经济增长的间接减贫效应最大,为−0.030,占总效应比重为 11.34%;收入分配的间接减贫效应其次,为−0.028,占总效应比重为 10.56%;平滑消费的间接减贫效应最小,为−0.016,占总效应比重为 6.06%(如前图 7.4)。三者之和为 0.074,即整体视角下普惠金融减缓多维贫困总的间接效应为 0.074,所占总效应的比重为 10.437%。从三大间接机制的横向对比来看,经济增长与收入分配在普惠金融减缓多维贫困中的贡献较为突出,平滑消费的作用相对较弱。应结合这一发现和库区实际,充分利用好中介变量的作用,加强彼此之间的协调,最大限度提升普惠金融减缓多维贫困的间接效应。

与此同时,不同维度下普惠金融减缓多维贫困的间接效应存在差异,假设 H3-1、H4-1、H5-1 均成立。如图 7.5 所示,在三大机制作用下,普惠金融渗透性对经济贫困、教育贫困和医疗贫困的间接效应分别为−0.110、−0.101 和−0.065,其中,经济贫困的间接效应占比 9.929%,而教育贫困和医疗贫困均为完全间接效应,后者解释了第 6 章中渗透性对教育贫困和医疗贫困直接作用不显著的原因。相应地,普惠金融可得性对经济贫困、教育贫困和医疗贫困减缓的间接效应分别为−0.112、−0.138 和−0.031,占比为 10.259%、11.258% 和 9.424%;普惠金融效用性对经济贫困、教育贫困和医疗贫困减缓的间接效应分别为−0.175、−0.156 和−0.073,占比为 10.356%、9.854% 和 11.047%。与此同时,对于经济贫困和教育贫困,效用性减缓多维贫困的间接效应占比较高,而对于医疗贫困,可得性减缓多维贫困的间接效应占比较高。无论在普惠金融哪一个维度下,经济增长机制对经济贫困的间接效应占比、收入分配机制对教育贫困的间接效应占比以及平滑消费对医疗贫困的间接效应占比总是较高的。

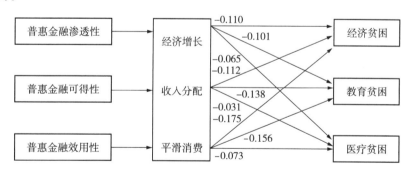

**图7.5　不同维度下普惠金融减缓多维贫困直接效应**

# 第8章 结论、启示与展望

本书在国内外文献回顾、相关理论梳理的基础上,构建了普惠金融减缓多维贫困的理论分析框架;结合现状分析,建立实证模型对普惠金融减缓多维贫困直接效应与间接效应进行了检验。下文将梳理前述研究结论,并据此给出相关政策启示,最后对未来研究进行展望。

## 8.1　研究结论

### 8.1.1　普惠金融与多维贫困减缓有着理论上的统一性

首先,普惠金融与多维贫困减缓之间有着密切的理论渊源。早期的减贫理论认为贫困的根源在于金融资本缺乏,金融发展理论也间接关注了减贫问题,农村金融理论把穷人列为信贷约束对象,普惠金融在内涵和实现机制上关注穷人和减贫。其次,普惠金融与多维贫困减缓之间有着紧密的现实关联。普惠金融与多维贫困减缓的重点对象高度一致,均把人的发展列为最重要的目标,均提出了内生驱动的要求,且普惠金融减缓多维贫困已被实践证明。最后,普惠金融促进多维贫困减缓有着内在逻辑,即赋予金融权利减缓金融排斥、降低交易成本提高可得性、提供经济机会实现原因减贫、促进包容发展减贫。

### 8.1.2　普惠金融减缓多维贫困存在直接机制和间接机制

普惠金融减缓多维贫困的直接机制主要体现在向贫困群体提供储蓄、信贷、保险、结算、理财等金融服务,通过影响贫困群体初始财富水平、接受教育培训机会与程度、获取金融服务机会、改善经济社会政治福利的机会和途径,减缓其经济贫困、教育贫困和医疗贫困。普惠金融减缓多维贫困的间接机制主要表现在:通过促进经济增长,发挥"涓滴效应",赋予穷人更多的包容性增长机会,在面上助推多维贫困减缓;通过改善收入分配,发挥"调剂效应",减少地区和群体收入差距,在线上助推多维贫困减缓;通过平滑居民消费,发挥"缓冲效应",减缓大额支出和消费冲击,在点上助推多维贫困减缓。

### 8.1.3　三峡库区普惠金融与多维贫困有改善,金融减贫成效初显

库区金融发展经历了初步形成、深化改革和普惠金融推进三个阶段。2003年普惠金融指数为17.1%,到2018年已提高至21.38%,年均增幅1.4%;普惠金融的渗透性、可得性和

效用性分别为 8.24%、7.85% 和 7.81%。历经"移民+温饱"为目标的开发式减贫、"致富+小康"为目标的精准减贫和相对贫困减缓阶段后,库区多维贫困指数由 2003 年的 49.7%,下降至 2018 年的 30.9%。其中,经济贫困快速缓解,教育贫困稳步缓解,医疗贫困有缓有重。库区金融减贫历经信贷减贫和金融精准减贫两个重要阶段,形成了政府引导机构参与、下沉重心强化体系、创新产品优化服务等基本经验,但也存在着短期性、粗放式、后继乏力等三方面问题。

### 8.1.4 三峡库区普惠金融具有直接减缓多维贫困效应

固定效应模型估计显示,普惠金融减缓多维贫困的直接效应为 0.111;运用 Sys-GMM 估计得出,在考虑 0.288% 的贫困累积效应后,普惠金融发展对多维贫困减缓的直接贡献为 0.043,减缓多维贫困的直接效应有待提高。进一步的分位数回归显示,普惠金融对低度和中度贫困组的减缓多维贫困作用较大,对高度贫困组的作用较小且没有通过显著性检验。不同维度的实证显示,普惠金融对各维度贫困均有减缓作用,普惠金融渗透性和可得性减缓多维贫困的直接效应较强,普惠金融渗透性对经济贫困的减缓作用明显,普惠金融可得性和效用性对各维度贫困均有显著的减缓作用,其他维度的直接效应则没有通过显著性检验。

### 8.1.5 三峡库区普惠金融减缓多维贫困具有门槛特征

普惠金融减缓多维贫困的直接效应受地区经济水平单一门槛的影响,当地区经济水平的对数大于门槛值 10.0551 时,直接效应显著,大小为 0.124。普惠金融对经济贫困、医疗贫困的影响分别存在人均收入水平单一门槛、双重门槛,对教育贫困的影响存在地区经济水平单一门槛。普惠金融渗透性对贫困的影响存在人均收入水平和地区经济水平单一门槛,可得性存在地区经济水平单一门槛,效用性存在人均收入水平双重门槛。普惠金融渗透性、效用性对经济贫困的影响分别存在人均收入水平单一门槛、双重门槛;渗透性对教育贫困、医疗贫困的影响均存在地区经济水平双重门槛和人均收入水平双重门槛;可得性对医疗贫困的影响存在人均收入水平单一门槛,效用性则存在人均收入水平双重门槛。

### 8.1.6 三峡库区普惠金融减缓多维贫困存在间接效应

经济增长、收入分配和平滑消费在库区普惠金融减缓多维贫困中均发挥了间接作用,间接效应分别为 -0.030、-0.028 和 -0.016,其占总效应的比重为 10.437%,且经济增长与收入分配的重要性较为突出。与此同时,普惠金融渗透性对经济贫困、教育贫困、医疗贫困的间接效应(占比)分别为 -0.110(9.929%)、-0.101(100%)和 -0.065(100%)。相应地,普惠金融可得性的间接效应(占比)分别为 -0.112(10.259%)、-0.138(11.258)和 -0.031(9.424%),普惠金融效用性的间接效应(占比)分别为 -0.175(10.356%)、-0.156(9.854%)和 -0.073(11.047%)。无论普惠金融哪一个维度,经济增长对经济贫困的间接效应占比、收入分配对教育贫困的间接效应占比以及平滑消费对医疗贫困的间接效应占比总是较高的。

# 8.2　政策启示

从实证研究可知,库区普惠金融减缓多维贫困的直接效应还不高,间接效应也有待提升。要实现三峡库区解决多维贫困和2020年后相对贫困问题,有效的手段之一就是推进普惠金融供给侧改革,健全普惠金融减缓多维贫困的机构体系、基础设施、产品服务、政策体系和长效机制,让更多的贫困县和贫困群体平等地、可负担地享受各类金融权利、实现脱贫。

## 8.2.1　完善普惠金融机构体系

普惠金融机构体系是普惠金融建设的重中之重,只有机构下沉,才能持续地实现服务下沉和人员下沉,发挥普惠金融可得性和效用性的减缓多维贫困作用。完善普惠金融机构体系,实质上是从组织上保障普惠金融减缓多维贫困效应的发挥,这对于当前的三峡库区是极其紧迫和重要的。具体包括三个方面:

### 1)推进普惠金融专营机构和事业部设立运营

孟加拉国格莱珉模式之所以能成为"穷人的银行",是因为他们一直努力让服务下沉,沉到最底层,这种可贵的精神,是中国这类弱势农业大国、三峡库区这类连片贫困区应该重视的方向。因此,库区金融机构应以中国银保监会等11部门推进普惠金融事业部设立为契机,加快组织重构,下放贷款审批权限,让普惠金融服务下沉至贫困人群、低收入人群、小微企业等重点群体。具体实施中,一是鼓励库区村镇银行、农村商业银行和地方股份制银行利用地缘优势,加快推进普惠专营机构和小微企业专营支行、特色支行、社区支行建设。二是引导工行、建行、中行等大型银行和全国性股份制银行整合原有小企业部门,在库区分行或重点一级支行设立普惠金融事业部,让普惠金融覆盖县域。三是深化农业银行、邮政储蓄银行"三农金融事业部"改革,推动"三农"普惠向"综合"普惠转变,有条件的区县分行可组建普惠金融事业部,形成"三农金融事业部+普惠金融事业部"双轮驱动的普惠金融组织体系。

### 2)加大农村资金互助社试点工作力度

目前库区农村普惠金融的格局以商业性金融为主,合作性金融微乎其微。农村资金互助社坚持社区互助性银行定位,能以资金为纽带连接兼业化分散的贫困农户,形成新型农村生产关系组织体、利益共享风险共担命运体,因而有着"农村金融加油站""农民自己的银行"之称。一方面,积极总结江津区明星农村资金互助社、黔江区城东诚信农村资金互助社试点经验,借鉴开州区民丰互助合作会以及其他深度贫困地区经验,结合库区农业发展特点,在柑橘、茶叶、榨菜、中药材等特色种植业乡镇以及肉牛、黑山羊等优势养殖业村社,扩大农村资金互助社设试点范围。另一方面,可将库区运行良好、风险可控的扶贫资金互助社,转制为农村资金互助社,给予扶持壮大的同时,按照章程要求健全治理结构,有效保障资金使用效率,降低信贷风险。社员贷款2万元在以内可不设担保抵押条件,金额较大的可实行

"保证人+其他社员担保"等相对灵活的放贷形式。

**3)发挥政策性银行和保险公司专业优势**

库区政策性银行承担了大量的扶贫贷款发放,是目前金融减缓多维贫困的主力军。下一步应加强平衡,引导更多的金融主体共同参与库区"政策性金融扶贫示范区""金融扶贫示范区"建设。政策性银行要更加聚焦主业,支持其以批发资金转贷形式与其他持牌金融机构合作,持续推进库区基础设施、特色农林产业、易地搬迁等金融扶贫工作。其中,农业发展银行要加大对库区农产品加工、农业基建等领域的信贷投放,进出口银行应加大农产品出口信贷以及境外金融机构贷款转贷。此外,保险服务作为普惠金融减缓多维贫困的重要渠道,应积极引导保险公司持续加大贫困区县的网点投入,设立普惠性保险综合服务点,发挥基层农业服务组织等农业保险协办方作用,构建库区农村保险服务网络,努力形成"以县支公司为龙头、以乡镇服务网点为依托、以驻村协保员为延伸"的组织体系。

## 8.2.2 加快普惠金融基础设施建设

普惠金融基础设施是打通普惠金融服务的"最后一公里",不仅对于普惠金融发展水平的提升十分关键,也是普惠金融发挥减缓多维贫困效应的重要一环。只有加快普惠金融基础实施建设,才能有效提升普惠金融渗透性、可得性和效用性对减缓多维贫困的积极作用。结合库区实际,当前需做好以下三个方面的建设:

**1)加快完善库区信用信息综合平台**

重庆和湖北库区应按照省级《推进普惠金融发展工作方案》的要求,加快信用信息综合平台建设。一是加强信用信息接入管理,积极引导小额贷款公司、融资租赁公司、典当、非融资性担保公司等类金融机构接入人民银行征信系统,打造更加健全的征信数据库共享平台。二是逐步将工商局、质监局、市场监管局、环保局、法院、检察院等公共信用信息平台,与金融机构、征信机构等金融信用信息平台进行整合,实行统一规划、分类采集、集中存储、联网应用,形成一个数据平台、一套规范体系。三是加快库区信用户、信用村、信用乡镇、金融生态区县的创建工作,依托互联网技术、移动技术开展农户基础信用信息实时采集、同步上传和动态管理,尽快建成库区农村征信体系。

**2)深入推进金融服务网络和支付环境建设**

推动基础金融服务向库区乡村和社区延伸,加大助农金融服务点建设,实现"惠农通"或乡村 POS 终端等自助设备在库区行政村全覆盖。加强金融机构移动设备和专用网络建设,在离行情况下可办理开卡、理财产品销售等金融业务。支持大中型银行推出线上移动服务,让农户通过手机即可登录"微账户""微金融""微生活"等模块,足不出户也能享受免费账户查询挂失服务,体验各种生活缴费场景。大力推进互联网支付渠道建设,在原有支付宝、财付通、京东、银联在线等基础上,鼓励其他主流快捷支付渠道入驻库区,推进互联网支付机构与库区政府开展农村电商战略合作。进一步拓展金融IC卡应用,将符合条件的村镇银行等接入支付清算系统。

### 3）加强农村数字普惠金融基础设施建设

由于具备低成本、高效率的两大核心功能,数字普惠金融已成为全球认可的普惠金融实践路径。库区农村是普惠金融的短板,应充分利用数字技术,实现"弯道超车",让更多的农户和贫困群体平等地享受便捷、安全、可靠的金融服务。加强数字普惠金融的基础设施建设,库区主要做好三个方面:一是以网络服务基础的通信设施建设,重点加强库区农村电力、通信、家庭宽带等基础设施建设,保证数据信息高效传输。二是以网络环境为基础的金融设施建设,进一步扩大农村地区的网上支付、手机支付的覆盖率。三是降低农户和贫困群体与农村金融机构的数字鸿沟。库区居民受教育水平普遍较低,对于新兴的金融服务存在接受难、接受慢的问题,应积极开展金融知识扫盲工程,加强公众金融教育。

## 8.2.3 创新普惠金融产品和服务

普惠金融通过提供广覆盖、相适宜、可负担的普惠性产品和服务,促进贫困群体减贫增收。因此,普惠金融产品和服务是普惠金融减缓多维贫困的重要载体,应结合库区实际加强业务创新,提高普惠金融的供给质量。应重点做好三个方面的工作:

### 1）精准提供普惠信贷服务

围绕贫困群体多维贫困问题,精准对接多元化的信贷需求,加快推出与生产经营、创业就业、教育医疗等相结合的普惠性信贷产品和服务。库区银行类金融机构要坚持精细化、专业化、差异化的经营理念,以服务实体经济为己任,回归本源,将小额贷款、"三权"抵押贷款和涉农贷款作为普惠信贷服务重点,不断优化贷款技术,简化信贷流程,创新信贷服务模式。其中,扶贫小额信贷要对符合条件的建档立卡贫困户全覆盖,农户小额信用贷款和"三权"抵押贷款规模要持续增加,涉农贷款要实现增量不低于上年、占比不低于上年、增速不低于各项贷款增速的"三个不低于"目标。此外,积极支持库区银行机构与涉农担保公司、保险公司等创新合作形式,探索发展投贷联动、线上融资;吸引蚂蚁金服、京东金融等知名企业入驻库区,发展产业链金融服务模式。

### 2）积极发展各类普惠农业保险

普惠农业保险具有强保障、服务对象广泛、价格可负担、可获得性等四个特点,加快其发展有利于补充传统保险空白。具体路径如下:首先,加强普惠农业保险产品结构创新结合库区实际,重点发展农村小额人身险、小额农业保险、创业创富扶贫贷款保证保险、农房农机保险、农产品采摘和农家乐旅游意外险等各种"农"字头特色产品,扩大保险覆盖面,实现贫困户大病医疗补充保险区县全覆盖、建卡贫困户农村扶贫小额保险全覆盖。其次,积极转变服务理念,要充分利用新兴的保险科技武装普惠农业保险,借助互联网技术完善普惠农业保险的服务流程,提供良好的服务体验,开发设施农业、农产品收益等保险服务,推广"保险+期货"试点。最后,要科学确定产品定价,加快实现费率市场化,确保普惠产品符合广大低收入者的现实需求。

### 3）推进农村产权及使用权交易,创新直接融资渠道

发挥农村产权流转交易市场功能,加快建设库区农村产权抵押融资信息系统,继续深化

"地票"改革试点,推进土地承包经营权、宅基地使用权、林权等依法可流转的农村产权交易试点。通过拓宽权利交易品种,盘活农村各类资产,使资源资产化、资产资本化、资本股份化、股份市场化。充分利用好银行间债券市场和交易所债券市场,扩大企业债、公司债、债务融资工具的发行规模,提高债市融资比例。对于库区优秀的中小型企业、涉农林企业,鼓励其进入上市企业储备库,给予上市培育和辅导,借助"绿色通道"推动库区企业挂牌上市。利用股权投资基金优势,为中小科技型企业提供资本支持,发展农业专项股权投资基金,支持库区涉农林企业发展,创设大众创业股权融资平台。

### 8.2.4　配套普惠金融政策体系

普惠金融政策体系是加快普惠金融建设的外在保障,通过强化政策环境支撑,补齐制度短板,方能推动各方形成政策合力,为普惠金融减缓多维贫困保驾护航。当前,渝鄂两省市金融主管部门应主动作为,既应最大限度用好现有政策,又要争取上级支持,可从以下四个方面入手:

**1)落实好货币政策的引导作用**

人民银行重庆营业管理部作为中央银行在渝派出机构,是三峡重庆库区普惠金融发展的重要参与者和推动者。在落实货币政策引导作用方面,一是继续加强支农再贷款的科学调配,重点向库区贫困县及已"脱帽"的区县倾斜,保持当前和2020年后支农再贷款不减额、不降速,深度贫困区县支农再贷款利率可在正常贷款利率的基础上再下调1个百分点,以降低贫困群体融资成本。二是继续开展存款准备金率定向调整。对于有扶贫开发任务或虽已"摘帽"但仍需巩固脱贫成效的区县,考核达标的县级"普惠金融事业部""三农金融事业部"均可执行优惠2个百分点的差别准备金率,引导库区金融机构加大普惠信贷投放。三是加大再贴现支持力度,支持符合条件的库区法人金融机构发行小微企业金融债券、"三农"金融债券。

**2)强化普惠金融的监管激励机制**

建立健全普惠金融监管框架,完善配套政策措施。主要包括:一是督促金融机构制订和落实普惠考评机制,设立较高风险容忍度,对贫困群体、小微企业和"三农"不良贷款率高于当年该银行贷款不良率目标2个百分点以内(含)的,有关信贷人员可以尽职免责。二是对不良贷款超过一定限额的普惠金融业务,为开展机构提供必要的风险补偿和支持政策。按照现行会计准则要求,对小微信贷业务足额计提减值准备金,覆盖资产减值风险;对小微信贷业务,按照有关规定,执行差异化的核销政策。三是落实分级分类监管,引导小额贷款公司普惠金融服务,推动金融机构实践绿色金融理念,适度调整贫困地区新型机构准入政策;形成普惠金融行业准入标准和从业行为规范,建立层层负责的业务监督和履职问责制度。

**3)发挥"金融+财税"政策作用,完善风险分担机制**

库区应主动创造良好的"金融+财税"政策环境,按照《普惠金融发展专项资金管理办法》和《三峡后续工作专项资金使用管理办法》的有关要求,综合运用奖、贴、补等方式,引导库区政府、金融机构以及社会资金支持普惠金融体系建设与深化。具体举措包括:对县域金融机构涉农贷款增量实施奖励,对农村金融机构涉农定向费用补贴进行落实,对涉农保险、融资性担保、农村基础金融服务以财政支持,对符合条件的库区农户、贫困群体创业担保贷款给予全额贴息。在完善风险分担机制方面,建立健全各区县扶贫小额信贷风险补偿机制,完善"政银担"合作模式,加大财政支持贫困群体、小微企业和"三农"融资担保风险分担及补偿机制。发挥库区再担保公司作用,做大做强政府性融资担保机构,利用政府转贷资金,探索小型金融机构贷款风险补偿分担机制。

### 4)加强金融教育,强化金融消费者权益保护

普惠金融要深入人心需普及金融教育,建立长效的金融教育体系。在库区农村文化中心、社区学校、老年大学等,开展金融公众教育,让金融知识宣传全面覆盖乡镇和街道;在大中小学校,将金融知识纳入生活、社会课程,嵌入观摩课、选修课中,定期举办金融大讲堂,推动金融知识进校园、进课堂;在贫困群体、特殊群体较为集中的地区,实施金融知识扫盲工程,强化诚信征信宣传,加强金融风险教育。金融消费者权益保护方面,要加强金融机构的合规管理,重点对理财产品、信用卡、代理保险、互联网金融产品的督查;完善金融消费者投诉和争议解决渠道,重拳打击侵害金融消费者权益的行为;开展金融广告、违法信息的专项整治,有效防范和处置金融诈骗;加强金融违法的监测和预警,坚决杜绝集体性事件发生,守住群众的"钱袋子"。

## 8.2.5 健全普惠金融减缓多维贫困长效机制

短期来看,普惠金融多维贫困减缓离不开强有力的普惠金融机构体系、基础设施保障、产品服务供给以及配套政策支持。但从长远来讲,应加强普惠金融专门立法、推动金融减贫部门工作机制和政策协同、发挥经济增长、收入分配和平滑消费的间接作用,从而健全普惠金融减缓多维贫困的长效机制。

### 1)尽快启动普惠金融的专项立法

当前,我国普惠金融政策主要有《推进普惠金融发展规划(2016—2020 年)》以及国务院相关部委出台的文件,但它们均为政策指导类文件,对金融机构的硬性约束不足,导致普惠金融政策落地难。因此,需要通过法律强制性推行,将其上升到法律高度,使金融机构、企事业单位和团体、各级政府以及社会公众认识到,推动普惠金融发展是法律意义上的责任和权利,从而能用法律武器来捍卫权益,既让需求者获得公平、合理的普惠金融服务,又对供给者形成倒逼,还可以促进财税部门在推动普惠金融业务上有专项优惠或支持。只有形成一个促进普惠金融落地的法规体系,普惠金融才能更好地发挥减缓多维贫困作用。因此,建议全国人大常委会尽快出台《中华人民共和国普惠金融促进法》,以此为基础逐步建立健全国家普惠金融法律法规体系,明确普惠金融服务供给、需求、监管三方的权、责、利,将普惠金融确立为与商业性金融、政策性金融并列的中国特色社会主义现代金融体系的三大支柱之一,实现普惠金融发展顶层设计的法治化,确保普惠金融服务有法可依、有章可循。

### 2）强化金融减贫部门职责和合作机制

现阶段,库区金融减缓多维贫困涉及人民银行、银保监会、证监会、地方金融监管局等金融部门,以及扶贫办、财政局、发改委、农业农村委、民政局、审计局等其他扶贫部门,这就需要各部门协调配合,形成合力。人民银行主要发挥组织引导作用,通过货币政策工具的运用,保证金融减贫的有效落实,继续推行扶贫主办行制度。银保监部门配合人民银行,创新监管方式,通过放宽服务门槛,确保库区小额贷款、涉农贷款、特色农业保险投保等保持较高增速,通过放宽准入门槛,培育农村资金互助社等新型农村金融机构。证监部门积极利用"绿色通道"扶持培育库区企业上市,地方金融监管局应加强类金融组织的管理,扶贫部门要健全返贫预防机制,完善多维贫困识别,向金融部门提供更可靠的关键信息。作为跨部门合作机制,库区还应探索建立县域的协调机制,推行普惠金融工作联席会议制度、金融扶贫工作联席会议制度、融资性担保业务监管联席会议制度等。此外,还可以按照一体化发展思路,探索跨地区协调机制,组建三峡库区普惠金融促进工作委员会,推进省际和县际部门协同。

### 3）加强金融政策与扶贫政策的协同

无论是重庆的"三权"抵押试点还是兰考县普惠金融改革试验区,都可以利用农村金融改革的前置,激发农村其他改革的推进,因此,有必要加强库区金融政策与扶贫政策的协同。首先,应按照人民银行重庆营管部等7部门于2018年12月印发的《关于金融助推打赢脱贫攻坚战三年行动的实施意见》的有关要求,发挥金融政策与财政政策、产业政策、扶贫政策、监管政策的政策合力,重点支持基础设施建设、经济发展和产业结构升级、创业促就业和贫困户脱贫致富、生态建设和环境保护等领域。其次,渝鄂两省市应加强协调沟通,贯彻落实《推进普惠金融发展工作方案》,保持两省市在库区普惠金融减缓多维贫困政策上的联动,做好工作目标和具体举措的对接,加强区县的政策配套,落实有关部门的政策执行。最后,加强金融管理部门、政府扶贫部门之间的信息沟通与联系,经常性开展政策指导,确保政策的协调配合,适时开展政策效果评估,提高政策效能。

### 4）发挥经济增长、收入分配和平滑消费的间接作用

畅通普惠金融减缓多维贫困的间接机制,发挥经济增长、收入分配和平滑消费的间接作用,对于普惠金融减缓多维贫困长效机制的形成同样重要。首先,在库区探索构建全域现代化生态经济体系,试行"GDP"+"GEP"(生态系统生产总值)的经济绩效考核制度,发挥普惠金融的"加速器"作用,促进普惠金融与高质量增长的协调发展,提升高质量增长对多维贫困减缓的长期效用。其次,在库区实施"农民收入超常规增长计划",改革初次收入分配体制,完善社保体系,加大转移支付力度,强化对口帮扶,进一步发挥普惠金融对收入分配的"调节器"作用,不断缩小地区差距、城乡差距和收入差距,缓解库区长期贫困问题。最后,从内外部两个方面建立低收入家庭平滑机制,降低其疾病、灾害和失业的脆弱性,发挥普惠金融对平滑消费的"缓冲器"作用,增加信贷、储蓄、汇款、保险服务等可及性服务,缓解外部冲击引发意外消费、大额消费致贫的风险。

# 8.3 研究展望

当前,三峡库区普惠金融还处于方兴未艾的发展阶段,脱贫攻坚已进入决战决胜时期,普惠金融促进多维贫困减缓的潜能还有较大拓展空间。展望未来,本书认为还可以从以下两个方面继续深入。

理论研究方面,以三峡库区为代表的贫困地区有着特殊的经济金融发展轨迹,决定了对于减贫问题的研究需要跳出传统思维,采用多学科的理论与方法进行系统性研究。普惠金融与多维贫困减缓看上去似乎都是一个简单的概念,但实际上具有丰富的超越概念本身的深刻涵义,不仅事关效率,还事关公平;不仅事关经济,还事关社会;不仅事关商业,还事关伦理;甚至还上升到了人权的高度。本书的研究还可以从信息经济学和机制设计理论视角解析普惠金融减贫的技术基础,从功能主义视角研究普惠金融减缓多维贫困的功能设计,从社会学视角探讨普惠金融减贫的经济效应与社会效应的协同机制,从伦理学视角揭示普惠金融减贫的伦理道德与自我救赎的思想根源。多学科的理论分析,将有利于全面揭示普惠金融与多维贫困的内在关系、生成机理、传导效应和矫正机制。

实证研究方面,包括三峡库区在内的贫困地区普惠金融和多维贫困的数据资料还比较匮乏,实证方法还比较传统,这为进一步深化研究带来契机。如宏观层面上,将普惠金融和多维贫困的专项统计纳入国家统计管理,建立基础性数据库,将可以破解宏观数据对实证分析的约束。又如微观层面上,开展诸如西南财经大学的"中国家庭金融调查"(CHFS),设计多维统计指标,全面调查贫困户的普惠金融状况与多维贫困状况,加入社会资本等变量,从微观上多视角检验普惠金融减缓多维贫困机制与效应。此外,研究方法上,还可以采用空间计量方法考察普惠金融、多维贫困的空间相关性,研究普惠金融减缓多维贫困的空间效应;还可以运用双重差分法(DID)和基于倾向得分匹配法(PSM),对 2016 年人民银行等 7 部门印发的《关于金融助推脱贫攻坚的实施意见》开展政策效果评估。

总之,本书对未来的深化研究充满期待。尤其是近几年来,国家加强了金融监管和脱实向虚的约束,但普惠金融却是为数不多的鼓励与支持发展领域,充分展现了金融当局引导和推动发展普惠金融的意图。普惠金融完全可以成为三峡库区解决多维贫困和 2020 年后相对贫困问题的重要抓手。

# 参考文献

[1] 宁爱照,杜晓山.新时期的中国金融扶贫[J].中国金融,2013(16):80-81.

[2] 潘英丽.普惠金融均衡发展的中国实践[N].中国经济时报,2016-08-08(08).

[3] 世界银行.2014年全球金融发展报告:普惠金融[M].北京:中国财政经济出版社,2015.

[4] Dollar D,Kraay A. Growth is good for the poor[D]. World Bank Policy Research Department Working Paper,2001:12-15.

[5] Jalilian H, Kirkpatrick C. Does financial development contribute to poverty reduction? [J]. Journal of Development Studies,2005,41(4):636-656.

[6] Rashid A,Intartaglia M . Financial development—does it lessen poverty? [J]. Journal of Economic Studies,2017,44(1):69-86.

[7] Imai K S, Gaiha R, Thapa G, et al. Microfinance and Poverty—A Macro Perspective[J]. Discussion Paper,2012,40(8):1675-1689.

[8] Cepparulo A, Cuestas J C, Intarglia M . Financial development, institutions and poverty alleviation:an empirical analysis[J]. Applied Economics,2016,49(36):1-2.

[9] 崔艳娟,孙刚.金融发展是贫困减缓的原因吗? ——来自中国的证据[J].金融研究,2012(11):116-127.

[10] 傅鹏,张鹏,周颖.多维贫困的空间集聚与金融减贫的空间溢出——来自中国的经验证据[J].财经研究,2018,44(2):115-126.

[11] Arestis P,Caner A. Financial Liberalization and Poverty:Channels of Influence[J]. Social Science Electronic Publishing,2004.

[12] 杨俊,王燕,张宗益.中国金融发展与贫困减少的经验分析[J].世界经济,2008(8):62-76.

[13] 吕勇斌,赵培培.我国农村金融发展与反贫困绩效:基于2003—2010年的经验证据[J].农业经济问题,2014,35(1):54-60,111.

[14] Dhrifi A. Financial Development and the "Growth—Inequality—Poverty" Triangle[J]. Journal of the Knowledge Economy,2015,6(4):1163-1176.

[15] 刘芳,刘明.集中连片特困区农村金融发展的动态减贫效应研究——基于435个贫困县的经验分析[J].中央民族大学学报(哲学社会科学版),2017,44(4):71-79.

[16] Kiendrebeogo Y, Minea A . Financial development and poverty:evidence from the CFA

Franc Zone[J]. Applied Economics 2016,48(56):1-16.

[17] Kaidi N, Mensi S, Amor M B. Financial Development, Institutional Quality and Poverty Reduction:Worldwide Evidence[J]. Social Indicators Research,2019,141(4):131-156.

[18] Greenwood J, Jovanovic B. Financial development, growth and the distribution of income [J]. Journal of Political Economy,1990,98(5):1067-1107.

[19] 何雄浪,杨盈盈. 金融发展与贫困减缓的非线性关系研究——基于省级面板数据的门限回归分析[J]. 西南民族大学学报(人文社科版),2017,38(4):127-133.

[20] Zahonogo P. Financial Development and Poverty in Developing Countries:Evidence from Sub Saharan Africa[J]. International Journal of Economics & Finance, 2017, 9(1): 211-220.

[21] 师荣蓉,徐璋勇,赵彦嘉. 金融减贫的门槛效应及其实证检验——基于中国西部省际面板数据的研究[J]. 中国软科学,2013(3):32-41.

[22] 苏静,胡宗义,唐李伟,等. 农村非正规金融发展减贫效应的门槛特征与地区差异——基于面板平滑转换模型的分析[J]. 中国农村经济,2013(7):58-71.

[23] 王汉杰,温涛,韩佳丽. 贫困地区农村金融减贫的产业结构门槛效应[J]. 财经科学,2018(9):26-37.

[24] Beck T, Demirguc-Kunt A, Peria M S M. Reaching out:Access to and use of banking services across countries[J]. Journal of Financial Economics,2007,85(1):234-266.

[25] 丁志国,谭伶俐,赵晶. 农村金融对减少贫困的作用研究[J]. 农业经济问题,2011(11):72-77.

[26] Robinson M S. The Microfinance Revolution:Sustainable Finance for the Poor[J]. World Bank Publications,2002.

[27] Burgess R, Pande R. Do Rural Banks Matter? Evidence from the Indian Social Banking Experiment[J]. American Economic Review,2005,95(3):780-795.

[28] 张立军,湛泳. 金融发展与降低贫困——基于中国 1994—2004 年小额信贷的分析[J]. 当代经济科学,2006,28(6):36-42.

[29] 陈银娥,师文明. 中国农村金融发展与贫困减少的经验研究[J]. 中国地质大学学报(社会科学版),2010,10(6):100-105.

[30] 申云,彭小兵. 链式融资模式与精准扶贫效果——基于准实验研究[J]. 财经研究,2016,42(9):4-15.

[31] 吴本健,葛宇航,马九杰. 精准扶贫时期财政扶贫与金融扶贫的绩效比较——基于扶贫对象贫困程度差异和多维贫困的视角[J]. 中国农村经济,2019(7):21-36.

[32] Jalilian H, Kirkpatrick C. Financial development and poverty reduction in developing countries[J]. International Journal of Finance & Economics,2002,7(2):97-108.

[33] Dollar D, Kraay A. Trade, Growth, and Poverty[J]. Economic Journal, 2004, 114(493):

22-49.

[34] Levine R, Beck T, Asli Demirguc-Kunt. Finance, inequality and the poor[J]. Journal of Economic Growth,2007,12(1):27-49.

[35] Khan A D, Ahmad E. Financial development and poverty alleviation:Time series evidence from Pakistan[J]. World Applied Sciences Journal,2012,18 (11):1576-1581.

[36] Fowowe B, Abidoye B . The effect of financial development on poverty and inequality in african countries[J]. Manchester School,2013,81(4):562-585.

[37] Sehrawat M, Giri A K. The impact of financial development, economic growth, income inequality on poverty:evidence from India[J]. Empirical Economics,2018,55(3):1-18.

[38] 苏基溶,廖进中. 中国金融发展与收入分配、贫困关系的经验分析——基于动态面板数据的研究[J]. 财经科学,2009(12):10-16.

[39] 陈银娥,张德伟. 县域金融发展与多维贫困减缓——基于湖南省 51 个贫困县的实证研究[J]. 财经理论与实践,2018,39(2):109-114.

[40] 赵洁. 收入不平等、非正规金融与农户多维贫困[J]. 科学决策,2018(10):72-94.

[41] 马九杰,吴本健,周向阳. 农村金融欠发展的表现、成因与普惠金融体系构建[J]. 理论探讨,2013(2):74-78.

[42] 星焱. 普惠金融:一个基本理论框架[J]. 国际金融研究,2016,353(9):21-37.

[43] World Bank. Global Financial Development Report 2014:Financial Inclusion [M]. World Bank Publications,2013.

[44] Gaiha R, Imai K, Kaushik P D. On the Targeting and Cost—Effectiveness of Anti—Poverty Programmes in Rural India[J]. Development & Change,2001,32(2):309.

[45] Banerjee A V, Esther D, Rachel G, et al. The Miracle of Microfinance? Evidence from a Randomized Evaluation[J]. SSRN Electronic Journal,2013.

[46] 王宁,王丽娜,赵建玲. 普惠金融发展与贫困减缓的内在逻辑[J]. 河北大学学报(哲学社会科学版),2014(2):127-131.

[47] 何学松,孔荣. 普惠金融减缓农村贫困的机理分析与实证检验[J]. 西北农林科技大学学报(社会科学版),2017,17(3):76-83.

[48] 杨艳琳,付晨玉. 中国农村普惠金融发展对农村劳动年龄人口多维贫困的改善效应分析[J]. 中国农村经济,2019(3):19-35.

[49] Manji A. Eliminating Poverty? Financial Inclusion,Access to Land,and Gender Equality in International Development[J]. Modern Law Review,2010,73(6):985-1004.

[50] Park C Y, Mercado R . Financial Inclusion, Poverty, And Income Inequality [ J ]. The Singapore Economic Review,2018,63(1):185-206.

[51] 罗斯丹,陈晓,姚悦欣. 我国普惠金融发展的减贫效应研究[J]. 当代经济研究,2016(12):84-93.

［52］卢盼盼,张长全.中国普惠金融的减贫效应[J].宏观经济研究,2017(8):33-43.

［53］韩晓宇.普惠金融的减贫效应——基于中国省级面板数据的实证分析[J].金融评论,
    2017(2):69-82.

［54］吕勇斌,肖凡.县域金融包容的测度及其反贫困效应的空间分析[J].中南财经政法大
    学学报,2018(5):105-113.

［55］罗荷花,骆伽利.多维视角下普惠金融对农村减贫的影响研究[J].当代经济管理,2019
    (3):80-88.

［56］Kim,Jong-Hee.A Study on the Effect of Financial Inclusion on the Relationship Between
    Income Inequality and Economic Growth[J].Emerging Markets Finance and Trade,2016,
    52(2):498-512.

［57］朱一鸣,王伟.普惠金融如何实现精准扶贫?[J].财经研究,2017 (10):43-54.

［58］Schmied J,Marr A.Financial inclusion and poverty:The case of Peru[J].Regional &
    Sectoral Economic Studies,2016,16(2):29-40.

［59］Han,Jinmian,Wang,Jiaqi,Ma,Xiaoqiang.Effects of Farmers' Participation in Inclusive
    Finance on Their Vulnerability to Poverty:Evidence from Qinba Poverty—Stricken Area in
    China[J].Emerging Markets Finance and Trade,2019,55:1-16.

［60］万红娟.重庆三峡库区农业产业化的金融支持研究[D].重庆:重庆大学,2016:19-23.

［61］李凌,陈德丰.金融助力破解移民难题[J].中国金融,2013(4):95.

［62］彭卫民.三峡区域低碳经济环境下民营经济发展的金融支持研究[J].三峡大学学报
    (人文社会科学版),2014(6):65-69.

［63］刘巍.三峡库区金融集聚对经济增长影响的空间计量分析[D].重庆:西南大学,
    2016.53-54.

［64］张婷.三峡(万州)库区移民后期扶持产业转型的金融支持浅析[J].商业经济,2013
    (9):108-109.

［65］孙良顺.金融支持水库移民社区发展的难点及对策[J].郑州大学学报(哲学社会科学
    版),2017,50(5):56-60.

［66］何家军,朱乾宇.三峡农村移民相对贫困影响因素的实证分析——基于湖北库区的调
    查[J].调研世界,2016(10):23-27.

［67］李文静,帅传敏,帅钰,等.三峡库区移民贫困致因的精准识别与减贫路径的实证研究
    [J].中国人口·资源与环境,2017,27(6):136-144.

［68］许芯萍,滕祥河,文传浩.大型水利水电工程移民多维贫困测量——基于三峡库区调研
    数据分析[J].长江大学学报(社会科学版),2019,42(4):52-57.

［69］帅传敏,王静,程欣.三峡库区移民生态减贫策略的优化仿真研究[J].数量经济技术经
    济研究,2017,34(1):21-39.

［70］马婷,王勇,廖和平,等.生态退化下三峡库区贫困农户生计脆弱性评价——以重庆市

奉节县为例[J].西南大学学报(自然科学版),2019,41(4):10-17.

[71] 朱兆文.金融支持三峡库区经济发展实证研究[J].金融经济,2011(24):78-79.

[72] 龙新庭,晏英,马武君,等.金融支持水库移民工作的实践与探索——以广西水库移民典范桂林市恭城县黄竹岗村为例[J].区域金融研究,2014(2):61-64.

[73] 李伶俐,周灿,王定祥.金融精准扶贫的现实困境与破解机制:重庆个案[J].农村金融研究,2018(1):70-74.

[74] Leeladhar V. Taking banking services to the commonman financial inclusion[J]. Reserve Bank of India Bulletin,2006,60(1):73-77.

[75] 杜晓山.小额信贷的发展与普惠性金融体系框架[J].中国农村经济,2006(8):70-73.

[76] Helms B. Access for All:Building Inclusive Financial Systems[M]. World Bank Publications,2006.

[77] Sarma M. Index of Financial Inclusion[J]. Indian Council for Research on International Economic Relations New Delhi Working Papers,2008.

[78] 吴国华.进一步完善中国农村普惠金融体系[J].经济社会体制比较,2013(4):32-45.

[79] 白钦先.关于普惠金融的多重思考[J].甘肃金融,2015(12):8-9.

[80] 周小川.深化金融体制改革[N].人民日报,2015-11-25(06).

[81] 邢乐成,赵建.多维视角下的中国普惠金融:概念梳理与理论框架[J].清华大学学报(哲学社会科学版),2019,34(1):164-172,198.

[82] 阿马蒂亚·森.贫困与饥荒:论权利与剥夺[M].王宇,王文玉,译.北京:商务印书馆,2009:182-196.

[83] 胡国晖.国外小额信贷理论与实践评析[J].经济学动态,2006(8):107-111.

[84] Leyshon A,Thrift N. Geographies of Financial Exclusion:Financial Abandonment in Britain and the United States[J]. Transactions of the Institute of British Geographers,1995,20(3):312-341.

[85] 田霖.金融排斥理论评介[J].经济学动态,2007(6):83-89.

[86] 周华.益贫式增长的定义、度量与策略研究——文献回顾[J].管理世界,2008(4):160-166.

[87] 安春英.非洲经济增长与减贫发展的悖论——兼论非洲从贫困化增长到益贫式增长范式的转变[J].西亚非洲,2010(3):20-26,79.

[88] 王志章,王晓蒙.包容性增长:背景、概念与印度经验[J].南亚研究,2011(4):105-116.

[89] 李中,周勤.全球化、绝对贫困与包容性增长——来自发展中国家的新证据[J].亚太经济,2014(1):3-10.

[90] 黄承伟,刘欣."十二五"时期我国反贫困理论研究述评[J].云南民族大学学报(哲学社会科学版),2016,33(2):42-50.

[91] Chantarat S, Barrett C B. Social network capital, economic mobility and poverty traps

[J]. Journal of Economic Inequality,2012,10(3):299-342.

[92] Zhang Y,Zhou X,Lei W. Social Capital and Its Contingent Value in Poverty Reduction: Evidence from Western China[J]. World Development,2017,93:350-361.

[93] 张爽,陆铭,章元.社会资本的作用随市场化进程减弱还是加强?——来自中国农村贫困的实证研究[J].经济学(季刊),2007(2):539-560.

[94] Weaver,Robert D. Social capital and its role in poverty reduction:a Canadian based analysis[J]. Journal of Comparative Social Welfare,2012,28(1):57-74.

[95] 彭文慧,李恒.社会资本的差异分配与农村减贫——基于山东、河南、陕西三省的调查分析[J].经济学家,2018(9):98-104.

[96] 贺志武,胡伦.社会资本异质性与农村家庭多维贫困[J].华南农业大学学报(社会科学版),2018,17(3):20-31.

[97] 梁爽,张海洋,平新乔,等.财富、社会资本与农户的融资能力[J].金融研究,2014(4):83-97.

[98] 周晔馨,叶静怡.社会资本在减轻农村贫困中的作用:文献述评与研究展望[J].南方经济,2014(7):35-57.

[99] 董积生,杨学锋.金融空洞化与"贫困恶性循环"[J].当代财经,2003(10):51-53.

[100] 刘锡良.论金融发展与经济发展的关系——金融与经济关系的总体考察[A].成都:西南财经大学中国金融研究中心,2004.

[101] 王茜.普惠金融与精准扶贫的政策含义及着力点[J].金融发展评论,2016(4):155-158.

[102] 赵建.普惠金融的现实困境与突破思路——基于技术可能性曲线与机制设计理论[J].山东社会科学,2018(12):26-35.

[103] 贝多广,张锐.试论普惠金融国家发展战略的目标[J].财经智库,2016,1(5):5-21,141.

[104] 贝多广.好金融与好社会:问题的提出和答案[J].金融研究,2015(7):24-36.

[105] 温涛,刘达.农村金融扶贫:逻辑、实践与机制创新[J].社会科学战线,2019(2):65-71,281+2.

[106] 穆罕默德·尤努斯.穷人的银行家[M].吴士宏,译.2版.上海:三联书店,2012:51-144.

[107] 潘功胜.普惠金融的几个误区[C]//《IMI研究动态》2015年合辑,2015:6.

[108] 徐诺金.关于以立法形式加快推进普惠金融实施的建议[N].人民法院报,2018-10-27(05).

[109] 单美姣,邓戎.正规金融与非正规金融自金融伦理视角的比较分析[J].兰州大学学报(社会科学版),2014,42(1):137-143.

[110] 李长健,孙富博.普惠金融、赋权转向及制度实践——以金融发展权为视角[J].世界

农业,2018(3):4-9,207.

[111] 林万龙,杨丛丛. 贫困农户能有效利用扶贫型小额信贷服务吗?——对四川省仪陇县贫困村互助资金试点的案例分析[J]. 中国农村经济,2012(2):35-45.

[112] 郑秀峰,朱一鸣. 普惠金融、经济机会与减贫增收[J]. 世界经济文汇,2019(1):101-120.

[113] Jeanneney,S G,Kpodar,K. Financial Development and Poverty Reduction:Can There Be a Benefit Without a Cost? [J]. Journal of Development Studies,2011,47(1):143-163.

[114] Aggarwal S,Singer D,Klapper L. Financing Businesses in Africa:The Role of Microfinance [M]//Microfinance in Developing Countries. Palgrave Macmillan UK,2013.

[115] Gwahula R,Kihwele E A. Impact of Saving and Credit Cooperative Societies in Poverty Reduction[J]. Empirical Evidence from Tanzania,2015,23(7):104-110.

[116] 李涛,徐翔,孙硕. 普惠金融与经济增长[J]. 金融研究,2016(4):1-16.

[117] King,R G,Levine,R. Financial Intermediation and Economic Development [M]. Cambridge University Press,1993:156-189.

[118] Corrado G,Corrado L. Inclusive finance for inclusive growth and development[J]. Current Opinion in Environmental Sustainability,2017(24):19-23.

[119] Sethy S K. Developing a Financial Inclusion Index and Inclusive Growth in India[J]. Theoretical & Applied Economics,2016(2):187-206.

[120] 李建伟. 普惠金融发展与城乡收入分配失衡调整——基于空间计量模型的实证研究 [J]. 国际金融研究,2017,366(10):14-23.

[121] Mthuli Ncube,John C. Anyanwu,Kjell Hausken. Inequality,Economic Growth and Poverty in the Middle East and North Africa (MENA)[J]. African Development Review,2014,26 (3):435-453.

[122] Martin Ravallion,Shaohua Chen. Measuring pro—poor growth[J]. Economics Letters, 2003,78(1):93-99.

[123] 陈立中. 收入增长和分配对我国农村减贫的影响——方法、特征与证据[J]. 经济学 (季刊),2009,8(2):711-726.

[124] Mehrotra A N,Yetman J. Financial Inclusion and Optimal Monetary Policy[J]. James Yetman,2014,64(719):227-232.

[125] 姜正和,陈震. 疾病风险、流动性约束与居民消费——基于中国微观调查数据的经验研究[J]. 消费经济,2014,30(3):3-10,29.

[126] Collins D,Morduch J,Rutherford S,et al. Portfolios of the Poor:How the World's Poor Live on $ a Day[M]. Princeton:Princeton University Press,2009.

[127] Sen,A K. The Possibility of Social Choice[J]. American Economic Review,1999(6): 349-367.

[128] Morduch J,Roodman D . The Impact of Microcredit on the Poor in Bangladesh:Revisiting the Evidence[J]. Journal of Development Studies,2009,50(4):583-604.

[129] 吴卫星,吴锟,王琍.金融素养与家庭负债——基于中国居民家庭微观调查数据的分析[J].经济研究,2018,53(1):97-109.

[130] 宋全云,肖静娜,尹志超.金融知识视角下中国居民消费问题研究[J].经济评论,2019(1):133-147.

[131] Morduch J. Income Smoothing and Consumption Smoothing [J]. Journal of Economic Perspectives,1995,9(3):103-114.

[132] Zimmerman F J,Carter M R. Asset smoothing,consumption smoothing and the reproduction of inequality under risk and subsistence constraints [J]. Journal of Development Economics,2003,71(2):233-260.

[133] 叶初升,赵锐武,孙永平.动态贫困研究的前沿动态[J].经济学动态,2013(4):120-128.

[134] 舒丽瑰.贫困的新趋势:消费性贫困——以鄂东打工村庄的消费竞争状况为例[J].华中农业大学学报(社会科学版),2017(4):73-79,148.

[135] Geda A,Shimeles A,Zerfu D. Finance and Poverty in Ethiopia:A Household—Level Analysis[M]//Financial Development,Institutions,Growth and Poverty Reduction. 2008.

[136] Sarma M,Pais J . Financial Inclusion and Development [J]. Journal of International Development,2011,23(5):613-628.

[137] Chakravarty S R,Pal R . Financial inclusion in India:An axiomatic approach[J]. Journal of Policy Modeling,2013,35(5):813-837.

[138] 王婧,胡国晖.中国普惠金融的发展评价及影响因素分析[J].金融论坛,2013,18(6):31-36.

[139] 王修华,关键.中国农村金融包容水平测度与收入分配效应[J].中国软科学,2014(8):150-161.

[140] 杜朝运,李滨.基于省际数据的我国普惠金融发展测度[J].区域金融研究,2015(3):4-8.

[141] 马彧菲,杜朝运.普惠金融指数测度及减贫效应研究[J].经济与管理研究,2017,38(5):45-53.

[142] 邵汉华,王凯月.普惠金融的减贫效应及作用机制——基于跨国面板数据的实证分析[J].金融经济学研究,2017,32(6):65-74.

[143] 刘亦文,丁李平,李毅,等.中国普惠金融发展水平测度与经济增长效应[J].中国软科学,2018(3):36-46.

[144] 李娜.我国区域金融发展指数的构建与比较研究[D].成都:西南财经大学,2013:21-22.

[145] 王伟.县域金融与绿色全要素生产率增长——来自长江经济带上游流域证据[J].统计与信息论坛,2017,32(9):69-77.

[146] 王伟,孙芳城.金融发展、环境规制与长江经济带绿色全要素生产率增长[J].西南民族大学学报(人文社科版),2018,39(1):129-137.

[147] 袁晔.重建家园——湖北省三峡库区农村信用社支持库区移民和经济发展纪实[J].中国农村信用合作,1998(4):1-2.

[148] 毕洁颖.中国农户贫困的测量及影响因素研究[D].北京:中国农业科学院,2016:12-25.

[149] 张琰飞,朱海英.武陵山片区教育贫困演变及扶贫对策[J].吉首大学学报(自然科学版),2017,38(1):75-79,91.

[150] 刘宏霞,汪慧玲,谢宗棠.农村金融发展、财政支农与西部地区减贫效应分析——基于面板门槛模型的研究[J].统计与信息论坛,2018,33(3):51-57.

[151] 蒋南平,郑万军.中国农民工多维返贫测度问题[J].中国农村经济,2017(6):58-69.

[152] 余兴厚,熊兴.居民资源禀赋、主体认知与基本公共服务满意度——基于三峡库区829份调查问卷的实证分析[J].西部论坛,2018,28(5):99-108.

[153] 胡江霞,文传浩,罗玉龙.三峡库区农村消费对经济增长贡献的结构方程模型分析[J].唐山学院学报,2015,28(1):37-41,58.

[154] 徐杉.教育类公益传播阻隔代际贫困的路径探究[D].重庆:西南大学,2017:79-86.

[155] 程广帅,田艳平,石智雷.强制性社会变迁中的社会资本及其经济效应——基于三峡工程移民的调查分析[J].中南财经政法大学学报,2011(3):3-8,142.

[156] 水利部扶贫办公室.把水利基础设施建设当作扶贫治本之策[J].中国水利,2001(4):33-34.

[157] Ram R. Financial development and economic growth: Additional evidence [J]. Journal of Development Studies,1999,35(4):164-174.

[158] 苏静,胡宗义.农村金融减贫的直接效应与中介效应——基于状态空间模型和中介效应检验的动态分析[J].财经理论与实践,2015,36(4):33-38.

[159] 谢婷婷,郭艳芳.西部少数民族地区非正规金融减贫效应研究——以新疆为例[J].中央民族大学学报(哲学社会科学版),2015,42(5):37-44.

[160] 谭燕芝,张子豪.社会网络、非正规金融与农户多维贫困[J].财经研究,2017,43(3):43-56.

[161] 伍德里奇.计量经济学导论:现代观点[M].5版.北京:清华大学出版社,2014:176-177.

[162] 罗楚亮.农村贫困的动态变化[J].经济研究,2010,45(5):123-138.

[163] 王磊,李聪.陕西易地扶贫搬迁安置区多维贫困测度与致贫因素分析[J].统计与信息论坛,2019,34(3):119-128.

[164] 王小林,Sabina Alkire.中国多维贫困测量:估计和政策含义[J].中国农村经济,2009 (12):4-10,23.

[165] 孙静雯,王红旗,张欣,等.基于决策树分类的根河市土地利用变化及驱动力分析 [J].中国人口·资源与环境,2014,24(S1):449-452.

[166] 曲玮,涂勤,牛叔文,等.自然地理环境的贫困效应检验——自然地理条件对农村贫困 影响的实证分析[J].中国农村经济,2012(2):21-34.

[167] 张学良.中国交通基础设施促进了区域经济增长吗——兼论交通基础设施的空间溢 出效应[J].中国社会科学,2012(3):60-77,206.

[168] 雷望红.论精准扶贫政策的不精准执行[J].西北农林科技大学学报(社会科学版), 2017,17(1):1-8.

[169] 鲁钏阳.民族地区农村金融发展的反贫困效应研究[J].农村经济,2016(1):95-102.

[170] 章元,万广华,史清华.暂时性贫困与慢性贫困的度量、分解和决定因素分析[J].经济 研究,2013,48(4):119-129.

[171] 周京奎,白极星.京津冀公共服务一体化机制设计框架[J].河北学刊,2017,37(1): 130-135.

[172] 钟得志.全力打赢脱贫攻坚战[N].学习时报,2018-01-31(08).

[173] 张凤华,叶初升.经济增长、产业结构与农村减贫——基于省际面板数据的实证分析 [J].当代财经,2011(12):14-21.

[174] 汪三贵,胡联.产业劳动密集度、产业发展与减贫效应研究[J].财贸研究,2014,25 (3):1-5,31.

[175] 韩俊.中央农办解读一号文件:实施乡村振兴要处理好两个关系[EB/OL].人民网, 2018-02-04.

[176] 单德朋,郑长德,王英.贫困乡城转移、城市化模式选择对异质性减贫效应的影响 [J].中国人口·资源与环境,2015,25(9):81-92.

[177] 郭君平,荆林波,张斌.国家级贫困县"帽子"的"棘轮效应"——基于全国2073个区 县的实证研究[J].中国农业大学学报(社会科学版),2016,33(4):93-105.

[178] 田雅娟,刘强,冯亮.中国居民家庭的主观贫困感受研究[J].统计研究,2019(1): 92-103.

[179] 初本德.普惠金融教育先行[J].中国金融,2014(10):56-57.

[180] Hansen E . Sample Splitting and Threshold Estimation[J]. Econometrica,2000,68(3): 575-603.

[181] 中国人民银行兰州中心支行课题组,姜再勇.金融扶贫效果实证分析——基于甘肃省 58个国定贫困县的系统GMM估计[J].金融发展评论,2016(12):112-131.

[182] 刘芳.贫困地区农村金融减贫效应、运作机理与路径选择研究[D].西安:陕西师范大 学,2016:128-138.

［183］ Baron R M., Kenny D A. The Moderator—Mediator Variable Distinction in Social Psychological Research:Conceptual,Strategic,and Statistical Considerations［J］. Journal of Personality and Social Psychology,1986(51):1173-1182.

［184］ 温忠麟,叶宝娟. 中介效应分析:方法和模型发展[J]. 心理科学进展,2014,22(5):731-745.

［185］ 温忠麟. 张雷,侯杰泰,等. 中介效应检验程序及其应用[J]. 心理学报,2004(5):614-620.

［186］ Devellis R F. Scale Development:Theory and Application［M］. NY:Sage Publications, Inc.,2003.

［187］ 陆娟,芦艳,娄迎春. 服务忠诚及其驱动因素:基于银行业的实证研究[J]. 管理世界,2006(8):94-103.

［188］ 卢谢峰,韩立敏. 中介变量、调节变量与协变量——概念、统计检验及其比较[J]. 心理科学,2007(4):934-936.

［189］ Townsend R M. Risk and Insurance in Village India［J］. Econometrica,1994,62(3):539-591.